नये युग का संन्यासी

हिन्दोल सेनगुप्ता कई पुरस्कार प्राप्त लेखक, पत्रकार, वक्ता और सामाजिक उद्यमी हैं। अब तक सात किताबें लिख चुके हिन्दोल नोबेल पुरस्कार विजेता एफ़.ए. हाएक की स्मृति में मैनहटन इंस्टीट्यूट द्वारा दिए जाने वाले हाएक पुरस्कार को पाने वाले सबसे युवा और एकमात्र भारतीय हैं। सार्वजनिक सेवा के लिए दिया जाने वाला पीएसएफ़ पुरस्कार पाने वाले वो सबसे कम उम्र के व्यक्ति हैं। पूर्व राष्ट्रपति ए.पी.जे. अब्दुल कलाम और लाभ-निरपेक्ष वाईपोल ट्रस्ट के संस्थापक को भी ये पुरस्कार मिला है। 2015 में उन्हें अंतरराष्ट्रीय धार्मिक इतिहास संघ की इक्कीसवीं विश्व काँग्रेस में हिंदुत्व और प्रौद्योगिकी विषय पर अपना शोध प्रस्तुत करने के लिए आमंत्रित किया गया था। ऑस्ट्रेलियन इंडिया यूथ डायलॉग के पूर्व छात्र हिन्दोल को ऑस्ट्रेलिया में भारतीयों और भारत में ऑस्ट्रेलियाई लोगों के इतिहास को लिखने के लिए 2015 में अनुदान हासिल हुआ था। भारत के पहले महिला सुरक्षा मोबाइल एप के बारे में विचार करने के लिए उन्हें विश्व को बेहतर बनाने के लिए काम करने वाले तैंतीस उद्यमियों की आइडियामैंच की सूची में शामिल किया गया। वर्तमान में हिन्दोल *फ़ॉर्च्यून इंडिया* के एडिटर-एट-लार्ज है जिसमें वे राजनीतिक अर्थव्यवस्था और उद्यमिता के बारे में लिखते हैं।

नये युग का संन्यासी

वर्तमान समय में विवेकानंद के मायने

हिन्दोल सेनगुप्ता

अनुवाद : महेन्द्र नारायण सिंह यादव

मंजुल पब्लिशिंग हाउस

MANJUL

मंजुल पब्लिशिंग हाउस

कॉर्पोरेट एवं संपादकीय कार्यालय

• द्वितीय तल, उषा प्रीत कॉम्प्लेक्स, 42 मालवीय नगर, भोपाल-462 003
विक्रय एवं विपणन कार्यालय

• सी-16, सेक्टर 3, नोएडा, उत्तर प्रदेश, 201301
वेबसाइट : www.manjulindia.com

वितरण केन्द्र

अहमदाबाद, बेंगलुरू, भोपाल, कोलकाता, चेन्नई,
हैदराबाद, मुम्बई, नई दिल्ली, पुणे

हिन्दोल सेनगुप्ता द्वारा लिखित मूल अंग्रेजी पुस्तक
द *मॉडर्न मौंक* का हिन्दी अनुवाद

मूल अंग्रेजी पुस्तक सर्वप्रथम पेंगुइन रैंडम हाउस इंडिया द्वारा 2016 में प्रकाशित

यह हिन्दी संस्करण 2019 में पहली बार प्रकाशित

इस पुस्तक में व्यक्त विचार लेखक के अपने हैं तथा उनके द्वारा
दिये गए तथ्यों का यथासंभव सत्यापन किया गया है, और प्रकाशक इसके
लिए किसी भी रूप में उत्तरदायी नहीं है।

ISBN 978-93-88241-52-6

हिन्दी अनुवाद : महेन्द्र नारायण सिंह यादव

मुद्रण व जिल्दसाज़ी : रेप्रो इंडिया लिमिटेड

रामकृष्ण मिशन, मेरे माता-पिता और इशिरा को समर्पित-
जो वे तीन स्तंभ हैं जिन पर मेरी आत्मा की खोज टिकी है

अनुक्रम

प्रकाश मेरा स्वरूप है, इसके अतिरिक्त मैं और कुछ नहीं हूँ।

—अष्टावक्र गीता

प्रस्तावना
9/11

9/11 जब घटित हुआ तब मैं दिल्ली में कॉलेज में था। इस तरह की घटनाएँ जब होती हैं, तब तुरंत ही दो क़िस्म का इतिहास बन जाता है। एक अंतिम व्याख्या होती है, जो कुछ निश्चित सहमतियों पर आधारित होती है, जिसमें अधिकांश लोग इस बात पर सहमत होते हैं कि पहले इस प्रकार की घटनाएँ हुई, और फिर कुछ और भी घटा, जिससे पता चलता है कि वह बड़ी घटना कैसे हुई। लेकिन 9/11 जैसी घटनाएँ सब कुछ बदल कर रख देती हैं जिसके कारण केवल उस अंतिम व्याख्या से काम नहीं चलता। उसके पीछे कुछ अन्य घटनाएँ भी होती हैं। 9/11 जैसी घटना हर किसी के लिए एक अनोखा अवसर होती है, जब वे उस घटना को लेकर अपनी ही कहानी बताते हैं। अपना छोटा, अनोखा सा इतिहास सामने रखते हैं। उनके लिए यह एक ऐसा चश्मा होती है जिसके ज़रिए वे लंबे समय तक उस घटना को समझते हैं, और उससे भी कहीं अधिक महत्त्वपूर्ण रूप से उसका अनुभव अपने ही तरीक़े से करते हैं।

9/11 हमारे समय की इसी तरह की एक निशानी है। भले ही हम अमेरिकी नहीं, और भले ही मेरी तरह ही हम उससे पहले कभी अमेरिका ना गए हों, लेकिन कहीं न कहीं हम सभी हमेशा-हमेशा के लिए यह सोचने पर अवश्य मजबूर हो जाते हैं कि जब न्यू यॉर्क स्थित दोनों टॉवरों से दो विमान टकराए थे, तब हम क्या कर रहे थे।

साल 2001 में, मैं दिल्ली में था और पत्रकारिता की पढ़ाई कर रहा था। शाम को मैं उस संस्थान के लिए बतौर रिपोर्टर काम करता था जिसे तब इंडिया अब्रॉड न्यूज सर्विस के नाम से जाना जाता था। *इंडिया अब्रॉड* अमेरिका में सबसे जाना-माना भारतीय अख़बार था। यह अप्रवासी भारतीयों यानी एनआरआई का मुखपत्र था। *इंडिया*

अब्रॉड वहाँ रह रहे भारतीयों को अमेरिका में रहकर भी भारत में होने का एहसास कराता था। यह छोटे आकार के अपने पन्नों में शक्तिशाली एनआरआई समुदाय को स्वर देता था, जो वैसा ही था जैसे यहूदी एकजुट रहते हैं। यह सब बरसों पहले हो रहा था, जब अमेरिका में रहने वाले अधिकतर भारतीयों ने कल्पना भी नहीं की थी कि इस समुदाय का दबदबा इस प्रकार क़ायम हो जाएगा। इधर, दिल्ली स्थित अपने सामान्य से दफ़्तरों में, *इंडिया अब्रॉड* हमें उस स्वप्निल स्थान का एहसास कराता था, जिसे अमेरिका कहते हैं।

उस शाम को, हम टीवी पर दोनों टॉवरों को गिरते देख रहे थे। ऐसा लग रहा था जैसे हॉलीवुड की किसी धाँसू फ़िल्म का तबाही दिखाने वाला कोई सीन हो। हमारे छोटे से न्यूज़रूम में पसरा सन्नाटा मेरी माँ के फ़ोन कॉल से टूटा।

'आतंकवादियों को भी स्वामी जी का ही दिन चुनना था!' उन्होंने हैरत से कहा।

कुछ देर तक मैं इस कनेक्शन को समझ नहीं पाया। 'तुम्हें याद नहीं क्या? यह तारीख़ थी जब स्वामी जी ने शिकागो में भाषण दिया था,' माँ ने कहा। 'कैसा विचित्र संयोग है!'

उस समय तक मेरे दिमाग़ में यह बात नहीं आई थी, लेकिन 9/11 का संबंध मेरे जीवन से अमेरिका पर हुए अल-कायदा के उस हमले से बहुत पहले ही जुड़ गया था। मैं एक बंगाली हूँ। हम में से अधिकांश के लिए, 11 सितंबर इतिहास की सबसे यादगार तारीख़ों में से एक है। 1893 में उस दिन, तीस साल के नरेंद्रनाथ दत्त ने शिकागो में विश्व धर्म संसद में अपने पहला भाषण दिया जिसने उनका जीवन बदल कर रख दिया, और कुछ हद तक, भारत को लेकर पश्चिमी जगत की सोच तथा इसके प्राचीन हिंदू ग्रंथों के ज्ञान को लेकर समझ में भी बदलाव किया।

इन दोनों घटनाओं में से एक आतंकवाद की ख़तरनाक कार्रवाई थी, तो दूसरी बहुलवाद में फिर से पैदा हुआ अटूट विश्वास। दोनों ही घटनाएँ मेरे मन में 9/11 को लेकर मेरे निजी इतिहास की तरह दर्ज हो गईं। ये एक ऐसा चश्मा बन गईं जिसके ज़रिए मैं उस समय से ही 9/11 को और उस संन्यासी को देखता आया हूँ। वे आपस में जुड़ी थीं, लेकिन एक ही सिक्के के दो पहलुओं की तरह नहीं थीं। मेरी मानें तो वे पूरी तरह से दो अलग-अलग सिक्के की तरह थे : आधुनिक राजनीति और मज़हब को हम जिस प्रकार से देखते-समझते हैं, उनके दो एकदम भिन्न और अलग-अलग छोर पर खड़े रह कर सोचने का तरीक़ा थीं। हम एक-दूसरे को किस प्रकार देखते हैं, और जब हम ऐसा करते हैं तो हमें क्या दिखता है।

उस भाषण में, विवेकानंद ने कहा था :

मुझे गर्व है कि मैं एक ऐसे देश का वासी हूँ जिसने सभी धर्मों के सताए हुए और इस धरती के सभी देशों से निकाले गए शरणार्थियों को आश्रय दिया है। मुझे यह कहते हुए गर्व का अनुभव हो रहा है कि हमने अपने दिल में इस्राायलियों के सबसे शुद्ध अवशेष को बचा कर रखा है, जो उस साल ही दक्षिण भारत में आए और हमारे देश में सिर छुपाया जिस साल रोमन अत्याचार के कारण उनका पवित्र मंदिर टुकड़े-टुकड़े कर दिया गया था। मैं उस धर्म का होने पर गर्व करता हूँ जिसने महान पारसी देश के अवशेषों को शरण दी और आज भी उन्हें आगे बढ़ा रहा है।

मेरे पिता अमेरिकी लोगों की उद्यमशीलता से काफ़ी प्रभावित थे। कलकत्ता में सिविल इंजीनियर की नौकरी के दौरान उन्होंने भारतीयों के आलस्य को देखा था। उसकी तुलना वे अमेरिकियों के 'चीज़ों को करा लेने की क्षमता' से करते थे। वह मेरे लिए किताबें लेकर आए जिनमें मैंने स्टेच्यू ऑफ़ लिबर्टी पर खुदे इन शब्दों को पहली बार पढ़ा था :

अपनी थकी, अपनी लाचार,
अपनी एकत्रित जनता मुझे दे दो जो खुली हवा में साँस लेना चाहती है,
जहाँ तुम्हारे लबालब भरे किनारों का आश्रय है।
इन बेघरों, तूफ़ान से बचकर मुझ तक आए लोगों को भेजो,
मैं इस सुनहरे द्वार पर अपनी मशाल को उठाए खड़ी हूँ!

मेरे पिता मुझे एम्मा लाज़ारस के गीत 'द न्यू कोलोसस' और विवेकानंद के भाषणों के बीच संबंध को समझाने की दिशा में ले जा रहे थे। मुझे आज भी याद है जब उन्होंने कहा था कि वह भारतीय संन्यासी अक्टूबर 1886 में न्यू यॉर्क बंदरगाह पर स्टेच्यू ऑफ़ लिबर्टी को समर्पित किए जाने के कुछ वर्ष बाद ही अमेरिका पहुँचा था। इस प्रकार यह एक ऐसा अमेरिका था जिसके पीछे एक ऐसे देश के निर्माण की सोच थी जो पूर्णतः परित्यक्त लोगों का एक घर था, संकटपूर्ण जीवनों की फिर से शुरुआत का आदर्श स्थान था, शरणार्थियों का आश्रय था। ऐसे अमेरिका से विवेकानंद ने कहा था :

सांप्रदायिकता, कट्टरवाद और इसके फलस्वरूप पैदा होने वाली धर्मांधता ने लंबे समय तक इस सुंदर धरती को अपने चंगुल में फँसा रखा था। यदि ऐसे भयंकर दैत्य न होते, तो मानव समाज आज की अपेक्षा कहीं अधिक उन्नत होता, लेकिन अब उनका समय आ गया है, और मैं पूरे जोश के साथ यह उम्मीद करता हूँ कि आज सुबह इस सम्मेलन के सम्मान में जो घंटी बजी थी, वह उस सारी धर्मांधता के लिए, उन सारे उत्पीड़नों के लिए जो तलवार

से किए जाते हैं या क़लम से, तथा एक ही लक्ष्य की दिशा में बढ़ रहे लोगों के बीच उस सारे वैमनस्य के अंत की सूचना देगी।

अमेरिका में अपने इस संदेश के कारण विवेकानंद इतने सफल क्यों हुए? शायद इस कारण क्योंकि यह उन सबसे उत्साही और हर दिन की इच्छाओं और उत्कंठाओं को दार्शनिक, धार्मिक गहराई की एक नई श्रेणी और स्तर दे रहा था जिसने अमेरिकी राष्ट्रवाद को आकार दिया था। वह उन्हें बता रहे थे कि हम भारतीय स्वाधीनता के प्रति आपके प्रेम को समझते हैं और जानते हैं कि क्यों आप आश्रय के विचार को इतना पसंद करते हैं। विवेकानंद एक ऐसे देश के नागरिक थे जो ब्रिटिश औपनिवेशिक शासन के अधीन था। अमेरिका भी पहले ब्रिटिश उपनिवेश था। वह उस अमेरिका से कह रहे थे कि भले ही भारतीय स्वतंत्र नहीं थे, लेकिन वे समझते थे कि अमेरिका स्वतंत्रता को इतना क्यों पसंद करता है।

मेरे माता-पिता अच्छी तरह जानते थे कि अपने घर को खो देने और तत्काल किसी आश्रय की तलाश करने का दर्द क्या होता है। वे शरणार्थियों की संतान थे। वे उस देश से भागे थे जो आज का बांग्लादेश है। यह तब की बात है जब ब्रिटिश भारत का बँटवारा भारत और पाकिस्तान के रूप में हुआ था। वे जानते थे कि भगाया जाना, और स्वागत किया जाना या नकारा जाना क्या होता है। वे उस शरणार्थी प्रवृत्ति से परिचित थे जो दुनिया को नए सिरे से देखना चाहती है, नए घर को एक प्रिज़्म की तरह इस्तेमाल करना चाहती है, एक फ़िल्टर की तरह जिसके ज़रिए इस दुनिया को समझा, उस तक पहुँचा, यहाँ तक कि नए सिरे से उसकी ओर बढ़ना चाहती है।

मुझे नहीं लगता कि मेरे माता-पिता कभी सही तरीक़े से बता भी पाए होंगे कि वे कैसा महसूस करते थे, लेकिन यह हमेशा ही कौतूहल से भरा, यहाँ तक कि अमंगलकारी भी लगा कि अमेरिका पर आतंकवादियों ने उस दिन की वर्षगाँठ पर हमला किया जब विवेकानंद ने देशों और समुदायों से अपने दरवाज़ों को खोलने और कट्टरवाद को ख़ारिज करने की अपील की थी।

इस विडंबनात्मक संबंध को कुछ दिनों बाद फिर से बल मिला जब अमेरिका में रह रहे मेरी एक साथी ने मुझे एक ई-मेल भेजा। उसने लिखा था कि उसे यह जानकर खुशी हुई कि उसके सारे जानने वाले, उसके दोस्त और परिवार के लोग सुरक्षित थे। छोटी सी वह चिट्ठी काफ़ी राहत देने वाली थी, लेकिन उसका अंत एक टीस के साथ हुआ था। मेरी दोस्त ने लिखा था, 'कुछ बदलेगा। हम नहीं जानते कि हम अब क्या होंगे।'

उस लाइन ने मुझे पूरे दिन परेशान किए रखा। 'हम नहीं जानते कि हम अब क्या होंगे।' हम क्या हो भी सकते थे? मैं जब घर लौटा, तो रात के खाने के लिए अपने माता-पिता के साथ बैठा और अमेरिका को लेकर बातचीत होने लगी। मेरे पिता

ने कहा कि ऐसा हो ही नहीं सकता कि इस तरह के हमले का जवाब अमेरिका न दे, लेकिन यह हमला किस तरह का होगा, यह साफ़ नहीं था। हम कुछ देर तक इधर-उधर की बातें करते रहे, और मुझे बहुत अच्छी तरह याद है कि इसके बाद क्या कहा गया क्योंकि वह बात मेरे दिमाग़ में हमेशा के लिए रह गई और इस किताब को लिखने का कारण भी बनी। मेरी माँ ने कहा था, 'इतना तो है कि बाहरी लोग पहले की तरह नहीं रह पाएँगे।'

मैंने उनसे पूछा, 'आप कहना क्या चाहती हैं?'

उन्होंने कहा, 'एक बार हमने बँटवारा देखा। एक बार हम अपना घर छोड़कर भागे, उसके बाद बाहर और बाहरी क्या होता है हम जानते हैं। हमारे लिए कभी भी सब कुछ पहले जैसा नहीं रहा। सरहदें, बाहरी-भीतरी, सबकुछ मुश्किल हो जाता है।'

सच कहूँ तो मेरी माँ का मतलब क्या था, यह मैं काफ़ी देर तक समझ नहीं सका। लेकिन मैंने जब इस किताब को लिखना शुरू किया, वह भी उस उत्सुकता के साथ जैसे हम भारतीय इतिहास को नए सिरे से देखने-समझने की कोशिश कर रहे हैं, और राष्ट्रपति पद का कम से कम एक उम्मीदवार ऐसा था जो विदेशियों को बाहर रखने के लिए दीवार बनाने की बात कर रहा था, तब यह बात घूम-फिर कर मुझे याद आ रही थी। बाहरी लोग फिर कभी पहले की तरह नहीं रह पाएँगे।

इस किताब को लिखने के दौरान मैंने यूरोप का काफ़ी दौरा किया। उस दौरान मैं डरे-सहमे लोगों से मिला जो अपने तटों पर, और दरवाज़ों पर बाहरियों की बाढ़ से परेशान थे। जर्मन में, अरफर्त से बर्लिन तक ट्रेन से की गई यात्रा के दौरान, चिंता से ग्रस्त स्कूल की एक टीचर ने मुझे बताया, 'देखिए, हम सभी फासीवादी नहीं हैं। हम बुरे लोग नहीं हैं। लेकिन मेरे दो बच्चे हैं, यूरोप में एक हमारी ही अर्थव्यवस्था है जो अच्छा कर रही है। हमने अगर हज़ारों बाहरी लोगों को यहाँ आने दिया, तो पता नहीं हम कब तक टिक पाएँगे? हम कब तक बढ़ पाएँगे? हमारा क्या होगा?'

समय के साथ-साथ, यूरोप में इस तरह का शोर तेज़ होने के साथ ही ज़ोर पकड़ता जा रहा है। बेशक अपनी भौतिक सुख-सुविधाओं से कहीं ज़्यादा उनकी चिंता का कारण फ्रांस और उसके बाद बेल्जियम में हुए आतंकी हमले हैं और यह शुरुआत भर लगती है।

स्वीडन एक ऐसा देश है जहाँ मैं काम और घूमने-फिरने के लिए कई बार गया हूँ। उसने सीरिया से भाग कर आए शरणार्थियों को पनाह देने में जितना धैर्य और जितनी उदारता दिखाई है, उसके लिए मैं उसका प्रशंसक बन गया हूँ। वहाँ चिंता में डूबे एक दोस्त ने मुझ से कहा, 'ऐसे कई लोग हैं जिनके साथ कभी मेरा मतभेद नहीं

हुआ, लेकिन अब वे दिन-रात शरणार्थियों के मसले पर बहस करने लगते हैं। इसने हमें मतभेद में उलझा दिया है। हम अपना दिल खोलना चाहते हैं लेकिन ऐसा लगता है जैसे दिमाग़ में संघर्ष चल रहा है। हम तय ही नहीं कर पाते कि सही क्या है।'

उनतालीस साल की आयु में विवेकानंद की मृत्यु शोकाकुल कर देने वाली थी। उनकी मौत के सौ साल बाद, वही प्रश्न बेहद ज़रूरी हो गए हैं जिनकी चर्चा उन्होंने की थी। शिकागो में अपने पहले चौंका देने वाले संबोधन के चार दिन बाद, विवेकानंद ने एक और लेक्चर दिया था जिसका शीर्षक था 'हम असहमत क्यों होते हैं।' इसमें उन्होंने एक छोटी सी कहानी सुनाई थी :

एक कुएँ में एक मेंढक रहता था। वह लंबे समय से वहीं रह रहा था। वह वहीं जन्मा और पला-बढ़ा था। फिर भी वह नन्हा, छोटा सा मेंढक ही रह गया। एक दिन समुद्र में रहने वाला मेंढक आया और उस कुएँ में गिर गया।

"तुम कहाँ से आए हो?"

"मैं समुद्र में रहता हूँ।"

"समुद्र में! वह कितना बड़ा है? क्या वह मेरे कुएँ जितना बड़ा है?"

"मेरे दोस्त, तुम समुद्र की तुलना अपने छोटे से कुएँ से कैसे कर सकते हो?"

"मेरे कुएँ से बड़ा कुछ भी नहीं हो सकता। यह झूठ बोल रहा है।"

हिंदू अपने ही कुएँ में बैठे रहते हैं और सोचते हैं कि यही संसार है। ऐसा ही मुस्लिम और ईसाई भी करते हैं, विवेकानंद ने कहा। 'मैं अपने छोटे से संसार की बड़ी रुकावटों के लिए अमेरिका का शुक्रिया अदा करना चाहूँगा और आशा करता हूँ कि भविष्य में, अपने उद्देश्य को पूरा करने में ईश्वर आपकी मदद करेंगे।'

उनके सुर और स्वर का आत्मविश्वास ग़ज़ब का है। वह एक ऐसे इंसान थे जो अभी बीस के ही हुए थे, जो एक ऐसे देश के निवासी थे जो ब्रिटिश शासन के अधीन छटपटा रहा था और 1857 में औपनिवेशिक शासन के ख़िलाफ़ अपनी पहली लड़ाई (जिसमें रियासतों में बँटे देश का एक बड़ा हिस्सा शामिल ही नहीं हुआ) में जिसकी बुरी तरह पराजय हुई थी। महज सत्रह साल पहले ब्रिटिश प्रधानमंत्री बेंजामिन डिसराइली ने महारानी को 'भारत की साम्राज्ञी' घोषित किया था।

ऐसे देश से आए विवेकानंद, जिन्हें इस नाम से भारत छोड़ने के कुछ दिन पहले तक पुकारा भी नहीं जाता था (उन्हें दान देने वाले खेतड़ी के राजा ने उन्हें यह नाम, भव्य केसरिया पोशाक और यात्रा करने के लिए पैसा दिया), अमेरिका पहुँचे, जिसने अपने औपनिवेशिक शासकों के ख़िलाफ़ स्वतंत्रता की एक बड़ी लड़ाई लड़ी और उस

लड़ाई में जीत के बाद 1776 में अपने आप को स्वतंत्र घोषित कर दिया था। अमेरिका का स्वर्णिम युग धीरे-धीरे समाप्त हो रहा था, और आज़ादी हासिल करने के लिए साल में शेयर बाज़ार धराशायी हुआ जिससे मंदी की शुरुआत हुई। लेकिन यही वर्ष था जब थॉमस एडिसन ने अपना काइनेटोस्कोप दिखाया और पहले चलचित्र स्टूडियो का निर्माण पूरा किया।

यह विवेकानंद का पहला विदेश दौरा था। अमेरिका आने से पहले, वह स्वामी विविदिशानंद या सच्चिदानंद के नाम से भारत भ्रमण कर रहे थे। इस दौरान कभी-कभी उन्हें भारी तंगी भी झेलनी पड़ी। ऐसा दो बार हुआ जब हिमालय की तलहटी में स्थित, रुद्रप्रयाग में और ऋषिकेश में शरीर को तोड़ कर रख देने वाली बीमारी ने देश की यात्रा के उनके सिलसिले को रोक दिया। इसी दौरान डिप्थेरिया से उनकी जान जाते-जाते बची थी। मधुमेह का पहला हमला, 'वह विष जिसने उनकी जान ले ली,' उनके शरीर को पहले ही खोखला कर चुका था।

बिना किसी पहचान के, विवेकानंद के पास कोई अधिकार नहीं था कि उन्हें धर्म संसद में शामिल किया जाता। इसमें शामिल होने के लिए उनकी पहली अर्जी ख़ारिज़ कर दी गई थी। इसमें अमेरिकी कार्डिनल जेम्स गिबंस जैसे लोग शामिल हुए, जो रिचमंड के बिशप थे और बाल्टीमोर के आर्चबिशप बने थे। अपने भाषण से आयोजन की शुरुआत करने वाले गिबंस ने मूर्तिपूजा के विरुद्ध जोशीला संबोधन किया। उस माहौल में विवेकानंद की हैसियत एक लड़के से ज़्यादा की नहीं थी।

वह लंबे (पाँच फुट, साढ़े आठ इंच), चौड़े कंधे वाले, तगड़े और कुछ हद तक भारी-भरकम थे। उनके बाजू मांसल थे और वे सभी तरह के खेल खेलने का प्रशिक्षण ले चुके थे। उनका रंग जैतूनी था, चेहरा भरा-भरा, माथा चौड़ा, जबड़े मज़बूत थे। उनकी आँखें बड़ी, गहरे रंग की और भारी पलकों के साथ एकदम अलग ही दिखती थीं...

उनके पास पैसे ज़्यादा नहीं थे लेकिन पोशाकें अच्छी-अच्छी थीं। भले ही 'भारतीय धूमधाम और समारोह वाली पोशाक' में जब वह जहाज से कनाडा पहुँचे तो उनमें वह लगभग जम से गए थे। अमेरिका के लिए निकलने से पहले उनके शरीर की सिर्फ़ एक ही माप ली गई थी। उनका वज़न किया गया था और वह 170 पाउंड के थे।

अमेरिका पहुँचने पर उनके पास रहने का कोई ठिकाना नहीं था, और दो महीने लंबी यात्रा के दौरान उनका सारा पैसा ख़त्म हो चुका था। 'यात्रा की शुरुआत से पहले हमारे जितने भी अच्छे-अच्छे विचार थे सब धुल गए, और मुझे अनिश्चितताओं से जूझना होगा,' उन्होंने एक अनुयायी को चिट्ठी में लिखा था। 'सैकड़ों बार मेरे मन में

देश से बाहर जाने और भारत लौटने का विचार आया... यहाँ मुझे अपने ख़र्च के लिए बहुत ज़्यादा पैसों की ज़रूरत होगी।'

लेकिन कुछ था जो उन्हें वहाँ से लौट आने से रोक रहा था। 'मैं संकल्पित हूँ, और ऊपर से मुझे आदेश मिला है। मुझे और कुछ नहीं, बस अपनी ओर देख रही परमात्मा की आँखें दिख रही हैं।'

लेखिका कैथरीन सैनबोर्न से ट्रेन में संयोगवश हुई मुलाक़ात के बाद उन्हें सिर छुपाने की जगह मिल गई। उसने विवेकानंद को मैसाचुसेट्स के मेटकाफ़ स्थित अपने फ़ार्म पर रहने का न्योता दिया। युवा संन्यासी ने सैनबोर्न का मन मोह लिया था :

पौरुष के अद्भुत प्रतीक, अपने बेहतरीन रूप में दिखने वाले सालविनी जितने छैल-छबीले, और देवत्व की छाप लिए अपनी चाल से वह ऐसा आभास कराते थे मानो इस ब्रह्मांड पर उनका ही राज है। कोमल काली आँखें लाल हुई तो जैसे आग लगा देंगी या बातचीत से उन्हें खुशी हुई तो झूमने-नाचने लगेंगी...

खेतड़ी के राजा, जो उन्हें पैसे मुहैया कराते थे और उनकी पोशाक के डिजाइनर भी थे, तथा स्वयं विवेकानंद भी अलग तरह के कपड़े पहनने की शक्ति को समझते थे। इस बात का उन्हें सहज ज्ञान था कि एक संन्यासी के मुँह खोलने से पहले उसका वेश ऐसा होना चाहिए कि अपनी धाक जमा ले। ऐसा लगता है कि यह सोच सैनबोर्न के मामले में काम कर गई थी जिन्होंने विवेकानंद की पोशाक के बारे में लिखा था :

उन्होंने चमकीले पीले रंग की पगड़ी पहनी थी जो कई गज लंबी थी, लाल गेरुआ रंग की पोशाक थी जो उनके पेशे का प्रतीक थी (भारत में हिंदू साधुओं के द्वारा पहने वाले जाने वाले गेरुआ वस्त्र का उन्होंने यही मतलब समझा था)। इसे गुलाबी, चौड़ी और मोटे किनारे वाली पट्टी से बाँधा गया था।

यह भी लिखा कि 'वह विवेकानंद, मुझसे अच्छी अंग्रेज़ी बोल रहे थे...'

सैनबोर्न उन्हें 'राजा स्वामी विवेकानंद' कहती थी। वह जितने भी समय तक वहाँ रहे, सैनबोर्न उन्हें घोड़ा गाड़ी से पार्कों में ले जाया करती थीं जहाँ वर्दीधारी सेवकों की भरमार रहती थी!

इन सारी चीज़ों को वह संन्यासी एक विनम्र, धैर्यवान तथा विशेष रूप से व्यंग्य के भाव के साथ देखा करता था। एक पत्र में उन्होंने लिखा था :

उसके साथ रहने में मेरा फ़ायदा है। मैं कुछ पैसे बचा लेता हूँ... और उसके लिए यह फ़ायदा है कि वह अपने दोस्तों को यहाँ बुला लेती हैं और उन्हें भारत से आई अनोखी चीज़ दिखाती हैं। और इन सारी बातों को ध्यान में रखा जाना चाहिए!

अमेरिका में विवेकानंद के शुरुआती दिनों की चिट्ठियों और टिप्पणियों को पढ़कर इस बात को भुलाना संभव नहीं कि विवेकानंद को इस बात का एहसास बख़ूबी था कि उनके सामने कितनी कठिन चुनौती है। उन्हें पश्चिमी देशों को भारतीय इतिहास के आध्यात्मिक ख़ज़ाने से परिचित करना था। वह भी ऐसे समय में जब वह जिस भारत के वासी थे उसकी प्रशंसा का कोई कारण नहीं दिखता था। यही नहीं वह उस समाज के लिए किस हद तक बाहरी थे जिसके बीच वह पहुँच गए थे।

इस विडंबना को भी अनदेखा नहीं किया जा सकता था कि उनकी अंग्रेज़ी बेदाग़ थी, लेकिन उसे उन्होंने औपनिवेशिक शासकों से सीखा था। उन्हीं अंग्रेज़ों से जिनसे वह बेहिसाब नफ़रत करते थे, क्योंकि वे भारत का शोषण कर रहे थे। उन्हें यह बात समझ आ गई कि देखते ही देखते उनकी जितनी प्रशंसा होने लगी थी, वह लगभग असंभव होती, अगर वह अमेरिका की भाषा अक्सर अमेरिकियों से बेहतर नहीं बोल रहे होते।

उस संन्यासी को इस बात का एहसास भी अच्छी तरह था कि जीवन में पहली बार वह एक ऐसे समाज में थे जहाँ वह बाहरी थे। विवेकानंद के आध्यात्मिक आदर्शों ने उन्हें यह शिक्षा दी थी कि वह पूरे संसार को अपना कुटुंब समझें, लेकिन वह एक व्यावहारिक व्यक्ति थे। वह जानते थे कि उन्हें जितना कठिन काम करना है, वह उन्होंने आज तक नहीं किया था। भारत जहाँ तब तक ग़ुलाम बना हुआ था, वहीं उन्हें उसके सबसे गुंजायमान ज्ञान को मुक्त कराना था और उसे पश्चिम तक ले जाना था। भले ही वह तत्काल अपने देश के लिए राजनीतिक स्वतंत्रता हासिल न कर सकें, लेकिन उन्हें भारत की बुद्धिमानी से पश्चिमी जगत के मन को जीतना था।

अमेरिका के शुरुआती दिनों में विवेकानंद के अधिकांश कार्यों का संबंध एक ऐसे देश में सही प्रतिक्रिया प्राप्त करने से जुड़ा था, जहाँ बड़ी आसानी से उनका मज़ाक़ उड़ाया जा सकता था। स्वभाव से ही वह भड़कीले थे, यह उनकी स्टाइल थी, लेकिन वह इस बात के प्रति सावधान थे कि कहीं बहुत अधिक उग्र न हो जाएँ। अपने सहज ज्ञान से ही उन्हें यह एहसास हो गया कि तकनीकी तरक़्क़ी और आर्थिक अस्थिरता के बीच डोल रहा अमेरिका क्या सुनना चाहता था। उन्होंने अमेरिका से यह सोचने को कहा कि क्या मन और तकनीक की तरक़्क़ी को उस बात की गहरी समझ के साथ-साथ नहीं चलना चाहिए जो हमें वास्तव में मानवीय बनाती है। उन्होंने कहा :

दर्शनशास्त्र चाहे जो भी कहता हो, आध्यात्म विज्ञान चाहे जो भी कहता हो, जब तक इस संसार में मृत्यु जैसी चीज़ है, जब तक मनुष्य के हृदय में कमज़ोरी जैसी चीज़ है, जब तक मनुष्य अपनी कमज़ोरी के कारण रोता-धोता रहेगा, तब तक ईश्वर में विश्वास बना रहेगा।

आज इन बातों को पढ़ने के बाद तत्काल हमें इन शब्दों की प्रासंगिकता समझ आ जाती है। वह भी हमारे आज के इस युग में जिसमें मानव मन और शरीर की तरक्क़ी की संभावनाएँ मनुष्य होने के अर्थ को ही बदल देने की क्षमता रखती हैं। अमेरिका तथा अन्य बाहरी देशों में विवेकानंद का तर्क हमेशा यही रहता था कि पूर्वी देशों को पश्चिमी देशों से सीखना चाहिए कि भौतिक ग़रीबी से कैसे निपटा जाए, लेकिन इसके साथ ही पश्चिम में कई लोग, और बेशक पूर्वी देशों में भी रहने वाले उस आंतरिक एकाकीपन से त्रस्त हैं जिन्हें पूर्वी देशों का ज्ञान और उनकी आध्यात्मिकता दूर कर सकती है।

इस किताब में हम आगे देखेंगे कि किस प्रकार विवेकानंद की बातें उल्लेखनीय रूप से विज्ञान और धर्म के बीच तालमेल को लेकर विशिष्ट पूर्वज्ञान रखती थीं। उनके अनुसार दोनों के बीच निरंतर संघर्ष की बजाए तर्क और आस्था के संसार के बीच सौहार्द हो सकता है। लेकिन इस बात को समझना महत्त्वपूर्ण है कि पूरी दुनिया के लोगों को विवेकानंद की बोली इतनी पसंद क्यों आई। अमेरिका में एक संन्यासी था जो चार्ल्स डार्विन की मृत्यु के महज एक दशक बाद अपनी बात रख रहा था। वही चार्ल्स डार्विन, जिन्होंने ईसाई मत की उस बुनियाद हिला दिया था जिसके अनुसार कहा जाता है कि इस ब्रह्मांड की रचना ईश्वर ने की है, और इसमें भी शक नहीं कि परमात्मा ने ही मनुष्य की रचना की है। एक ऐसे माहौल में जहाँ यह पूछा जा रहा था कि ठीक है, अगर ईश्वर ने ब्रह्मांड की रचना नहीं की और इंसान को नहीं बनाया, और हम यदि बंदरों से ही इंसान बने, तो फिर धर्म का आधार क्या है? इसका जवाब विवेकानंद ने तर्क के साथ दिया।

डार्विन के देश इंग्लैंड में विवेकानंद ने क्या कहा वह देखिए :

क्या धर्म को भी अपने आप को तर्क की खोज के आधार पर सही ठहराना होगा, जिसकी सहायता से अन्य विज्ञान अपने आप को सही ठहराते हैं? क्या हम सभी विज्ञानों और बाहरी ज्ञान की परख के लिए जाँच की जिन पद्धतियों का प्रयोग करते हैं, उन्हें ही धर्म के विज्ञान पर लागू करना होगा? मेरे विचार से ऐसा ही होना चाहिए, और मेरा यह भी मत है कि यह जितना जल्दी किया जाए उतना ही अच्छा होगा। यदि इस तरह की जाँच से धर्म नष्ट हो जाएगा, तो फिर यह सर्वथा अनुपयोगी, व्यर्थ के अंधविश्वासों से भरा था, और यह जितनी जल्दी समाप्त हो उतना ही अच्छा है। मैं इस बात से पूरी तरह सहमत

हूँ कि इसका नष्ट हो जाना सबसे अच्छी बात होगी। इसमें कोई शक नहीं कि जो कुछ भी व्यर्थ है, वह निकाल दिया जाएगा, जबकि इस जाँच से धर्म के सभी अनिवार्य तत्व विजयी होकर सामने आएँगे।

विवेकानंद ने पश्चिम से एक ऐसी भाषा में बात की जो उसे पहले से ही अपने प्रभाव में ले चुका था – वह भाषा थी तार्किकता की भाषा, विज्ञान की भाषा। यह उस युग की मनोवृत्ति थी, जो ईश्वर के लिए पुरानी तड़प और उन रहस्योद्घाटनों के साथ क़दम से क़दम मिलाने की ज़रूरत के बीच बँटी थी जो जीवित रहने और मनुष्य कहलाने के मौलिक स्वभाव में ही परिवर्तन ला रहे थे। विवेकानंद ने पूर्वज्ञान से बिखरी कड़ियों को जोड़ा।

उनके अंदर इतना आत्मविश्वास था कि वह अपने देश और उसकी अप्रिय चीज़ों को भी सामने रख सकते थे। साथ ही यह विश्वास भी दिलाते थे कि यह दुनिया को कोई बड़ी चीज़ उदारता के साथ दे सकता है। विवेकानंद कभी भारत की भयंकर, कमज़ोर करने वाली ग़रीबी की बात करने से पीछे नहीं हटे, लेकिन उनकी कल्पना कभी उस ग़रीबी के जाल में नहीं फँसी। यह एक बड़ी शिक्षा है जो उनसे लेनी चाहिए। अपने संबोधनों में, ना ही अपने राष्ट्र को लेकर उनके विचार ब्रिटिश शासन के अंतर्गत भारत की दशा से बंधे थे। वह भारत को समान दृष्टि से देखने क्षमता रखते थे, जो उनके ज़माने के लिए हैरान करने वाला था और कुछ लोग यह भी यह कह सकते हैं कि आज के ज़माने के लिए भी यह आश्चर्य में डालने वाला है। उन्होंने लिखा :

मेरे विचार से अमेरिकी सभ्यता एक महान सभ्यता है। मैंने देखा है कि अमेरिकी दिमाग़ नए विचारों के प्रति संवेदनशील है। ऐसी किसी बात को ख़ारिज़ नहीं किया जाता क्योंकि वह नया है। उसकी परख उसके गुणों के आधार पर होती है, और वह उस आधार पर ही स्वीकार या अस्वीकार किया जाता है।

आज पूर्वी देशों, विशेष रूप से भारत के फिर से उभरने और भारत-अमेरिका के बीच की साझेदारी के साथ ही पश्चिमी देशों के साथ भारत के संबंधों को नए सिरे से देखने की बातें हो रही हैं। उस समय विवेकानंद ने यही किया था और जितने सशक्त रूप से उन्होंने नज़रिए को बदला था वह अपने आप में दिलचस्प है। उन्होंने उस खेल का नियम ही बदल दिया जिसके केंद्र में भौतिकतावाद था, जहाँ भारत होड़ में शामिल नहीं हो सकता था। उसकी जगह पर वह कुछ ऐसा लेकर आए जो गहरा और आंतरिक था। उनके संदेश में इस बात पर इतना ज़ोर नहीं था कि भारत का अध्यात्मवाद का

एक इतिहास है, जैसा कि अक्सर समझा जाता है, बल्कि आजकल इस्तेमाल किए जाने वाले शब्द का उपयोग करें तो अध्यात्मवाद या मन के जीवन ने भारत को प्रतिस्पर्धा में बढ़त दिलाई। विवेकानंद ने लिखा :

जहाँ तक अध्यात्म की बात है, तो अमेरिकी हमसे काफ़ी पीछे हैं, लेकिन उनका समाज हमसे काफ़ी आगे है। हम उन्हें आध्यात्मिकता की शिक्षा देंगे, जो उनके समाज की सबसे अच्छी बात है, उसे आत्मसात करेंगे।

आज जब मैं इसे पढ़ता हूँ तो आश्चर्य होता है कि विवेकानंद, जो एक ब्रिटिश उपनिवेश के नागरिक थे, उनमें आज़ादी के सत्तर साल बाद के आज के भारत की तुलना में राष्ट्रीय आत्म-सम्मान की सुस्पष्ट भावना थी। दुनिया के लिए अपने बाज़ार को खोलने के पच्चीस साल बाद भी, भारत पूरी ताक़त लगाने के बावजूद अपने मूल्य को और अपने मूल्यों की दिशा को तय नहीं कर पा रहा है। 1947 में स्वतंत्रता प्राप्त करने के बाद भी, उपनिवेशवाद से आज़ादी के कुछ उमंग भरे शुरुआती वर्षों के सिवाय, अधिकांश भारतीय अपने मूल्य के बारे में ज़्यादा नहीं जानते। यह भी एक विडंबना ही है कि जहाँ ब्रिटिश भारत में विवेकानंद हिंदू धर्म और इसकी आध्यात्मिक परंपराओं को लेकर जोश का अनुभव करते थे, वहीं महज सौ साल बाद भारतीय बुद्धिजीवियों ने, जिनमें से कई हिंदू थे, महज सौ साल बाद बेहद ख़राब आर्थिक विकास की दर को हिंदू विकास दर बताने में गुरेज नहीं किया। कल्पना शक्ति की ऐसी दरिद्रता चौंकाने वाली है।

वैसे भी, यह धारणा अब ग़लत साबित हो चुकी है कि विकास दर का कहीं से हिंदू धर्म से कोई लेना-देना है। विशेष रूप से इस कारण क्योंकि बाज़ारों पर समाजवादी सरकार के घातक नियंत्रणों के हटते ही अर्थव्यवस्था ने तरक़्क़ी की रफ़्तार पकड़ ली। नियंत्रणों के चलते यह देश आर्थिक विध्वंस की कगार पर पहुँच गया था (अमेरिका से जहाजों में आए गेहूँ से गुज़ारा करना पड़ा और विदेशी मुद्रा के लिए सरकारी ख़ज़ाने में पड़ा सोना बेचना पड़ा था) जिसकी शुरुआत 1991 में हुई थी।

पच्चीस साल बीत चुके हैं और भारत की कई मूल समस्याएँ, जैसे ग़रीबी और कुपोषण अब भी जस की तस हैं, वहीं यह देश लगातार सबसे तेज़ी से तरक़्क़ी करने वाली दुनिया की अर्थव्यवस्थाओं में गिना जा रहा है। आज के भारत के पास अंग्रेज़ों के जाने के बाद की तुलना में कहीं अधिक पैसा है, इसके बावजूद यह आधुनिकता और अपने ऊपर विश्वास के बीच संघर्ष कर रहा है। यह देश फिर से जाँच-परख के एक दुर्लभ सामूहिक दौर से गुज़र रहा है और सोच रहा है कि राष्ट्रवाद को लेकर इसके मौलिक सिद्धांत क्या होने चाहिए। भारतीय होने का मतलब क्या है? उन्हें किन बातों को लेकर भारतीय होने का गर्व होना चाहिए, और यह भी कि उन्हें किन बातों पर

शर्मिंदा होना चाहिए? एक ऐसे देश में जहाँ लगभग 80 प्रतिशत लोग अपने आप को हिंदू बताते हैं, वहाँ एक सवाल यह भी है कि उस हिंदू विरासत का मतलब क्या है, और यह आधुनिक भारतीयों के जीवन के लिए किस प्रकार प्रासंगिक है। उदाहरण के लिए, इन दिनों, कोई भी निम्न विकास दर को हिंदू का नाम नहीं देता। हाल-फ़िलहाल इस शब्द का इस्तेमाल नहीं किया जा सकता है।

हालाँकि, इस तरह की बात का ख़तरा यह है कि जो कुछ जाँच और दोबारा विश्लेषण के तौर पर शुरू होता है, उसे बड़ी आसानी से सरल, सतही और कट्टर देशभक्ति कहा जा सकता है। कई भारतीय इस बात से जूझ रहे हैं कि उनके लिए अपनी राष्ट्रीय पहचान के बारे में फिर से विचार करने का मतलब क्या है। अपनी किताब *बीइंग हिंदू* को लेकर अक्सर मुझे जो प्रतिक्रिया सुनने को मिली और अब भी मिलती है कि इसने उन तमाम सवालों को उठाया, जो लोगों के मन में अपनी पहचान को लेकर उठते हैं। ऐसा नहीं कि वे मेरी किताब से एक निर्णायक उत्तर की उम्मीद कर रहे थे। वे बस इस बात से खुश थे कि इस तरह के सवाल अन्य लोगों के मन में भी उठ रहे थे और उन्हें एक जनसंचार के प्रारूप में, यानी एक किताब के रूप में पेश किया जा सकता है, जिससे उन्हें और उनके प्रश्नों, शंकाओं और आशंकाओं को व्यापक बातचीत का हिस्सा बनाने का अवसर मिलता है। इस तरह की पूछताछ ख़तरनाक हो सकती है। इसे नारेबाज़ी का नाम दिया जा सकता है। यह संकट पैदा करने वाली और नुक़सान पहुँचाने वाली हो सकती है, जिससे ऐसी राजनीति पनपेगी जो निहायत प्रतिक्रियावादी होगी।

इस कारण, विवेकानंद का महत्त्व उन्मादी राष्ट्रवाद के विष के हरने वाले के रूप में है। इस संन्यासी के सिद्धांतों और शंका से परे आधुनिक तर्क को समझने से एक ऐसा ढाँचा तैयार हो सकता है, जिसके ज़रिए भारत अपने आप को और इस विश्व को देख सकता है। वह एक ऐसे इंसान थे जिन्होंने अपने दर्शन को एक अनपढ़ रहस्यमयी गँवई, रामकृष्ण परमहंस ('वह वेदांत के बारे में कुछ नहीं जानते थे, ना ही उसके सिद्धांतों की जानकारी थी! वह बस उस महान जीवन से ही संतुष्ट थे, और उसकी व्याख्या दूसरों के लिए छोड़ दी थी।') के चरणों में आकर सीखा था, और स्पष्ट रूप से इतनी शिक्षा ग्रहण कर ली थी कि अपने विचारों से, असंख्य लोगों के साथ-साथ नास्तिक किंतु विलक्षण प्रतिभा के धनी वैज्ञानिक, आविष्कारक, इंजीनियर और अल्टरनेटिव करेंट की खोज करने वाले निकोला टेस्ला को भी प्रभावित कर दिया था।

एक प्रकार से, विवेकानंद पुनर्जागरण के पहले आधुनिक भारतीय युग का परिणाम थे, जिनका जन्म बंगाल राज्य में हुआ था। अधिक सटीक रूप से कहें तो अंग्रेज़ों के शासन के अंतर्गत आने वाले कलकत्ता में, जो तब ब्रिटिश राज की राजधानी हुआ करता था। बंगाल का पुनर्जागरण अनोखी जाँच-परख और भारतीय बुद्धिजीवियों

के खुलेपन के पल को अभिव्यक्त करता है जो आज विशेष महत्त्व रखता है। यह इस कारण क्योंकि देश इतिहास के उस गौरव को जिस रूप में वह था, उसी रूप में फिर से जगाने का प्रयास कर रहा है।

गर्व की उस अनुभूति के लिए पीछे मुड़कर देखना जोखिम भरा है। मैं जब इस किताब को लिख रहा था, तब मैंने वी.एस. नायपॉल के निबंध *जैसमिन* को पढ़ा। उस निबंध की शुरुआत किसी स्मिथ से होती है, जो उस समय नायपॉल से मिलने पहुँचा जब वह 'बीबीसी की कैरीबियाई सेवा के लिए साप्ताहिक साहित्यिक कार्यक्रम' का संपादन कर रहे थे। स्मिथ क्रोध में हैं। वह 'इस बात का विरोध कर रहा है कि अंग्रेज़ी भाषा ने हम पर काफ़ी कुछ लाद दिया है। यह भाषा हमारी है, और हम जैसे चाहे वैसे इस्तेमाल कर सकते हैं। इस कारण जो साहित्य सामने आया उसका एक विशेष प्रभाव था, लेकिन यह साहित्य विदेशी पौराणिक कथाओं के जैसा था।' विदेशी पौराणिक कथाओं का यह उदाहरण अंग्रेज़ी स्वच्छंदतावादी कवि विलियम वर्ड्सवर्थ की सबसे लोकप्रिय कविता 'द डैफ़ोडिल्स' (जो अपनी पहली पंक्ति 'आई वांडर्ड लोनली एज अ क्लाउड' से भी जानी जाती है) से लिया गया है।

डैफ़ोडिल के फूल बेहद सुंदर होते हैं लेकिन कैरीबियाई देश के लोगों को उस कविता को सुनाने का क्या अर्थ था, जिन्होंने असल में कभी उस फूल को देखा तक नहीं था?

इस तर्क पर नायपॉल की प्रतिक्रिया विशेष रूप से कठोर थी :

इस तरह की सतही दलील को रखने के पीछे राजनीति थी, जिसे मान लिया जाए तो सारे साहित्य को उनकी उत्पत्ति के देशों तक ही सीमित कर दिया जाएगा। इसके साथ ही यह वास्तव में उस असंतोष की अभिव्यक्ति था, जो हमारे अपनी निराकार, अनगढ़ समझ के खोखलेपन की ओर इशारा करता है। हमारे लिए पौराणिक कथाओं के बिना सारे साहित्य विदेशी थे।

हमारे लिए पौराणिक कथाओं के बिना सारे साहित्य विदेशी थे - लेकिन एक भारतीय के रूप में मेरा अनुभव ऐसा नहीं था। इसकी बजाए, मुझे एक ऐसी संस्कृति का अनुभव हुआ था जो पौराणिक कथाओं से इतनी भरी-पूरी थी कि ऐसा लगने लगता था, मानो हम कल्पना और वास्तविकता में साथ-साथ जी रहे हैं। कभी-कभी इन दोनों के बीच भेद करना कठिन हो जाता था। जहाँ तक हमारी बात है, तो मुझे लगा कि सारे साहित्य अनिवार्य रूप से देसी हैं। हम किसी कहानी को बिना पूर्वानुभव के नहीं समझ सकते, और यही हमारे लिए अभिशाप था।

ऐसा लगता है आज के समय में जब सभी एक साथ हर पौराणिक कथा को जानना चाहते हैं और उन्हें अपना बनाना चाहते हैं, तब यह एक गूँज की तरह सुनाई दे रही है, जो कुछ हद तक डरावनी भी है। हमें बताया जाता है कि हर पौराणिक कथा को फिर से जीवित किया जाना हमें अधिक शक्तिशाली बनाएगा।

इस कारण, मुझे लगा कि पुनरुत्थान के इस क्रम में अतिशयोक्ति की एक प्रवृत्ति हो सकती है, जिसमें उन उपलब्धियों पर भी दावा किया जाएगा जो हमारे नहीं हैं। ऐसी अतिशयोक्तियों को समाप्त करने में विवेकानंद सहायक हो सकते हैं। हर क़दम पर उनका तर्कवाद और सोच में वैज्ञानिक संतुलन धार्मिक बयानबाज़ी से आगे की बात करता है। जब भगवान की बात होती, तब उनमें तत्काल प्रमाण को खोजने की इच्छा होती थी, यह पूछने की कि क्या भगवान को 'देखा' जा सकता है। वह 'धर्म-गुरु' नहीं थे, उन्होंने कभी किसी प्रकार की अलौकिक शक्ति का दावा (असल में वह इससे नफ़रत करते थे) नहीं किया। उनके बारे में किसी तरह के 'जादू' या 'चमत्कारों' की बात नहीं होती है। सिर्फ़ धारणा और एकाग्रता का गहरा भाव होता है, जो बरसों तक अनवरत ध्यान लगाने से प्राप्त होता है।

विवेकानंद इस कारण भी महत्त्व रखते हैं, क्योंकि एक तरफ़ जहाँ भारतीय मन की सफलताओं की घोषणा करने में उन्हें हिचक नहीं थी, वहीं वह उस ज्ञान से भरी सभ्यता की उन कमियों पर भी कुठाराघात करते थे जिन्हें अपने आसपास देखा करते थे। आज भी उनमें से कुछ कमियाँ देखने को मिलती हैं।

उनका महत्त्व अमेरिका में जो काम उन्होंने किया उस लिहाज से भी है। वह भारतीय आध्यात्मिकता को अमेरिका के तटों तक लेकर आए। इस बात को याद रखना चाहिए कि विवेकानंद को समुद्र को पार करने या 'काला पानी' को लांघने की पुरातनपंथी ब्राह्मणवादी ढकोसलेबाज़ी का डर नहीं था। वह दुनिया से जुड़ने की अपनी इच्छा को पूरा करने और उससे अपनी ही शर्तों पर जुड़ने को लेकर निश्चित थे, भले ही उनके पास नाममात्र के ही संसाधन थे। महर्षि महेश योगी से लेकर योगी योगानंद और भगवान रजनीश (ओशो) तक पश्चिम के साथ उन्हीं मानकों और ढाँचे के साथ जुड़े जिन्हें सबसे पहले विवेकानंद ने स्थापित किया था।

अमेरिका के साथ कई दशकों के ख़राब संबंधों के बाद, भारत-अमेरिका संबंध एक नए साँचे में ढल रहे हैं, जो इस बात की ओर इशारा करता है कि दोनों देशों के बीच संबंध 'स्वाभाविक सहयोगी' होने के कारण गहरे हो रहे हैं। हालाँकि, पूर्व में अमेरिका से संबंध बिगड़ने का कारण यह नहीं था कि समाजवादी देश भारत को पूँजीवादी अमेरिका की बजाए कम्युनिस्ट रूस अधिक पसंद आया था। इस प्रकार, विवेकानंद ने अमेरिका के साथ संबंध को जिस प्रकार बढ़ाया, उससे बहुत कुछ सीखा

जा सकता है। विशेष रूप से एक ऐसे समय में जिसे भारतीयों और अमेरिकियों के बीच बातचीत को बढ़ाने की दृष्टि से अनुपयुक्त ही कहा जा सकता है, जब एक तरफ़ एक गुलाम देश था तो दूसरी तरफ़ स्वतंत्र देश के लोग थे। तब एक धनहीन संन्यासी भारत की ऐसी सच्चाई बता रहा था जो औपनिवेशिक शासन के अधीन उसकी ग़रीबी से एकदम अलग थी।

विवेकानंद को वह बात स्पष्ट रूप से समझ आ गई थी जिसे नायपॉल नहीं समझ सके।

हम जानते थे कि हम जिस प्रकार का जीवन जी रहे थे, उनके बारे में किताबों में पढ़ने को नहीं मिल सकता। किताबें बहुत दूर बैठ कर लिखी जाती हैं। वे केवल कल्पना की बातें ही कर सकती हैं... किसी किताब को खोलने का मतलब सिर्फ़ तत्काल समझौता हो सकता है।

जैसा मकरंद परांजपे ने लिखा है, विवेकानंद जब धर्म संसद के लिए पहली बार अमेरिका पहुँचे, तब उन्हें इनमें से कुछ भावनाओं का एहसास था।

वह जब कोलंबियाई प्रदर्शन को देखने पहुँचे, जो उस धर्म संसद का ही हिस्सा थी, तब पश्चिम की बेहिसाब भौतिक और तकनीकी तरक़्क़ी को देख कर वह दंग भी हुए और प्रभावित भी। भारत अभी कितना पीछे था!

यह संन्यासी जो अमेरिका पहुँचा था, वह 'पहली बार पश्चिमी देश में आया था, जहाँ की संस्कृति एकदम अलग थी, जहाँ उसने अपने आप को पूरी तरह धन रहित और किसी साथी के बिना अकेला पाया... उसके कपड़े भी विचित्र थे। उसे चिढ़ाया गया और घूर कर देखा गया।' वह जितने भी लोगों से मिला, उनके लिए वह 'एक उत्सुकता की वस्तु था, जो पहला पूर्वी देशवासी और हिंदू था।' वह काफ़ी हद तक धनी अमेरिकी परोपकारियों की दया के पात्र था जिनमें बोस्टन की केट सैनबोर्न शामिल थीं, जिन्होंने उसकी मुलाक़ात हॉर्वर्ड यूनिवर्सिटी के प्रोफ़ेसर जॉन हेनरी राइट से करवाई। प्रोफ़ेसर राइट ने ही धर्म संसद का परिचय कराने वाला पत्र लिखा था (और इस संन्यासी के लिए शिकागो का टिकट ख़रीदा था)।

विवेकानंद जब शिकागो पहुँचे, उसके कुछ ही दिन पहले उन्होंने कुछ 'हैरतगेज़' काम कर दिया। उस संन्यासी ने एनिसक्वाम के चर्च में हिंदू धर्म के ऊपर भाषण दिया। उन्हें सुनने वालों में 'बोस्टन का कुलीन, बेहद रूढ़िवादी छोटा सा समुदाय था।' जॉन राइट की माँ ने अपनी माँ को इस घटना के बारे में लिखा था :

रविवार को जॉन, विवेकानंद को चर्च में बोलने के लिए लेकर आया था और वे बुतपरस्त विचारधारा पर चर्चा कर रहे थे, जो पूरी तरह से बुतपरस्ती के सिद्धांतों पर आधारित थी, दूसरी तरफ़ मैं एक कोने में चला गया और तब तक हँसता रहा जब तक कि रोने नहीं लगा।

आज इस बात को अक्सर भुला दिया जाता है कि धर्म संसद सिर्फ़ एक विशाल धार्मिक आयोजन नहीं था। यह 'कोलंबियाई प्रदर्शनी का हिस्सा था जिसे अमेरिका की खोज की 400वीं सालगिरह के मौक़े पर लगाया गया था।' यह संन्यासी उस समय अमेरिका पहुँचा था, जब वह देश अपने आप को फिर से पहचानने के लिए अपने इतिहास की ओर पलट कर देख रहा था। एक ऐसे देश से, विवेकानंद ने न केवल उसकी महानता की बात की – 'जब आप (अमेरिकी लोग) इस बात को मानते हैं कि यह सही है, तो आप उसे करते हैं, आप उसके बारे में सपने नहीं देखते। यही आपकी शक्ति है' – बल्कि उन्होंने ईसाई धर्मप्रचारकों की ग़लतियों और भारत में बहला-फुसलाकर धर्म परिवर्तन करने की उनकी शरारत पर अपनी नाराज़गी भी जताई।

अमेरिकी वकील और गृह युद्ध के दिग्गज रॉबर्ट इंगरसॉल, जो विवेकानंद के प्रशंसक भी थे, उन्होंने संन्यासी को यह जवाब दिया :

पचास वर्ष पहले, यदि आप यहाँ उपदेश देने आते तो आपको फाँसी पर लटका दिया जाता। आपको ज़िंदा जला दिया जाता या गाँव वाले आपको पत्थर मारते।

मैंने जब इस किताब को लिखना शुरू किया और पश्चिम में विवेकानंद के काम के महत्त्व के बारे में पढ़ना शुरू किया, तो मेरा मन घूम-फिर कर निराश नायपॉल की ओर चला जाता था। इस लेखक ने हर जगह पहचान की तलाश की लेकिन कहीं भी शायद उसे नहीं मिली, और जीवन भर चली अपनी खोज के दौरान उसकी इच्छा उसके भीतर कुंडली मार कर बैठ गई थी। इसने उनकी क़लम को धारदार बना दिया लेकिन उन्हें चिंतित और चिड़चिड़ा भी बना दिया। अपने देश की अक्षमता को लेकर परेशान, नायपॉल अन्य सभ्यताओं की ओर देखने लगे, जिनमें से कुछ उन्हें आकर्षित करतीं, तो कुछ नहीं भी। वह जहाँ भी गए, विरक्ति की भावना उनके साथ गई, जिससे उनके साक्षात्कार अधिक विस्फोटक लेकिन उनकी भावनाएँ आडंबरयुक्त होती गईं। वह एक ऐसे व्यक्ति थे जिन्होंने हर चीज़ को छाया के बिना देखा, उनकी नज़र उस लगातार और कठोर धूप की तरफ़ पड़ी जैसे भारत के मैदानों पर सूरज चमकता है। उस देश में जिससे उम्मीद थी कि वह उन्हें सुकून देगा, लेकिन कई दूसरी चीज़ों की तरह ही भारत ने भी उन्हें निराश किया था।

एक समय वह भी था जब वह ब्रिटिश गुयाना में थे। इस घटना के विषय में उन्होंने *'जैसमिन'* के आख़िर में लिखा है। नायपॉल 'एक बुजुर्ग महिला से मिलते हैं जो संभ्रांत ईसाई भारतीय परिवार से है।' वे बरामदे पर बैठ कर बातचीत कर रहे थे कि तभी न जाने कहाँ से अचानक हवा में किसी फूल की ख़ुशबू तैर गई। नायपॉल उस सुगंध को जानते थे। उन्होंने बचपन में उसे सूँघा था, लेकिन उन्हें उस फूल का नाम मालूम नहीं था।

बुजुर्ग महिला ने कहा, जैसमिन। हम इसे यही कहते हैं।

लेखक भ्रमित और चकित हो जाते हैं। इस शब्द को तो वह पहले से जानते हैं। उन्होंने इसे पढ़ा है और अपने लेखन में भी शामिल किया है। उन्हें छोटी सी एक डाली दी गई जिसे उन्होंने अपनी शर्ट के बटन के छेद में लगा लिया। वह जब टहलते हुए लौट रहे थे, तब वह शब्द उनके दिमाग़ में घूम रहा था, और मन ही मन वह उस शब्द की ध्वनि और संरचना को उसकी ख़ुशबू के साथ गूँथते हुए उससे जुड़ने का प्रयास करते हैं। 'लेकिन लंबे समय से यह शब्द और वह फूल मेरे दिमाग़ में अलग-अलग थे, वे कभी साथ नहीं आए थे।'

मुझे लगता है, अपनी अनेक कठिनाइयों के बावजूद, विवेकानंद का अनुभव इसके उलट था। उन्होंने इस संसार में ईसाइयों के सबसे शक्तिशाली समूहों में से एक से कहा था :

मुझे याद है जब मैं बच्चा था और तब भारत में एक भीड़ के सामने ईसाई मिशनरी को उपदेश देते सुना था। उसने जो मीठी-मीठी बातें कीं उनमें से एक यह भी थी कि यदि वह उनकी मूर्ति को अपनी छड़ी से मारता है, तो वह क्या कर सकती है? उसने सुनने वालों में से एक ने उत्तर दिया, "यदि मैं आपके ईश्वर को गाली दूँ, तो वह क्या करेंगे?" प्रचारक ने कहा, "जब तुम्हारी मृत्यु होगी, तब तुम्हें सज़ा मिलेगी।" उस हिंदू ने पलट कर कहा, "इसी तरह जब तुम मरोगे, तब मेरे भगवान की मूर्ति तुम्हें सज़ा देगी।"

और उन्होंने कहा :

ईसाइयों को स्वस्थ आलोचना के लिए हमेशा तैयार रहना चाहिए और मुझे नहीं लगता कि अगर मैं थोड़ी-बहुत आलोचना करूँ तो आपको बुरा लगेगा। आप ईसाई लोग, जो मूर्तिपूजकों की आत्मा को बचाने के लिए इतने चाव से मिशनरियों को भेजते हैं, क्यों नहीं उनके शरीर को भुखमरी से बचाने का प्रयास करते हैं? भारत में जब भयंकर अकाल पड़ते हैं, तब हज़ारों लोग भूख

से मर जाते हैं, इसके बावजूद आप ईसाई लोग कुछ नहीं करते। आप पूरे भारत में चर्च बनाते हैं, लेकिन पूर्वी देशों में सबसे बड़ी ज़रूरत धर्म की नहीं है, धर्म तो उनके पास पर्याप्त है, लेकिन दर्द से कराह रहे भारत के करोड़ों दुखी लोगों को रोटी की ज़रूरत है जिसकी माँग वे सूखे गले से कर रहे हैं... मैं यहाँ अपने भूखे लोगों के लिए मदद माँगने आया था, और मुझे इस बात का पूरा एहसास हो गया है कि एक ईसाई देश में ईसाइयों से मूर्तिपूजकों के लिए मदद मिलना कितना मुश्किल है।

लेकिन मैंने जैसा कि पहले भी देखा है, इन्हीं बातों को कहने के बावजूद, वह न केवल अमेरिका में काफ़ी पैसा और मदद जुटा सके, बल्कि *न्यू यॉर्क हेराल्ड* ने उन्हें 'बिना शक धर्म संसद की सबसे महान हस्ती' कहा था, और उनके बारे में लिखा था कि 'उन्हें सुनने के बाद, इस ज्ञानी देश में अपने धर्मप्रचारकों को भेजते हुए हम मूर्खों जैसे लगते हैं।'

इस किताब को लिखने के दौरान, मैंने कैथोलिक पादरी और रहस्यवादी थॉमस मेरटॉन की रचना को पढ़ा था जो गेथसमनी के सिस्टेरियन एबे - *न्यू सीड्स ऑफ़ कनटेंप्लेशन* का हिस्सा थी। मैंने जो संस्करण पढ़ा था उसकी प्रस्तावना अमेरिकी लेखिका सू मोंक किड ने लिखी थी, जिनके अपने लेखन पर मेरटॉन और कार्ल युंग जैसे दार्शनिकों की गहरी छाप थी।

अपनी प्रस्तावना में किड ने मेरटॉन के विषय में लिखा,

मेरटॉन का प्रकाश लहर और कण हो सकती है, उनके विषय में किसी की सोच अपने ही अनुभव, आवश्यकता और आरंभ से प्रभावित हो सकती है। वास्तव में, मेरटॉन बहु-आयामी, जटिल, यहाँ तक कि परस्पर विरोधाभासी थे, जिसका मतलब है कि अपने असाधारण व्यक्तित्व के भीतर वह विभिन्न प्रकार की उलझनों, विरोधाभासों और खुद को समेटे हुए थे। उनकी महान उर्वरता और कल्पनाशीलता से एक चिंतनशील, संन्यासी, साधु, एकांतवासी, लेखक, कवि, कलाकार, बुद्धिजीवी, सांस्कृतिक आलोचक, विरोधी, शांतिकर्मी, दुनियावी याचक, प्रकृति प्रेमी और सामान्य व्यक्ति की आत्मा सामने आई। एक प्रकार के सर्वात्मा के रूप में, उनमें लोगों के भीतर की गहराई में, उनके अंदर के सार्वभौमिक स्थानों से जुड़ने की असाधारण क्षमता थी।

और मैंने स्वयं से पूछा, विवेकानंद ने अमेरिका में और क्या स्पर्श किया, जो यदि 'गहराई में, लोगों के भीतर के सार्वभौमिक स्थान' नहीं थे, पर इतने विदेशी और विरोधी क्यों थे? मुझे लगता है कि इस संन्यासी ने एक ऐसे समय में उस संदेश की जिस सार्वभौमिकता का उपदेश दिया उससे आज के समय में आधारभूत सबक़ सीखे जा सकते हैं, जब

एक बार फिर भेदभाव के स्वर और डर न केवल अमेरिका और भारत में बल्कि पूरी दुनिया में हावी होते जा रहे हैं। अपनी राजनीति से लेकर अपने मनोरंजन तक, हम जो कुछ भी करते हैं, उसमें खुलेपन और अखंड एकता के विचारों को साझा करने के विषय में भारतीयों और अमेरिकियों को फिर से याद दिलाना सार्थक लगा।

आत्मा को फिर से नई ऊर्जा देने के वैश्विक आंदोलन का सपने देख लेने, इस विचार को नया बल देकर कि चिंतन मनुष्य की स्वाभाविक दशा है, विवेकानंद चालीस वर्ष की आयु तक पहुँचने से पहले ही इस दुनिया से चले गए। वह एक वैश्विक व्यवस्था के ऐश्वर्य का निर्माण करने का प्रयास नहीं कर रहे थे। तो फिर इस संन्यासी ने विश्वव्यापी आंदोलन के बीज क्यों बोए?

रोमानियाई दार्शनिक एमिल सियोरेन ने एक बार सुकरात के आख़िरी पलों का वर्णन इस कहानी के साथ किया था :

जब विष तैयार किया रहा था, तब सुकरात अपनी बाँसुरी पर एक धुन सीख रहे थे।
उनसे पूछा गया, "अब यह तुम्हारे किस काम आएगी?"
"मरने से पहले कम से कम इस धुन को तो सीख जाऊँगा।"

इतना ही काफ़ी था। विवेकानंद भी जानते थे कि अभी तो इसका आरंभ हुआ है।

भाग I

नरेन

1

बुरा लड़का

ज**ब** मैं पाँच या छह वर्ष का था, तब एक ऐसी कहानी सुनी थी जिसे सुनकर बड़ा मज़ा आया था। यह एक ऐसे लड़के की कहानी थी जो खुद भी पाँच या छह साल का ही था।

वह एक बंद कमरे में बैठा था, जहाँ से कलकत्ता की एक सड़क दिखाई देती थी। उसे सज़ा मिली थी कि वह कहीं नहीं जाएगा। वह नन्हा बालक, जिसका नाम बिली था, उसे ऐसी आदत पड़ गई थी कि वह कोई भी चीज़ दूसरों को दे दिया करता था। जब कभी कोई भिखारी या कोई पड़ोसी कुछ माँगने आ जाए, तो वह घर में रखी सबसे अच्छी चीज़ दे दिया करता था। कुछ घंटे तक कमरे में बंद रहने के बाद, उसकी माँ ने सोचा कि शायद वह सुधर गया होगा।

अपनी पहली मंज़िल के बेडरूम की खिड़की की ऊँची और चौड़ी चारदीवारी के पीछे से, बिली बेचैन होकर नीचे की सड़क को घूर रहा था। उसे लग रहा था कि उसके सिवाय सारी दुनिया जैसे जी चाहे घूमने-फिरने के लिए आज़ाद है। आख़िरकार, एक भिखारी उस खिड़की के नीचे आया। शायद उस मैले-कुचैले व्यक्ति ने इस शरारती लड़के के बारे में सुन रखा था और उसे उम्मीद थी कि कहीं उसकी क़िस्मत भी चमक जाए। बूढ़े भिखारी ने लड़के की तरफ़ ऊपर देखा और भिक्षा माँगी।

यह देख कर वह बच्चा एकदम खीझ गया। क्या उसे इस परेशानी से कभी छुटकारा नहीं मिलेगा? एक तो उसे यहाँ भिखारियों को कुछ भी देने के लिए कमरे में बंद कर दिया गया था, दूसरा ये कि जब वह इस हालात से समझौता कर ही रहा था कि एक और भिखारी सामने आ गया!

फिर, अचानक ही उसे एक उपाय सूझा। इसी मौक़े का उसे इंतजार था। कौन कहता है कि इस ऊँचाई पर कमरे में बंद कर दिए जाने से उसकी दानशीलता को कम किया जा सकता है? उसने चारों तरफ़ देखा लेकिन कहीं भी पैसा नहीं दिखा। न कोई बरतन था ना ही घर का सामान जिसे दिया जा सके, लेकिन एक बड़ी सी अलमारी

थी, जिसमें उसकी माँ की साड़ियाँ भरी थीं... जब तक बिली की माँ आती, तब तक वह उनकी कुछ सबसे अच्छी साड़ियाँ नीचे फेंक चुका था।

यही था नरेंद्रनाथ दत्त जिसके बारे में मैंने पहली बार सुना था, और जो आगे चलकर स्वामी विवेकानंद बना। वह किसी ढीठ लड़के की कहानी के किसी किरदार के जैसा लगा। कुछ हद तक उन लड़कों के जैसा जिनके बारे में मैंने एनिड ब्लाइटन और रिचमल क्रॉम्पटन की किताबों में पढ़ा था।

विवेकानंद में हिम्मत थी। वह लापरवाह थे। यहाँ तक कि उद्दंड भी। मैंने अपनी माँ से ही सुना था कि उनकी माँ अक्सर उनसे तंग आ जाती थीं। ऐसा माना जाता है कि युवा नरेंद्रनाथ की माँ ने बेटे के लिए भगवान शिव की पूजा की थी, और बाद में कहा करती थीं : 'मैंने शिव से उनके ही जैसा बेटा माँगा था और उन्होंने अपने एक पिशाच को भेज दिया है!' वह एक ऐसे लड़के थे जो किसी से नहीं डरते थे। जब उनसे कहा जाता कि पेड़ पर एक दुष्ट राक्षस रहता है जो बच्चों को खा जाता है, तो नरेन, जिस नाम से सारे लड़के उन्हें जानते थे, खुश होकर पेड़ पर चढ़ता और उतरता ताकि उस बात को झूठ साबित कर सके। वह एयर गन से खेलता, खिलखिलाता और साँपों को देख कर कंधे उचका देता था। जब उसे चेताया जाता कि पेड़ पर भूत रहते हैं, तब वह सबसे पहले उस पेड़ पर चढ़ने वालों में शामिल रहता था। यह कहानी मशहूर है कि एक बार जब वह ध्यान लगाए बैठा था तब एक साँप, फुफकारता हुआ आगे बढ़ा, लेकिन अपने दोस्त के चीखने-चिल्लाने के बाद भी वह अपनी जगह से एक इंच नहीं हटा।

वह ऐसे लड़के थे जिन्हें कबूतर उड़ाना पसंद था, और गली-गली में खेले जाने वाले खेल गिल्ली-डंडा के चैंपियन थे।

एक बार जब 'एक स्कूल टीचर ने उनके छोटे भाई का सिर दीवार से दे मारा, तब नरेंद्रनाथ ने स्कूल अधीक्षक, ब्रजेंद्र नाथ डे को चिट्ठी लिखकर शिकायत की और उस शिक्षक को कड़ी फटकार लगाई गई।' वह उस तरह के लड़के थे जिसे बताया नहीं जा सकता लेकिन लड़कों की हर पीढ़ी उस जैसा बनना चाहती है। वह एकदम कूल थे। नरेंद्र मुझे लेकर तब से कूल थे जब मैं इस शब्द को भी नहीं जानता था। वह इतने कूल थे कि वह मेरी बेचैन आत्मा पर किसी बाम का काम करते थे। वह भी कलकत्ता के उन गर्म महीनों में जब कोई चैन से बैठ नहीं सकता।

'निश्चित रूप से, जब मेरे माता-पिता ही उनकी पूजा किया करते थे, जबकि वह फ़िल्म स्टार की तरह दिखते थे और बच्चे के तौर पर शरारती थे, तब नटखट बच्चों के बारे में क्या कहा जाए?'

विवेकानंद ने खुद ही बताया था कि वह कितने नटखट थे :

मैं जब दो साल का था, तब मैं अपने साईस के साथ खेला करता था... भभूत से नहाता था... और अगर कोई साधु भिक्षा माँगने आता तो वे मुझे कमरे में बंद कर देते थे। मुझे लगता था कि मैं भी वही साधु, हूँ, और घर शिव ने मुझे शरारत करने के लिए भेजा है। इसमें शक नहीं कि इस भावना को मेरे परिवार ने ही बढ़ाया क्योंकि जब मैं शरारत करता तब वे कहा करते थे, 'शिव, शिव!' और तब मैं एकदम ठीक हो जाता था, हमेशा ही। यहाँ तक कि अब भी जब मुझे शरारत सूझती है, तो उस शब्द से मैं सुधर जाता हूँ।

मैं जब स्कूल में पढ़ने वाला बच्चा था, तब मिठाई को लेकर मेरी अपने साथी से लड़ाई हो गई, और वह ताक़तवर था इसलिए उसने मिठाई मुझ से छीन ली। मुझे याद है कि मुझे कैसा लगा था। मुझे लगा कि वह सबसे दुष्ट बच्चा है, और मैं जैसे ही ताक़तवर हो जाऊँगा तो मैं उसे मज़ा चखाऊँगा। उसकी बदमाशी के लिए कोई भी सज़ा कम नहीं हो सकती थी।

भले ही वह लड़का और विवेकानंद आगे चल कर गहरे दोस्त बन गए, लेकिन वह तसवीर मेरे मन में बरसों तक बनी रही जब मेरे माता-पिता, जो रामकृष्ण मिशन के प्रति समर्पित थे और आज भी हैं, उन्होंने मेरा परिचय उनके दर्शन और उनकी रचनाओं से कराया। रामकृष्ण मिशन की स्थापना विवेकानंद ने अपने आध्यात्मिक गुरु रामकृष्ण परमहंस की याद में की थी।

उनकी महिमामयी उपस्थिति, उनके उत्साहवर्धक संबोधन और उनके अटल ध्यान के बावजूद, उनकी यह शरारती बालक की छवि मेरे मन में बनी रही। शायद इसका कारण यह था कि यह बचपन में मेरी ओर से की जाने वाली शरारत के जैसा ही था। मैं साधु-संन्यासियों, शक्तिशाली देवी-देवताओं की कहानियाँ सुनकर पला-बढ़ा। मेरे दादा-दादी और आगे चलकर मेरी माँ और मौसी (जो एक जैसी दिखने वाली जुड़वाँ बहनें थीं), पूरी तरह से धार्मिक थीं। बड़े होने पर मुझे ज़्यादातर कर्मकांड से चिढ़ होने लगी। वे दिमाग़ी तौर पर बंधनकारी और सामाजिक तौर पर घुटन पैदा करने वाले लगते थे। मेरे अपने परिवार की भी अपनी रीतियाँ और अपनी धारणाएँ थीं। छोटे-छोटे उपवास, संक्षिप्त मंत्र, छोटे-मोटे संस्कार जिनका वे सम्मान किया करते थे। वे जितनी सख़्ती से उनका पालन किया करते थे, मेरे मन में उनके प्रति आकर्षण उतना ही कम हो जाता था।

न पहले और न आज मैं चाहता हूँ कि कोई मुझे बताए कि भगवान को कैसे पाना है। मैं खुद ही तय करना चाहता था कि उन्हें पाना भी है या नहीं, लेकिन मुझे यह आज़ादी नहीं दी गई थी। मैं जब दस साल के क़रीब का था, जब पहली बार मेरा जनेऊ या पोइते कराने की बात हुई। मेरे पिता और मेरे सभी चाचा समेत घर के सभी

पुरुष सदस्यों ने यह करवाया था। यह ब्राह्मण होने की पहचान था। यहाँ तक कि मेरी पीढ़ी में भी मेरे सारे चचेरे भाई सिर मुँड़वाने, संस्कार को करने, भोज का आनंद लेने और उपहार स्वीकार करने के लिए क़तार में खड़े हो जाते थे। एक चाची ने कहा था, 'सोच लो कि यह जन्मदिन है और साथ में दुर्गा पूजा भी।'

मैंने ऐसा नहीं किया।

मैं किसी बेकार से धागे को अपने शरीर पर पहनना नहीं चाहता था। ना ही मैं अपना सिर मुँड़वाना चाहता था। गंजे होकर स्कूल जाना मंज़ूर नहीं था। बरसों तक मेरे माता-पिता मेरा यज्ञोपवीत संस्कार करवाने के लिए मेरे पीछे पड़े रहे। मैं जब किशोरावस्था से काफ़ी आगे बढ़ चुका था तब तक उनके प्रयास कमज़ोर पड़ने लगे थे। भले ही हार्मोन संबंधी कुछ अहंकार मेरे भीतर आ चुके थे, लेकिन मुझे अच्छी तरह याद है जब माता-पिता के साथ लंबी बहस चली थी जिसमें वे कह रहे थे, 'लेकिन यह परंपरा है जिसका पालन हम हमेशा से करते आए हैं!' मैं ज़रूर ही पंद्रह साल का रहा होऊँगा, मेरा अंतिम उत्तर था – 'यह "हम" कौन है? विवेकानंद ने भी इतने सारे नियमों और परंपराओं को तोड़ा!' उनके पास इसका कोई जवाब नहीं था। जल्दी ही मेरे माता-पिता ने पोइते के बारे में बात करना बंद कर दिया।

पीछे मुड़कर देखता हूँ, तो लगता है कि शायद यही समय था जब विवेकानंद में मेरी दिलचस्पी सच में बढ़ने लगी थी। उन्होंने मेरे माता-पिता के साथ मेरी बहस में जीत दिलाने में मदद की थी, यह मेरे लिए एक निर्णायक पल था।

यह इस बात का सबूत था कि भले ही आपने धोखे से अपने शाकाहारी भाई (किसी अन्य कारण से नहीं बल्कि एक धार्मिक वैष्णव दादी के प्रभाव से शाकाहारी था) को मांस खिला दिया हो, फिर भी आप एक संन्यासी बन सकते हैं जिसका आदर पूरे विश्व में किया जाता है। आप दस से बारह बकरों के सिर को तंत्र-मंत्र के बहाने मीट करी (दो किलोग्राम मटर के साथ) बनाकर भोज का आयोजन कर सकते हैं, जहाँ अपने भाई के साथ बैठ कर करी के साथ सोलह-सोलह रोटी डकार जाएँ और इसके बाद भी दुनिया भर में विख्यात तपस्वी कहलाएँ, जिसने सारे सांसारिक आकर्षणों का त्याग कर दिया। आप धूम्रपान करते हैं, 'छोटी उम्र से ही नसवार लेने लग जाते हैं,' मांस खाते हैं – लेकिन एक बार जब आपको लग जाता है कि आपकी सही राह संन्यासी बनना है तब उनका कोई मतलब नहीं रह जाता है।

विवेकानंद का एकदम शुरुआती जीवन मेरे लिए ख़ासी दिलचस्पी रखता है क्योंकि यह उन सारे नियमों को तोड़ता है, जिन्हें आम तौर पर 'साधु-महात्मा का आदर्श जीवन' बताया जाता है और अक्सर उसकी शिक्षा दी जाती है। आपको वह भड़कीला पोस्टर याद है जिसे स्कूल में कई भारतीय बच्चों को दिखाया जाता है, और कभी-कभी घर में

भी दिखाया जाता है? यह 'एक आदर्श बालक (अच्छी आदतों वाला)' का पोस्टर होता है, जो कई खानों में बँटा होता है जिनमें दिखाया जाता है कि एक आदर्श लड़के को दिन भर में क्या-क्या करना चाहिए। उसे हर दिन एकदम सुबह सोकर उठना चाहिए, अपने माता-पिता के 'चरणों का स्पर्श' करना चाहिए। वह सुबह की सैर पर जाता है, अपने दाँत साफ़ करता है, स्नान करता है, पूजा करता है, स्कूल जाता है, 'मन लगाकर पढ़ता है,' सही समय पर भोजन करता है, दूसरों की मदद करता है (उस पोस्टर में वह लड़का एक बुज़ुर्ग को सड़क पार करवाता है), खेल में हिस्सा लेता है, एनसीसी (राष्ट्रीय कैडेट कोर, या अमेरिका में बॉय स्काउट का भारतीय रूप) में शामिल होता है और थोड़े थकने लेकिन नए जोश के साथ 'सामाजिक गतिविधियों में हिस्सा लेता है,' और फिर सोने चला जाता है।

भारत में करोड़ों युवाओं को इस तरह के पोस्टर दिखाए गए हैं, ताकि उनके मन में विवेकपूर्ण मूल्यों को फिर से सुदृढ़ किया जा सके। इस प्रकार के नागरिक शास्त्र के मानकीकृत सबक़ स्वतंत्रता के ठीक बाद के समय के थे, जब सरकार ने सोचा कि यह जीवन के सभी अंगों को नियंत्रित और निर्देशित कर सकती है - जिनमें अर्थव्यवस्था से लेकर 'ईमानदार नागरिकों का निर्माण' शामिल था। हम सब ऐसे ही पोस्टरों को देखते हुए बड़े हुए, लेकिन मेरे अंदर हमेशा से ही एक बाग़ी छिपा था। मैंने अपने आसपास पुरुषों और महिलाओं को झगड़ते, तलाक़ लेते, या साथ रह कर झगड़ते देखा था। निश्चित रूप से, मैंने पढ़ने में कमज़ोर बच्चों को परीक्षा में चोरी करते और खेल के मैदान में बेईमानी करते देखा था। मैंने ऊब चुके शिक्षकों और भाड़े के ट्यूशन मास्टरों को अपनी निर्दयी उपेक्षा से शिक्षा के क्षेत्र को तबाह करते देखा था। यह किसी भी प्रकार से एक आदर्श बालक की दुनिया जैसा नहीं था, और मैं समझ नहीं पाता था कि हम जिस संसार में रह रहे थे, वहाँ कोई कैसे इस तरह की आदर्श स्थिति को प्राप्त कर सकता था।

मैं जब दिव्यता की, संन्यासियों की अच्छाई और तपस्वियों की धर्मपरायणता और विनम्रता की कहानियाँ सुनता था, तो इनमें से कई सारी कहानियाँ झूठी और विश्वास से परे लगती थीं। आख़िर ईश्वर के इन उपासकों, अपने दैवी कर्तव्यों को पूरा करने के लिए बने अवतारों से क्या सीख सकते थे? हमारे इस पापी संसार से संबंधों को तोड़ सुदूर जंगलों में ध्यान लगाए बैठे साधुओं की नैतिकता को हम अपने जीवन में कैसे उतार सकते थे? मैं रहस्यवादियों की कही बातों को चुनौती देता था, जिनसे मेरे माता-पिता काफ़ी प्रभावित थे। मैं सोचता था कि क्या वे सच में इन अलौकिक जीवनों से किसी प्रकार का संबंध महसूस करते हैं।

यही कारण है कि तब भी और आज भी, विवेकानंद का जीवन मुझे इतना अलग और काफ़ी हद तक सच्चा लगता था। वह इतने भावपूर्ण रूप से जीवंत थे, इस

हद तक और समग्र रूप से मानवीय थे। अपने जोश में, अपनी मुसीबतों में, अपनी बीमारियों, अपनी जीत और अपनी हार में, वह पूरी तरह और विश्वास करने योग्य रूप से मानवीय बने रहे। वह हम में से एक थे।

एक ऐसा व्यक्ति जो इतने दृढ़संकल्प के साथ बौद्धिक था, उस विवेकानंद के जीवन में शिक्षा पर नज़र डालिए। एक अमीर वकील के परिवार में जन्म लेने के कारण ('यह कहना ग़लत नहीं होगा कि उनका जन्म एक धनाढ्य परिवार में हुआ था') उन्हें सबसे अच्छी शिक्षा मिल सकी, जिसमें कलकत्ता के मशहूर मेट्रोपोलिटन इंस्टीट्यूशन स्कूल में पढ़ाई करना शामिल था। संभवतः यही कारण था कि वह अंग्रेज़ों की तरह की फर्राटेदार अंग्रेज़ी बोल और लिख पाते थे। उनकी विद्वत्ता में न केवल उनके पिता की दौलत सहायक हुई बल्कि उनकी माँ की विलक्षण प्रतिभा का भी योगदान था :

भुबनेश्वरी दासी अत्यधिक सुंदर थीं। वह बहुत अच्छा गाती थीं और उनकी याददाश्त ग़ज़ब की थी। सिर्फ़ एक बार वह किसी कविता को सुन लेती थीं तो अपनी स्मृति से ही उसे दोहरा देती थीं।

विवेकानंद की कमाल की याददाश्त उनकी कई प्रतिभाओं में से एक थी जिनके बारे में मेरी माँ अक्सर मेरे स्कूल के दिनों में मुझे बताया करती थीं। भले ही उनकी बात उपयुक्त नहीं थी, लेकिन उनके कहने का मतलब यही था कि अगर मैं और मेहनत से पढ़ाई करूँ, तो मेरी याददाश्त भी उनके जैसी हो सकती थी। वह इस बात को कभी समझ नहीं सकीं कि यह वंशानुगत आशीर्वाद था, या शायद आनुवंशिक देन थी। 'जादुई' स्मृति के उपहार जैसी बातें भी कही जाती थीं, भले ही उस संन्यासी ने स्वयं कभी इस तरह की शक्ति होने का कोई दावा नहीं किया। अगर उस संन्यासी में असाधारण शक्तियाँ थीं, चाहे वे आनुवंशिक हों या निरंतर ध्यान लगाने से उन्हें बल मिला (जिसकी संभावना कहीं अधिक है) जिससे उनका मस्तिष्क मज़बूत हुआ तो मैं हमेशा से ही उनकी इस विशेषता को पसंद करता रहा। इनमें न तो कुछ भी चमत्कारी था ना ही कुछ ऐसा जिसे प्राप्त न किया जा सके। एक ऐसा व्यक्ति जो अपनी विद्वत्ता और अंग्रेज़ी भाषा के कौशल से हज़ारों लोगों को मंत्रमुग्ध किया करता था, और इसका प्रमाण न केवल अमेरिका में आयोजित धर्म संसद में बल्कि उसके बाद भी मिलता रहा, उसी व्यक्ति के परीक्षा में प्राप्त अंक बेहद ख़राब थे। वह यूनिवर्सिटी की तीन परीक्षाओं में बैठे, जिनमें फ़र्स्ट आर्ट्स स्टैंडर्ड (एफ़ए, जो आगे चलकर इंटरमीडिएट आर्ट्स या आईए बन गई) और बैचलर ऑफ़ आर्ट्स (बीए) की परीक्षा शामिल थी। एंट्रेंस के स्तर पर अंग्रेज़ी भाषा में उन्हें 47 प्रतिशत, एफ़ए में 46 प्रतिशत और बीए में 56 प्रतिशत अंक मिले। 'एफ़ए और बीए की परीक्षा में वह सेकंड क्लास से ही पास हुए।'

रिकॉर्ड के लिए यहाँ विभिन्न विषयों में मिले उनके अंक दिए जा रहे हैं।

प्रवेश परीक्षा

अंग्रेज़ी 47

संस्कृत 76 (यह कम से कम अंग्रेज़ी से ज़्यादा बेहतर है। आगे चल कर वह संस्कृत में जिस महारत का परिचय देने वाले थे। उसके स्पष्ट संकेत यहाँ मिल गए थे।)

इतिहास 45

गणित 38

कुल 206/400

फ़ाइन आर्ट्स स्टैंडर्ड

अंग्रेज़ी 46

संस्कृत 36

इतिहास 56

गणित 40

तर्कशास्त्र 17/50

मनोविज्ञान 34/50

कुल 229/500

बैचलर ऑफ़ आर्ट्स

अंग्रेज़ी 56

संस्कृत 43

इतिहास 56

गणित 61

दर्शनशास्त्र 45

कुल 261/500

ऐसा कौन सा मस्त-मौला छात्र होगा जो इस तरह की मार्कशीट को देख कर खुश नहीं होगा? इस बात से इनकार नहीं किया जा सकता कि वे इस बात को साबित करते हैं कि सफलता, या फिर मस्तिष्क की ज़बरदस्त क्षमता का स्कूल या कॉलेज के नतीजों

से कोई लेना-देना नहीं होता। मुझे यह बात बहुत बाद में पता चली कि अमेरिका में कॉलेज की पढ़ाई बीच में छोड़ना कोई बड़ी बात नहीं थी और कुछ बेहद सफल पुरुषों और स्त्रियों ने ऐसा किया था और आगे चलकर महान संस्थानों के निर्माता भी बने। लेकिन इन सबसे पहले मैं विवेकानंद की मार्कशीट से ही राहत की साँस ले चुका था। स्वाभाविक रूप से, मैंने जब पहली बार यह बात अपने माता-पिता को बताई, तो उन्हें ज़्यादा खुशी नहीं हुई। लेकिन जैसे-जैसे मैं बड़ा होता गया मैंने महसूस किया कि विवेकानंद स्कूल में विवेकानंद के प्रदर्शन को एक बड़े परिप्रेक्ष्य में समझने की ज़रूरत है। एक ऐसा व्यक्ति जिसने अपना अधिकांश जीवन 'शिक्षा देने' में बिताया, उस संन्यासी ने औपचारिक शिक्षा में ज़्यादा दिलचस्पी नहीं दिखाई।

अपनी अद्भुत याददाश्त और तेज़ दिमाग़ के कारण वह विषयों और किताबों की बातों को बड़ी आसानी से समझ लिया करते थे। उनके बारे में एक कहानी सभी सुनाते हैं कि कैसे महज किताबों के पन्ने पलट कर (कुछ मामलों में तो बस इतना कहा जाता था कि दोनों हथेलियों के बीच किताब को रखना ही काफ़ी था) ही वह हर पन्ने के भीतर की बातों को जान लिया करते थे। मेरे लिए अब यह बड़ी दिलचस्प बात है कि इन सारी घटनाओं के बाद, जिनकी पुष्टि कई लोगों ने की है, विवेकानंद ने कहीं भी ऐसा दावा नहीं किया कि उनके पास इस तरह की कोई चमत्कारिक क्षमता थी। औपचारिक शिक्षा के प्रति अपनी साधारण रुचि और चमत्कारों को सीधे तौर पर उनकी ओर से ख़ारिज किए जाने के बाद, जो बात सामने आती है उसे स्वीकार करना पड़ेगा और वह समसामयिक भी है।

भारत में औपचारिक शिक्षा की प्रणाली अक्सर सांस्कृतिक जड़ों के बिना और किसी भी प्रकार के मनोवैज्ञानिक चिंतन से कोसों दूर दिखती है। इस कारण यह देश शिक्षा के मामले में एक स्थायी संकट के दौर में फँस गया है। बिज़नेस स्कूलों की शब्दावली का प्रयोग करने वाले कहते भी हैं कि 'धारा के विपरीत' जाने के कारण यह प्रणाली नई-नई खोज के मामले में पंगु दिखने लगी है। भारतीय पढ़ते हैं लेकिन लगता नहीं है कि कुछ सीखते हैं। हम रटते हैं लेकिन आत्मसात नहीं करते। हम याद करते हैं लेकिन अक्सर लागू करने में विफल रहते हैं। विवेकानंद ने अपना पूरा जीवन लोगों को यह शिक्षा देने में लगा दिया कि वे अपने मन को अनिवार्य बातों पर केंद्रित करें, ऐसे कार्यों पर जो अच्छे और संतुष्टि देने वाले हैं, लेकिन एक सदी बाद भी ऐसा नहीं कहा जा सकता कि जीवन भर स्कूली शिक्षा (जिसकी शुरुआत हर दशक के बाद कुछ जल्दी ही होने लगती है) प्राप्त करने के बाद भी भारतीयों ने इस बात को सीखा है।

हम में जो लोग तीस की उम्र के आसपास हैं, उन्होंने तीन साल की उम्र में स्कूल जाना शुरू किया था, जबकि आज के कई बच्चे एक साल की उम्र से ही इसकी

शुरुआत कर देते हैं, जिस बुरी चीज़ को प्री-प्ले स्कूल कहा जाता है। फिर भी हम जो सीखते हैं और शिक्षा के क्षेत्र में जिस प्रकार आगे बढ़ते हैं वह पूरी तरह से फिज़ूल नहीं तो मृतप्राय ज़रूर है।

विवेकानंद ने कहा था :

शिक्षा क्या है? क्या यह किताब को रटना है? नहीं। क्या यह विविध प्रकार का ज्ञान है? नहीं वह भी नहीं है। वह प्रशिक्षण जिससे इच्छा का प्रवाह और उसकी अभिव्यक्ति नियंत्रित की जाती है और जो फलदायी बनता है उसे शिक्षा कहते हैं। अब इस पर विचार कीजिए कि क्या वह शिक्षा जिसके फलस्वरूप इच्छा को अनेक पीढ़ियों तक लगातार कुचला गया उसे मार नहीं डाला गया है? क्या यही वह शिक्षा है जिसके प्रभाव से नए विचारों के साथ ही पुराने विचार एक के बाद एक समाप्त हो रहे हैं? क्या यही शिक्षा है, जो धीरे-धीरे इंसान को मशीन बना रही है? मेरे विचार से यदि किसी की उन्मुक्त इच्छा और बुद्धि के कारण यह ग़लत भी हो जाए तो किसी मशीनी प्रक्रिया की बजाए बेहतर ही है। यही नहीं, क्या उसे समाज कहा जा सकता है जो ऐसे लोगों से मिलकर बना है जो मिट्टी के ढेर, बेजान मशीनों, ढेर लगाए गए कंकड़ों की तरह हैं? ऐसा समाज अच्छा कैसे कर सकता है? यदि अच्छा होता तो सैकड़ों वर्षों तक ग़ुलाम बने रहने की बजाए, हम इस धरती के सबसे महान देश बन गए होते, और भारत की यह धरती मूर्खता की खान होने की बजाए, ज्ञान की शाश्वत धारा होती।

विवेकानंद ने भारत के लिए अलग ही प्रकार की दार्शनिक शिक्षा की परिकल्पना की थी। उन्होंने बहुत पहले ही समझ लिया था कि भारत को आधुनिक शिक्षा की आवश्यकता है, जिसमें विज्ञान और तर्क की भरपूर शक्ति और उत्साह हो, लेकिन इस आधुनिकता को तभी बनाए रखा जा सकता है जब यह देश के अपने ही स्वभाव और इतिहास के साथ गहराई से जुड़ी हो। मैं विवेकानंद को निरंकुश शिक्षक कहता हूँ। उन्होंने सही मायने में देश का भ्रमण किया और पाया कि कहीं न कहीं शिक्षा का दुखद अभाव उसकी सारी विफलताओं, बुराइयों का कारण है।

भारत की बर्बादी का प्रमुख कारण मुट्ठी भर लोगों के द्वारा अपने घमंड और राजसी सत्ता के प्रभाव से इस देश की संपूर्ण शिक्षा और बुद्धि पर एकाधिकार जमा लिया जाना रहा है।

अब इसका समाधान क्या है?

यदि हमें फिर से आगे बढ़ना है, तो हमें इसे उसी तरीक़े से कहना होगा। कहने का अर्थ है कि जन-जन के बीच शिक्षा का प्रसार करना होगा... शिक्षा, शिक्षा और केवल शिक्षा! यूरोप के अनेक शहरों की यात्रा करने और वहाँ के ग़रीब लोगों में भी शिक्षा के सुलभ प्रसार को देखने के बाद, मेरे मन में अपने ग़रीब लोगों का ख़याल आया, और मैं रो पड़ता था। इस अंतर का कारण क्या था? मुझे उत्तर मिला कि यह शिक्षा थी। शिक्षा से ही अपने ऊपर विश्वास बढ़ता है, और इस विश्वास से ही अपने अंदर का ब्रह्म जाग्रत होता है, जबकि हमारे भीतर का वह ब्रह्म धीरे-धीरे निष्क्रिय हो रहा है।

अप्रैल 1897 में दार्जीलिंग से विवेकानंद ने *भारती* पत्रिका की संपादक, सरला घोषाल को यही बात लिखी थी। हमेशा से ही घुमक्कड़ रहे, विवेकानंद अब तक पश्चिमी देशों को देखने के बाद इस नतीजे पर पहुँचे थे :

हम हमेशा से ही गुलाम रहे हैं, यानी, भारत के लोगों को यह बात समझ ही नहीं आई कि उन्हें अंदर के प्रकाश को अभिव्यक्त करना है, जो हमेशा से ही उनकी विरासत रही है।

लेकिन इसे सुधारा कैसे जा सकता है? विवेकानंद ने एक ऐसी शिक्षा की माँग की जो स्वयं को लेकर एक व्यापक भावना को सामने रखे, जिसे वह 'श्रद्धा' कहते थे। 'स्कूल का बच्चा कुछ नहीं सीखता, जबकि उसका जो कुछ अपना था उन सबको तोड़ कर रख दिया जाता है।' विवेकानंद ने कहा कि आत्म-ज्ञान ही सुधार की कुंजी है।

हालाँकि, यहाँ एक और बात है : श्रद्धा को लेकर कही गई सारी बातें आधुनिक युग के समाज के ठीक उलट दिखती हैं। उस संन्यासी का क्या कहना था? क्या इससे ऐसे संसार की समस्याएँ (विशेष रूप से एक देश की) दूर हो सकती हैं जहाँ नौकरियाँ कम हो रही हैं और असमानता बढ़ती जा रही है?

क्या उस संन्यासी ने ऐसा उपाय सुझाया था जो दार्शनिक स्तर पर तो काम कर सकता था लेकिन आज की हमारी चुनौतियों से राहत नहीं दिला सकता था?

ऐसा लगता है कि विवेकानंद भी जानते थे कि इस तरह के प्रश्न उठ सकते हैं। इसलिए उन्होंने यह भी कहा कि आत्म-ज्ञान से उनका मतलब यह नहीं था :

लटों वाले बाल, छड़ी, कमंडल और पर्वतों की गुफाएँ जैसा कि इस शब्द को सुनकर लगता है। तो फिर मेरा आशय क्या है? क्या वह ज्ञान जिससे सांसारिक अस्तित्व के बंधन तक से मुक्ति मिल जाती है, वह सामान्य भौतिक समृद्धि नहीं ला सकता है? निश्चित रूप से ला सकता है।

अपने मन में विवेकानंद ने एक नए जोश से भरे भारत की कल्पना की थी जो अपने बच्चों को, और इस विश्व को, अपने पूर्वजों के प्राचीन ज्ञान, उनके दर्शनों की शिक्षा देगा जिससे न केवल धन की प्राप्ति होगी, बल्कि अंत में मुक्ति भी मिलेगी। यह उल्लेखनीय है कि एक संन्यासी के रूप में भी, विवेकानंद भौतिक समृद्धि से इनकार नहीं करते थे। उन्होंने अपने ग़रीब देश का भ्रमण किया था और देखा था कि भूख क्या-क्या कर सकती है। उनके परिवार ने ही, जो कभी धन-दौलत से भरपूर था, लगातार खड़ी होने वाली पैसों की कमी और ज़बरदस्त झगड़े के बाद सिखाया था कि पैसे का क्या महत्त्व होता है। वह भूखे रह चुके थे, बेघर रह चुके थे। वह बहुत अच्छी तरह जानते थे कि भयंकर रूप से बीमार पड़ना और इलाज के लिए न पैसा और न आश्रय होने का मतलब क्या होता है। एक ऐसे संन्यासी के रूप में जिसने पूरा जीवन भिक्षा पर बिताने का संकल्प लिया था, वह जानते थे कि 'किसी भूख से तड़पते व्यक्ति को धर्म की शिक्षा देना अपमान है। किसी भूखे व्यक्ति को आध्यात्म की शिक्षा देना उसका घोर अपमान है।'

आध्यात्म के लिए अपने तमाम संघर्षों के बावजूद, यह संन्यासी एक व्यावहारिक, एक दुनियादार व्यक्ति था, जिसने मिल्टन, दाँते, होमर को पढ़ा था और उनके 'अद्भुत उदात्त वाक्यों' की तुलना प्राचीन संस्कृत ग्रंथों की उक्तियों से की थी। एक ऐसा व्यक्ति जिसने कहा था :

सबसे पहले, हमारे युवाओं को शक्तिशाली होना चाहिए। उसके बाद धर्म आएगा। मेरे युवा दोस्तों ताक़तवर बनो। तुम्हें मेरी यही सलाह है। *गीता* पढ़ने की बजाए फुटबाल के ज़रिए तुम स्वर्ग के अधिक क़रीब रहोगे... अपने अंदर खून की थोड़ी अधिक शक्ति से तुम कृष्ण की ज़बरदस्त बुद्धिमानी और असीम शक्ति को कहीं ज़्यादा अच्छी तरह समझ सकोगे।

1897 में उन्होंने सरला घोषाल को जो चिट्ठी लिखी, उसकी एक सबसे दिलचस्प बात यह थी कि विवेकानंद ने भारत में शिक्षा से जुड़ी समस्याओं का जो समाधान दिया वह मूलभूत तरीक़े से स्त्रियों से जुड़ा था। स्पष्ट रूप से उनके दिमाग़ में वे महिलाएँ थीं जिन्होंने अमेरिका में भूख और ग़रीबी से उनकी रक्षा की थी, और अपने घरों के

दरवाज़े, अपने संपर्कों और अपने हृदय को उनके लिए खोला था। वे बुद्धिमान, और अधिकतर शिक्षित महिलाएँ थीं तथा विवेकानंद ने उनकी शक्ति और प्रभाव को समझा था। सच में यह इतना आश्चर्यजनक नहीं था, जब स्कॉट-आयरिश महिला, मार्गरेट नोबेल विवेकनंद की सबसे क़रीबी शिष्या, सिस्टर निवेदिता बनीं। इसमें भी हैरत नहीं कि उन्होंने घोषाल को लिखा :

पश्चिम में, स्त्रियाँ शासन करती हैं। सारे प्रभाव और शक्तियाँ उनकी हैं। यदि वेदांत के ज्ञान से परिपूर्ण आपके जैसी साहसी और प्रतिभावान महिला धर्म की शिक्षा का प्रचार करने के लिए इंग्लैंड जाती है, तो मुझे विश्वास है कि हर वर्ष सैकड़ों स्त्री-पुरुष धन्य हो जाएँगे... आपके भीतर धन, बुद्धि, और विद्या की शक्ति है। क्या आप इस अवसर को जाने देंगी?

मैं एडवर्ड गिब्बंस की *द डिक्लाइन ऐंड फ़ॉल ऑफ़ द रोमन एंपायर* (कौन है जो ईमानदारी से कह दे कि उसने इसे एक ही बैठक में शुरुआत से अंत तक पढ़ लिया?) को फिर से पढ़ रहा था तभी इस पुस्तक पर काम करना शुरू किया। मेरे पास जो संस्करण मौजूद है, उसकी प्रस्तावना पुलित्ज़र पुरस्कार विजेता इतिहासकार डेनियल बूर्सटिन ने लिखी है। इसमें मैंने एक अप्रत्याशित संदर्भ देखा जो विवेकानंद के संबंध में मेरी भावना का सार है।

बूर्सटिन ने लिखा कि वह गिब्बंस की महान रचना का आकलन एक 'महान पुस्तक' के रूप में नहीं कर रहे हैं, बल्कि

इसे एक 'अंतरंग' पुस्तक मानते हैं। इससे मेरा मतलब है कि यह किताब आज हमसे कुछ व्यक्तिगत बात कहती है। मैं जानता हूँ कि गिब्बंस जैसे शब्दाडंबर युक्त लेक्चर देने वाले व्यक्ति और 'अंतरंग' जैसे दिखावटी विषय पर अनेक खंडों की रचना को इस शब्द से परिभाषित करना विचित्र लग सकता है। व्यक्तिगत रूप से मेरे लिए गिब्बंस की पुस्तक का अंतरंग महत्त्व है। यह अंग्रेज़ी साहित्य (या इतिहास की) पहली विस्तृत रचना थी जिसे मैंने पढ़ा और दोबारा पढ़ा था। स्नातक से पहले की पढ़ाई के दौरान यूनिवर्सिटी के दिनों में यह काफ़ी हद तक मेरे दिमाग़ पर हावी था। और गिब्बंस के गोल चेहरे वाली तसवीर मेरे अध्ययन कक्ष की दीवार पर खुदी है। गिब्बंस का चेहरा तब से मेरे साथ है जब मेरा पहली बार उनसे परिचय हुआ था।

मुझे यह एहसास हुआ कि मैं विवेकानंद के विषय में बिलकुल ऐसा ही महसूस करता हूँ। मैंने उनके लेखों और पुस्तकों को इतनी बार पढ़ा है कि उनमें से कुछ मेरे

दिलो-दिमाग़ पर छप गई हैं। वास्तव में, कभी-कभी जब मुझे उनके 'उठो, जागो और लक्ष्य पर पहुँचने तक मत रुको' की उक्ति के उपयोग या दुरुपयोग का फिर से अवसर मिलता है तो मैं भी झुँझला जाता हूँ। मैंने कई बार मज़ाक़ में कहा है कि ऊपर की ओर उठे चेहरे, मुड़ी हुई बाँहों वाली तसवीर इस प्रकार हर जगह दिखती है कि यह करोड़ों टी-शर्ट पर चे-ग्वेरा की तसवीर की जगह ले सकती है। असल में विवेकानंद की यह लोकप्रिय भंगिमा देखते ही देखते टी-शर्ट से लेकर मगों तक पर पाई जा सकती है। शुक्र है कि मेरे पास इनमें से एक भी नहीं है। मेरे लिए यह कुछ ज़्यादा ही घिसा-पिटा है।

उनकी रचना मेरे जीवन के हर अंग का अभिन्न हिस्सा रही है। उनके लेखनों ने मुझे जीना और सहज रूप से जीवन से दूर जाना सिखाया है। मेरी डेस्क पर विवेकानंद के चेहरे वाले पेन होल्डर नहीं हैं। ना ही नारंगी रंग वाले उनके पोस्टरों से मेरा कमरा पटा है, लेकिन उनके शब्दों ने मुझे जिस प्रकार रास्ता दिखाया है उसकी मैं कल्पना भी नहीं कर सकता था।

निरंतर रूप से उनके लेखन और जीवन में मैंने उन मानकों को ख़ारिज करने का साहस पाया है जो अनावश्यक रूप से मौजूद रहते हैं। उन्हें पढ़कर मैं मुक्त हो गया। इससे भी पहले कि जब मुझे अपने भीतर की राजनीति का ज्ञान हुआ, विवेकानंद ने मुझे वह सिखाया और समझाया जिसे मैंने आगे चलकर महसूस किया कि वही मेरी राजनीतिक चेतना थी।

आगे चलकर, जब मेरे सामने पोइते का सवाल आया, तो मैं अपना सौभाग्य मानता हूँ कि मैंने उस धागे को नहीं पहना। मेरी जाति मेरी पहचान है जिसे मैं ख़ारिज करता हूँ। फिर, एक बालक के रूप में मैंने शायद सनक, यहाँ तक कि ढिठाई के कारण ऐसा किया, लेकिन बाद में जब मैंने जाति के कर्णधारों को देखा, तब मुझे खुशी हुई कि मैंने पहले ही उसे ख़ारिज कर दिया था। कम्युनिस्टों के नेतृत्व वाले कलकत्ता में रहने का एक दुर्लभ लाभ यह मिला कि हमने बड़े होने के दौरान कभी जाति के बारे में नहीं सुना। हमारी जान-पहचान में कोई भी जाति के बारे में बात नहीं करता था। अपने घर में मैं आए दिन होने वाले भेदभाव, जैसे नौकर-चाकरों के लिए अलग बर्तन जैसी चीज़ नहीं देखता था। बाद में मुझे पता चला कि यह भारत, विशेष रूप से उत्तर भारत के कई हिस्सों में आम बात थी। स्कूल में या खेल के मैदान में, हमें कभी इसकी परवाह नहीं थी कि कौन किस जाति का है। बातचीत में कभी इस पर चर्चा नहीं होती थी।

यहाँ भी विवेकानंद की एक कहानी है - यह कहानी थोड़े बड़े विवेकानंद की है, जब वह 18-19 साल के आसपास रहे होंगे। उन्होंने जब देखा कि एक के बाद एक कई हुक्के लगे हैं जिनमें से हर एक अलग जाति और धर्म के लिए था, जिसमें से एक

मुसलमानों के लिए भी था, ताकि शुद्धता को बनाए रखा जा सके, तो विवेकानंद उनमें से हर एक से कश लगाने के लिए आगे बढ़ गए। बड़ी शांति के साथ उस हंगामे का सामना किया जो इसके बाद खड़ा हुआ। उनसे जब पूछा गया, तो उन्होंने बड़े रहस्यमय और दार्शनिक अंदाज़ में कहा, 'मुझे उनके बीच अंतर पता ही नहीं चला।' मैंने एक किशोर के रूप में इसे सुना और जब मेरे भी मन में एक-दो कश लगाने की इच्छा होती थी, तब मेरे लिए यह मज़ेदार लापरवाही थी, जो एक सच्ची भाड़ में जाए दुनिया वाली प्रवृत्ति होती है।

साफ़ तौर पर, नरेन में ऐसा धैर्य था कि बताया नहीं जा सकता। एक ऐसा लड़का जिसने छोटी उम्र में कश लगाना शुरू कर दिया, और जो एक प्रकार का हिंदू जेम्स डीन था। लेकिन इसने मुझे छोटी उम्र में ही सिखा दिया कि नियम उतने महत्त्वपूर्ण नहीं होते जितना कि अधिकतर लोग उन्हें समझ लेते हैं। और समाज पर लादे गए बँटवारे बस लादे गए भेदभाव ही होते हैं।

वह एक ऐसे व्यक्ति जो संन्यासी बने, जबकि मैं जब छोटा था तब मुझे इतना उबाऊ (कौन होगा जो उन्हीं पुराने कपड़ों में एक ही जगह पर बैठ कर ध्यान लगाए रहना चाहेगा?!) लगता था कि मुझे विश्वास नहीं होता था। लेकिन वह इससे कहीं अधिक थे। उन्होंने अपनी 'नीरस ज़िंदगी' को आकर्षक सुनाई पड़ने वाला बनाया। वह एक ऐसे संन्यासी थे जिन्होंने ऐलान किया और वह भी गर्व के साथ कि वह एक बाग़ी हैं। एक संन्यासी जिसने लिखा :

अपने बचपन से ही मैं दिलेर रहा हूँ। मैंने दुनिया की सैर करने की कोशिश की, जबकि मेरी जेब में फूटी-कौड़ी भी नहीं थी?

रीति-रिवाजों को इस प्रकार ख़ारिज करना, यह बाग़ीपन और दिलेरी उनके पूरे जीवन में बनी रही। तीस साल की उम्र में, जब वह एक संन्यासी (लेकिन सिगरेट पीना नहीं छोड़ा था) बन गए थे, तब नरेन पूरी दुनिया में घूम रहे थे। वृंदावन में, वह एक बुज़ुर्ग दलित से मिले, जिन्हें कठोर ब्राह्मणवादी जाति व्यवस्था के अनुसार 'अछूत' माना जाता था, जिनका स्पर्श 'धर्म भ्रष्ट' कर सकता था। वह बुज़ुर्ग हुक्का पी रहा था। विवेकानंद को बचपन से ही चोरी-छिपे कश लगाने की आदत थी, और उस बुज़ुर्ग को देख कर उन्हें भी हुक्का पीने की इच्छा हुई। उन्होंने उस व्यक्ति से कश लगाने की इज़ाज़त माँगी। बुज़ुर्ग ने कहा, 'आप एक साधु हैं, और मैं एक अछूत। मैं चाहूँ भी तो आपके साथ हुक्का नहीं पी सकता। इससे जाति टूट जाएगी।'

वह इन रीतियों को देख कर दुखी हो गए जो किसी दूसरे मनुष्य के साथ उन्हें हुक्का पीने से रोक रही थी। विवेकानंद ने उस बुज़ुर्ग से कहा, 'माफ़ करना, मैं आपके

साथ हुक्का नहीं पी सकूँगा,' और आगे बढ़ गए। लेकिन कुछ मिनट बाद वह पछता रहे थे। अपने ही शब्दों ने उन्होंने मन में उठे विचारों को लिखा :

मैं क्या कर रहा हूँ? मैं क्या कर रहा हूँ? मैंने क्या किया है? जहाँ भी मनुष्य है, वहाँ भगवान शिव हैं। प्रत्येक मनुष्य में भगवान हैं। मैंने अपने गुरु श्री रामकृष्ण से यही सीखा है। मैंने सबकुछ छोड़ दिया है। मैं एक संन्यासी हूँ। इसलिए अपने त्याग के कारण मैं इस सारे संसार से एक हो गया हूँ। मैंने सबकुछ त्याग दिया है, फिर भी मैंने भेदभाव के इस भाव को अपने अंदर बचा रखा है। यहाँ कोई चर्मकार है, कोई मेहतर है। कोई ब्राह्मण है, कोई शूद्र है। निम्न जाति, उच्च जाति – मेरा मन इस भेदभाव को कैसे स्वीकार कर सकता है? क्या वे सभी ईश्वर की संतान नहीं हैं? श्रेष्ठता और हीनता की यह भावना – आख़िर मेरे अंदर इस तरह की भावना आई कैसे?

विवेकानंद दौड़ कर उस बुजुर्ग के पास पहुँचे और कहा, 'कृपया अपना हुक्का मुझे दीजिए। हर व्यक्ति स्वयं भगवान है।' उस व्यक्ति ने थोड़ी घबराहट के साथ अपना हुक्का उस संन्यासी को दे दिया। विवेकानंद ने जब हुक्का गुड़गुड़ कर लिया, तब कहा :

मैं दो कारणों से देवभाव के साथ प्रसन्न हूँ, अत्यधिक प्रसन्न हूँ। मेरी मानवीय इच्छा पूर्ण हो गई। मैंने हुक्का पी लिया – और मेरी दैवी इच्छा पूरी हो गई, क्योंकि मैंने अपने अंदर की सार्वभौमिक एकता की आकांक्षा को पूरा कर लिया। मेरा परमात्मा इन सबका पालक है। मैंने अपनी इस सोच को आपके घर में आपके हुक्के को पीकर साकार किया है। भगवान सभी के लिए हैं। वह केवल मेरे लिए नहीं हैं, बल्कि वह सभी के लिए हैं। प्रत्येक व्यक्ति में परमात्मा को देख सकते हैं, उन्हें बिना शर्त प्रसन्न कर सकते हैं। यही मेरा एकमात्र लक्ष्य है। मैं सदा आपका आभारी रहूँगा क्योंकि आपके ही माध्यम से मेरे भगवान ने मुझे वह सर्वोच्च शिक्षा दी है कि हम सब एक हैं, हम सब समान हैं, हम सभी अपने परम पिता परमात्मा की संतान हैं।

एक दिलचस्प बात यह है कि यह कहानी उस व्यक्ति के साथ घटी घटना के काफ़ी क़रीब है, जिनका जन्म विवेकानंद से कई सदी पहले हुआ था और जिनके साथ विवेकानंद की तुलना अक्सर की जाती है – दार्शनिक आदि शंकराचार्य। शंकराचार्य एक घाट पर स्नान कर रहे थे, जब उनका सामना निम्न जाति के एक व्यक्ति से हुआ जो अछूत था। शंकर जब उसे दूर करना चाह रहे थे, तब वह व्यक्ति उनकी तरफ़ मुड़ा और उनसे

पूछा, 'यदि "मनुष्य का वास्तविक स्वभाव दैवी" है तो कौन किसे भ्रष्ट करेगा? यदि आत्मा और ब्रह्म एक और एकीकृत हैं, तो किसी दूसरे के स्पर्श से किसी के भ्रष्ट होने का प्रश्न ही कहाँ उठता है, क्योंकि एक मनुष्य और दूसरे मनुष्य के बीच अंतर ही कहाँ है?'

उसकी बातों से प्रभावित होकर, ऐसा कहा जाता है कि शंकर ने उस व्यक्ति को प्रणाम किया (कुछ अन्य कहानियों में कहा जाता है कि वह मनुष्य शंकर के सामने शिव के रूप में प्रकट हुआ)।

विवेकानंद और शंकराचार्य, दोनों ने ही अद्वैत वेदांत की शिक्षा दी, जो उन प्राचीन दार्शनिक ग्रंथों के मूल में है जिन्हें वेद और उपनिषद कहते हैं। यह ब्रह्मांड और स्वयं की एक निराकार, अनुष्ठान से मुक्त गहरी आंतरिक समझ की हिमायत करता है। एक प्रकार से,

वेदांत शब्द के अंतर्गत न केवल वेद आते हैं बल्कि वह सारा साहित्य आता है जो उनकी शिक्षा को विस्तार से बताता और समझाता है तथा उन पर टिप्पणियाँ करता है... *भगवद् गीता* और शंकर की रचनाएँ वेदांत का हस्सा हैं।

ब्रिटिश उपन्यासकार और वेदांत विद्वान क्रिस्टोफ़र इशरवुड ने लिखा :

वेदांत दर्शन के तत्वों का सार बताएँ, तो इसके तीन कथन हैं। पहला, मनुष्य का वास्तविक स्वभाव दैवी है। दूसरा, मनुष्य जीवन का लक्ष्य उसकी दैवी प्रकृति को महसूस करना है। तीसरा, सभी धर्म मूल रूप से एक दूसरे से सहमति रखते हैं।

मैं जब एक लड़का था, तब शरारती विवेकानंद की कहानियाँ मुझे प्रभावित करती थीं, मैं उनकी कहानियों को न केवल शेखी बघारने वाले की डींग के रूप में नहीं देखता था, बल्कि कुछ इस रूप में देखता था जो अधिक महत्त्वपूर्ण और सोची समझी थीं। मैं जब बड़ा हो गया, तब इस बात पर यक़ीन हो गया कि युवा विवेकानंद में मुझे जो शरारत दिखी और जिसे मैंने महसूस भी किया, उसके पीछे अलग होने, अलग स्थान पाने, अलग राह चुनने का एक प्रयास नज़र आया। मुझे लगता है कि इससे मेरे अंदर नायक को पूजने का भाव पैदा हुआ, जो एक ऐसी भावना होती है जिससे आपको लगता है कि आप सही हैं (और आपके माँ-बाप ग़लत)। लेकिन जैसे-जैसे मैं बड़ा हुआ, और उस बुज़ुर्ग तथा उसके हुक्के को लेकर विवेकानंद की बातचीत के बारे में सुना, तो मैं उन्हें और गहराई से जानने लगा।

मेरी तरह ही मेरा विश्वास अपूर्ण था, जिसे महज दिव्यता से कहीं अधिक आश्वासन की आवश्यकता थी। इसे प्रश्न करने की स्वतंत्रता चाहिए थी, और यदि असंतुष्ट हुआ तो उत्तर को अस्वीकार करने की। मुझे दिव्यता से कहीं अधिक स्वच्छंदता की आवश्यकता थी। यह विवेकानंद की शंका और उस शंका की उनकी ओर से स्वीकार्यता है, जिसका मैं प्रशंसक, यहाँ तक कि उपासक भी हो गया। अब इस उपासना का सही अर्थ क्या था? यहाँ तक कि विवेकानंद ने उस पर गंभीर प्रश्न खड़ा किया। वह जो 'ग़लत' है, उसे लेकर उनकी हिचक, उनके माखौल ने 'अच्छा,' 'न्यायपूर्ण' और 'सही' को लेकर उनकी धारणा को समझने में मेरी सहायता की।

मेरी और उस संसार की जिसे मैं अपने आसपास देखता हूँ, उसकी अनेक चुनौतियों में से एक है, हमारी आधुनिक आचारनीति, उनके बिखरने और कुछ जगहों पर फिर से बनने और नैतिकता को लेकर हमारी धारणाएँ जो आश्चर्यजनक रूप से जटिल हैं। हमारे युग में जो कुछ नैतिक है, मुझे लगता है कि वह काफ़ी गहराई तक, लगभग दुख देने की हद तक उससे बँधी हैं जो स्वाभाविक रूप से (यहाँ तक कि कभी-कभी बेवजह भी) अनैतिक मानी जाती हैं। हमने जिन पंक्तियों को *महाभारत* में भी सीखा था, वे धूमिल सी और कभी-कभी समझ से परे भी लगती हैं। इन्हें सुलझाने के लिए, हमें मार्गदर्शकों की, उन स्त्री-पुरुषों की आवश्यकता है जो इस जटिलता को समझते हैं, जो सरल द्वैधताओं से परे हैं। हमें नायकों से कहीं अधिक शिक्षकों की आवश्यकता है। हमारा युग ऐसा होना चाहिए जो न केवल उन सिद्धांतों पर जिन पर मानव जीवन टिका है, बल्कि उस आधार पर भी सवाल उठाए कि इस धरती, इसके जल, और इसके ऊपर के आसमान को प्राप्त करने का अर्थ क्या है, और उन्हें अपवित्र होने से कैसे बचाएँ। हमारे इस युग को अपने भीतर और बाहर की सड़न से लड़ना होगा। तकनीक की मदद से हमें जहाँ अपने ब्रह्मांड को नई दृष्टि से देखने की क्षमता मिली है, वहीं हमारी अपनी आँखें स्क्रीनों और शून्यों पर देखते-देखते कमज़ोर पड़ने लगी हैं, यहाँ तक कि हमारी आत्मा की भी यही स्थिति है।

इस कारण यह इस बात को समझने का एक प्रयास है कि अपनी खोज पर निकला व्यक्ति हम से क्या कहना चाहता है, और क्यों उसके शब्द, तथा उसका जटिल जीवन आज पहले की तुलना में हमारे लिए अधिक प्रासंगिक है।

2

कश लगाने वाला संन्यासी

मैं एक ऐसे घर में पला-बढ़ा था, जहाँ विवेकानंद के बारे में हमेशा बातचीत होती रहती थी। हर शाम, अपनी दूध वाली चाय और मुड़ी के साथ मेरे पिता उनके (मुझे लगता है उनके मुताबिक़ वह 'परमात्मा के' कहना चाहते थे) व्यक्तित्व और उनकी एकाग्रता की शक्ति के बारे में बात करते थे – 'तुम जानते हो वह कुछ ही मिनटों में किसी किताब को इस पार से उस पार तक पढ़ जाते थे? और हर पन्ने में लिखी बातों को याद कर लेते थे?' – इस दौरान वह कलकत्ता शहर और अपने आसपास के बंगालियों में उत्साह की कमी पर निराशा जताते तथा कहते कि उनके जैसे उत्साही लोग विवेकानंद को पसंद किया करते थे। 'विवेकानंद राइटर्स बिल्डिंग के बाबुओं जैसे नहीं थे,' वह कहा करते थे (सिविल इंजीनियर होने के नाते उनके मन में क्लर्कों के प्रति घोर घृणा का भाव था)।

मेरी माँ विवेकानंद को उनके समर्पण और ध्यान लगाने की असाधारण उपलब्धियों के लिए पसंद करती थीं।

'वह हमेशा अपनी माँ की बात मानते थे,' वह निश्छल भाव से मुझसे कहती थीं, फिर चाहे विवेकानंद के बिली वाले दिनों के बारे में थोड़ा सा भी पढ़ लें तो यह दावा झूठा साबित हो सकता था।

मैंने जब 'मिथक' शब्द का अर्थ समझा तब मुझे लगा कि हमारे घर में विवेकानंद को मिथक का हिस्सा बना दिया गया है। उन्हें आदर सहित एक ऐसे स्थान पर बिठा दिया गया था, जहाँ उनके आध्यात्मिक गुरु रामकृष्ण परमहंस और रामकृष्ण की पत्नी शारदा देवी भी थीं। उनके लिए भजन गाए जाते थे और उन्हें मिठाई का भोग लगाया जाता था तथा उनकी तसवीरों के सामने अगरबत्ती जलाकर पूरी श्रद्धा के साथ सिर झुकाया जाता था। छोटे विवेकानंद के चुंबक अलमारियों और रेफ्रिजरेटरों के दरवाज़ों पर चिपके रहते थे। साथ ही लकड़ी की बनी उनकी मूर्तियाँ और नारंगी रंग के उनके कैलेंडर टंगे थे जो उनकी पोशाक से मेल खाते थे। हर साल की डायरी में उनके कथन विशेष रूप से रहते थे। ऐसी भावना थी कि उनका आसपास होना सामान्य बंगालियों

के हित में है। यहाँ तक कि कलकत्ता पर तीन दशकों तक शासन करने वाले कम्युनिस्ट बॉस भी जब-तब इस त्रिमूर्ति के विषय में कुछ अच्छी और उपयुक्त बातें कह दिया करते थे। साथ ही, बंगाली बुद्धिमत्ता की शक्ति के रूप में विवेकानंद का उदाहरण दिया करते थे।

अपने दैनिक जीवन में हमारे पास ऐसी हस्तियाँ नहीं थीं जिनका हम अनुकरण करें और इस कारण विवेकानंद, जो वैसे भी हर जगह मौजूद थे, जब ज़रूरत पड़ती थी हमारे काम आ जाया करते थे। निश्चित रूप से इस प्रकार का भाव था कि विवेकानंद वह मुखौटा थे जिन्हें हर मौक़े पर सामने किया जा सकता था, जब बंगालियों को साबित करना होता था कि हम ऊर्जावान लोग हैं।

सुस्त और शिथिल कलकत्ता में, वह उस उत्साह और जोश का प्रतीक थे जिसका हमारे जीवन में घोर अभाव था। ऊर्जा का एक बड़ा डोज, जोश का एक इंजेक्शन। जैसा कि मेरी माँ कभी-कभी कहा करती थीं, उनके शब्द किसी 'टॉनिक' की तरह थे। मन को शांति देने वाले मरहम से कहीं अधिक बूस्टर डोज और कार्रवाई के लिए प्रेरित करने वाले।

लेकिन मैं यही मानता था कि सराहना करना उस व्यक्ति को सही ढंग से समझने से कहीं अधिक हमारा आत्म-मूल्यांकन था। वैसे भी वह एक ऐसे व्यक्ति थे जिन्होंने कभी उससे अधिक होने का दावा नहीं किया। विवेकानंद खुद भी लगातार इन बातों को नकारते रहे कि उनमें किसी प्रकार की 'अलौकिक' शक्ति है। वास्तव में, वह इससे भी एक क़दम आगे गए और उस विचार का भी खंडन किया कि उनके गुरु, रामकृष्ण परमहंस में भी कोई जादुई क्षमता थी। उन्होंने एक साधारण सा स्पष्टीकरण दिया : गहन ध्यान की तकनीक। सभी संस्कृतियाँ इस बात को मानती हैं कि इनसे कभी-कभी शरीर में असाधारण क्षमता पैदा होती है, जैसे शाओलिन मंदिर के बौद्ध भिक्षुओं की शारीरिक क्षमता। विवेकानंद का कहना था कि जो अपनी अनुभूति करने और भगवान को खोजने के प्रति समर्पित है वह 'चमत्कारों' के पीछे क्यों भागेगा?

ऐसा धर्म जो चमत्कार करने वाले बाबाओं के कारण बदनाम है, उसमें सौ वर्षों से भी पहले विवेकानंद ने हमें स्पष्ट रूप से कहा था कि वह धर्म गुरुओं या चमत्कारों की बातों का समर्थन नहीं करते हैं। 1894 में उन्होंने मद्रास के रहने वाले अपने एक अनुयायी, अलसिंगा पेरुमल को लिखा था :

रामकृष्ण के चमत्कारों पर क्या बकवास हो रही है! मैं चमत्कारों के बारे में न जानता हूँ ना समझता हूँ। क्या रामकृष्ण के पास इस दुनिया में शराब को गुप्ता की दवाई में बदलने के सिवाय कोई काम नहीं था? कलकत्ता के ऐसे

लोगों से भगवान ही मुझे बचाएँ! किस तरह की बातें लिखी जा रही हैं! अगर वे श्री रामकृष्ण के वास्तविक जीवन के बारे में यह दिखाते हुए लिख सकते हैं कि वह क्यों आए और क्या शिक्षा दी, तो उन्हें ऐसा करने दो, नहीं तो उन्हें उनके जीवन और उपदेशों पर ग़लतबयानी नहीं करनी चाहिए। ये लोग जो भगवान को जानना चाहते हैं उन्हें रामकृष्ण में और कुछ नहीं बस एक बाज़ीगर दिखाई देता है।

यह बुद्धिमानी भरी बात है। अफ़सोस की बात है कि विवेकानंद का जीवन काफ़ी छोटा था, लेकिन जीवन भर वह इसी तरह की ठोस तर्क भरी बातें करते रहे। विवेकानंद को समझने में आज हमारी समस्या यही है कि कथित तौर पर, हमने उनके भीतर साधारण, व्यावहारिक इंसान को देखने की बजाए उनके देवत्व पर अपना ध्यान कुछ ज़्यादा ही केंद्रित कर लिया। मुझे हमेशा ही यही लगा कि हम विवेकानंद के संत होने की मन में बसी एकरंगी छवि की बजाए उनके संघर्षों और ख़ामियों, तथा इन सबके बावजूद एक उच्चतर सत्य के लिए उनके प्रयासों से कहीं अधिक सीख सकते हैं।

वह एक ऐसे संन्यासी थे जो धूम्रपान करते थे, और इसमें शक नहीं कि उनके ख़राब स्वास्थ्य के पीछे इस लत का हाथ ज़रूर था। स्वाभाविक रूप से, मेरी माँ ने कभी मुझे उनके इस पहलू के बारे में नहीं बताया। शादी के तुरंत बाद वह मेरे पिता को सिगरेट छोड़ देने के लिए मनाया करती थीं। मैं जब बड़ा हो रहा था तब यह चिंता उन्हें लगातार खाए रहती थी कि कहीं स्कूल और कॉलेज के दौरान मैं तंबाकू न खाने लगूँ, भले ही कॉलेज के आख़िरी दिनों में कुछ समय के लिए मैं सिगरेट पीने लगा था, लेकिन जल्दी ही उसे छोड़ दिया। इसमें मेरी माँ की हिदायतों का कोई योगदान नहीं था। यह बात बड़ी आसानी से छिपाई (या लीप पोत दी गई थी) गई थी कि जिस संन्यासी को वह पूजती थी, वह कश लगाया करते थे। यह एक छोटी लेकिन महत्त्वपूर्ण मिसाल है कि क्यों मैंने विवेकानंद के विषय में लिखने का फ़ैसला किया। मुझे ऐसा लगा कि उनके संदेश के साथ आज के भारत में घालमेल किया गया और उसे निस्तेज बना दिया गया। वह सरकारी दीवारों पर अपनी बाँहों को बाँधे, अपनी तेज़ दृष्टि हम पर गड़ाए हुए खड़े हैं, लेकिन हमने उनकी शिक्षा से आख़िर क्या सीखा? उदाहरण के लिए, हमने उनके जीवन की अंतहीन पारिवारिक समस्याओं से क्या सीखा जो लगभग उनकी मृत्यु तक जारी रहीं? हम उनकी माँ के साथ उनके अक्सर व्याकुल कर देने वाले, गहरे और प्रेमपूर्ण संबंध से क्या समझे?

विवेकानंद का जन्म अमीरी में हुआ था। उनके पिता, विश्वनाथ दत्त एक धनी वकील थे। लेकिन उनके आरामदेह जीवन का जल्दी ही एक असंगत, यहाँ तक कि क्रूर समापन हुआ जब वह केवल इक्कीस साल के थे। उनके पिता की मृत्यु ने उनके

जीवन की दिशा ही बदल दी, जिससे वह एक प्रकार से कभी उबर नहीं पाए। पिता के गुज़र जाने के बाद से जो बादल उस संन्यासी के ऊपर मँडराने लगा उसने अंत तक उनका पीछा नहीं छोड़ा। 1880 के दशक के आख़िर में, जब 'एक शिक्षित बंगाली मध्यम वर्गीय कर्मचारी हर महीने लगभग पंद्रह रुपये का वेतन कमाता था,' तब दत्त घराने का हर महीने का ख़र्च 1000 रुपये हुआ करता था। लेकिन विश्वनाथ की मौत के बाद, दत्त परिवार एक के बाद एक चली क़ानूनी लड़ाई में सबकुछ गँवा बैठा। अपनी माँ को भिखारिन बनने से बचाने के लिए इस संन्यासी को भी कई क़ानूनी केस लड़ने पड़े!

विवेकानंद का समस्याओं से घिरा पारिवारिक जीवन, पिता की असमय मृत्यु, उनकी एक बहन की त्रासद खुदकुशी, एक छोटे भाई का घुमक्कड़ जैसा स्वभाव और जीवन भर पैसों की तंगी, उस विकसित संन्यास के एकदम विपरीत है जिसका उदाहरण देकर उनके वैराग्य को समझाया जाता है। जैसा कि उन्होंने 1890 में एक पत्र में लिखा था :

कठोर वेदांतवादी विचार रखने के बाद भी मैं एक कोमल-स्वभाव वाला व्यक्ति हूँ और यही मेरी समस्या का कारण है। हल्के से स्पर्श से ही मैं बिखर जाता हूँ। चाहे मैं सिर्फ़ अपनी भलाई की बात सोचने का प्रयास कितना ही क्यों न करूँ, मैं दूसरे लोगों के हितों को सोचने पर मजबूर हो जाता हूँ। इस बार कठोर संकल्प के साथ मैं सिर्फ़ अपनी भलाई करने निकला था, लेकिन इलाहाबाद में मुझे अपने एक भाई की बीमारी की ख़बर मिली और मुझे भागना पड़ा!

पारिवारिक समस्याओं से त्रस्त, अपनी माँ के प्रति अपने कर्तव्यों को लेकर लगातार चिंतित रहने वाले और जीवन भर परिवार के अन्य सदस्यों के द्वारा सताए जाने वाले विवेकानंद पर एक बार रामकृष्ण के एक शिष्य साथी की अनदेखी करने का आरोप लगा। तिलमिलाकर, उन्होंने कहा :

यह बात अच्छी तरह जान लो कि जहाँ तक सांसारिक लोगों की बात है तो तुम्हारे रिश्तेदारों को इसकी परवाह नहीं होती कि तुम ज़िंदा हो या मर गए। अगर तुमने कुछ संपत्ति छोड़ दी, तो देखोगे कि तुम्हारे जीते-जी तुम्हारे घर में झगड़ा शुरू हो जाएगा। तुम्हारी चिता को आग देने के लिए कोई नहीं मिलेगा, यहाँ तक कि न तो तुम्हारी पत्नी ना ही तुम्हारे बेटे। यही संसार है।

इस पुस्तक में मेरा तर्क यही है कि इन समस्याओं ने विवेकानंद को आज हमारे लिए और भी अधिक दिलचस्प और वास्तविक किरदार बनाया है। वह कोई हम से परे और

रहस्यों में घिरे व्यक्ति नहीं हैं। वह भारतीय हैं, जो उन्हीं पारिवारिक समस्याओं से घिरे रहे जिनमें अधिकतर भारतीय उलझे रहते हैं। अपनी माँ से, विवेकानंद को न केवल याद रखने की अद्भुत क्षमता मिली बल्कि आश्चर्यजनक आत्म-नियंत्रण भी मिला। उनकी माँ ने उन्हें सिखाया था, 'शुद्ध रहो। अपने आत्म-सम्मान को बनाए रखो, और कभी दूसरों को ठेस मत पहुँचाओ। हमेशा शांत रहो, लेकिन ज़रूरत पड़े तो अडिग हो जाओ।' उन्होंने भगवान से एक बेटा माँगा और उसके लिए लंबा और कठिन उपवास किया जो चौदह दिनों तक चला। और उस बेटे में भी वैसा ही तप देखने को मिला। अपनी मृत्यु से कुछ दिन पहले ही, डॉक्टर की सलाह पर विवेकानंद इक्कीस दिनों तक पानी के बिना रहे थे। पारिवारिक समस्याओं ने उनके रोम-रोम में बसी दृढ़ता, अभूतपूर्व आत्म-नियंत्रण और संकल्प की बार-बार परीक्षा ली। एक संन्यासी जिसने दौलत इकट्ठा करने की सारी इच्छा का त्याग कर दिया था, उसे अपने जीवन के उपदेश देने के सबसे व्यस्त दौर में भी पैसों की तंगी से जूझना पड़ा। यह दौर धर्म संसद को संबोधित करने के नौ वर्ष बाद से लेकर उनकी मृत्यु तक का दौर था। 1889 में उस संन्यासी ने लिखा था :

मेरी माँ और मेरे दो भाई कलकत्ता में रहते हैं। मैं सबसे बड़ा हूँ। मेरा छोटा भाई फ़र्स्ट आर्ट्स की पढ़ाई कर रहा है, और सबसे छोटा तो अभी बच्चा ही है। वे कभी धनवान हुआ करते थे, लेकिन मेरे पिता की मृत्यु के बाद से, वे घोर ग़रीबी में जी रहे हैं। कभी-कभी उन्हें भूखे पेट भी सोना पड़ता है। यह संकट तब और गहरा गया जब हमारे कुछ रिश्तेदारों ने उनकी मजबूरी का फ़ायदा उठाया और उन्हें हमारे पैतृक घर से बाहर निकाल दिया। यह बात सही है कि मेरी माँ ने हाईकोर्ट में मुक़दमा किया था और उस संपत्ति का कुछ हिस्सा उन्हें वापस मिल गया, लेकिन वह और मेरे भाई कंगाल हैं।

आख़िर उस लड़के के साथ ऐसा क्या हुआ जो अपने पिता की मृत्यु के समय तक बहुलता की स्थिति में था? संपत्ति और पैसों को लेकर परिवार में इतना भीषण झगड़ा छिड़ा था कि लगभग रातों-रात दत्त परिवार ग़रीब हो गया। 'उनके अपने ही परिवार के सदस्यों के बीच, कई सारे मुक़दमों के कारण स्वामी विवेकानंद के छोटे जीवन में कड़वाहट भर गई थी।'

बंगाली लेखक शंकर ने विवेकानंद के जीवन पर एक विस्तृत किताब लिखी है, जो इस अजीब क़िस्म के जटिल और आकर्षक किरदार के मूलतत्व का वर्णन करती है। उनके संघर्षों में हम अपना संघर्ष देखते हैं। हम में से कितने लोग यह कह सकते हैं कि अंदर से उठ रही आवाज़ चाहे कितनी ही तात्कालिक क्यों न हो, दुनिया के झमेलों से दूर जाने की उसकी इच्छा कितनी प्रबल है, क्या हम सच में बंधनों को तोड़ने की

क्षमता रखते हैं? हम में से कितने लोग ऐसे हैं जिन्होंने अपने परिवार की ओर से दी जाने वाली ज़िम्मेदारियों से बेचैनी और परेशानी का अनुभव नहीं किया है? शंकर ने लिखा कि विवेकानंद को 'पुत्र होने का दायित्व निभाने के कारण अपने गर्वीले सिर को भी झुकाना पड़ा।' उनकी यह उम्मीद कि उनकी ग़ैरमौजूदगी में उनका भाई महेंद्रनाथ उनके परिवार की देखभाल करेगा, बार-बार चकनाचूर हुई क्योंकि उनका प्यारा मोहिन दुनिया घूमता रहा। वह परिवार को बताए बिना और उन सभी की माँ को बीमारी और चिंता के बीच छोड़ निकल जाया करता था।

भले ही विवेकानंद का आशीर्वाद अपने भाई की इच्छा के साथ था, लेकिन वह संघर्षरत परिवार और अपनी माँ पर इसके प्रभाव से आँखें नहीं मूँद सकते थे। अपने एक अमेरिकी प्रशंसक, जॉन पी. फ़ॉक्स को, जो उनके भाई को भी जानता था, एक चिट्ठी में उन्होंने लिखा :

कृपया मोहिन से कहना कि मेरा आशीर्वाद हमेशा उसके साथ है। और अभी वह जो कर रहे हैं वह वकालत वगैरह से निश्चित तौर पर काफ़ी अच्छा है। साहस और रोमांच मुझे अच्छा लगता है तथा मेरी प्रजाति को उस जोश की ज़रूरत भी है... बस इतनी सी बात और है कि मेरा स्वास्थ्य गिर रहा है और मुझे नहीं लगता कि मैं ज़्यादा दिनों तक जी पाऊँगा, इसलिए मोहिन को सही रास्ता मिल जाए और वह माँ तथा हमारे परिवार की देखभाल कर सके। मेरी मृत्यु किसी भी समय हो सकती है।

महेंद्रनाथ जब विवेकानंद के साथ रह रहे थे, तब उनका इरादा क़ानून की पढ़ाई करना था, लेकिन विवेकानंद चाहते थे कि वह इलेक्ट्रिकल इंजीनियर बने :

मैं चाहता हूँ कि मोहिन इलेक्ट्रिकल का काम करे। अगर वह जीवन में विफल भी रहा, तो भी मुझे यह संतोष होगा कि उसने देश के लिए बड़ा और सच में उपयोगी बनने का प्रयास किया... अमेरिका की फ़िज़ा में ही कुछ ऐसा है कि हर किसी का सर्वोत्तम पक्ष सामने आता है... मैं चाहता हूँ वह बेफ़िक्र और साहसी बनने के साथ ही अपने और अपने देश के लिए एक नया रास्ता बनाए। भारत में एक इलेक्ट्रिकल इंजीनियर अच्छे पैसे कमा सकता है।

उनकी पूरी कोशिश थी कि वे उन्हें लगातार धनी होते जा रहे देश, अमेरिका भेज कर वहाँ के विज्ञान और तकनीक की सबसे अच्छी शिक्षा दिला सकें। लेकिन ऐसा नहीं हो सका। अपने घर-परिवार से कोई संबंध न रखने वाले और मनमौजी, महेंद्रनाथ दुनिया की सैर करते थे, जबकि अक्सर उनके पास पैसे तक नहीं होते थे। विवेकानंद

के अमेरिकी सचिव, जे.जे. गुडविन ने पूरा प्रयास किया कि महेंद्रनाथ को अपने साथ अमेरिका ले जाएँ। एक बार तो कथित तौर पर यह भी कहा, 'मेरे साथ अमेरिका चलो नहीं तो तुम्हारी शक्ल बिगाड़ दूँगा!'

एक संन्यासी को अपने भाई की कमाई को लेकर चिंता करने की ज़रूरत क्या थी, जब तक कि उसने उस बदतर स्थिति को न देख लिया हो कि ऐसा न करने से क्या होता है? क्योंकि अपनी माँ के लिए घर ख़रीदने के चलते, उन्हें उस मठ के ट्रस्ट के कोष से पैसे उधार लेने पड़े जिसका निर्माण वह कर रहे थे। उनकी अपनी ही चाची ने उनके साथ धोखा किया। उन्होंने विवेकानंद को एक पुश्तैनी संपत्ति बेच दी और फिर उस घर का क़ब्ज़ा देने से इनकार कर दिया जबकि विवेकानंद ने बड़ी मुश्किल से उसके लिए पैसा जुटाया और अदा किया था। एक पत्र में, संन्यासी ने लिखा :

जहाँ तक मानसिक परेशानियों की बात थी, तो पिछले कुछ दिनों से उनकी कमी नहीं है। तुमने जिस चाची को देखा था उसने मुझे ठगने का लंबा-चौड़ा प्लान बना रखा था, और वह तथा उसके लोगों ने उस मकान को 6000 रुपये या 400 पाउंड में बेचने की साज़िश रची, और मैंने भरोसा कर उसे अपनी माँ के लिए ख़रीद लिया। फिर वे मुझे उसका क़ब्ज़ा नहीं दे रहे थे। वे यह सोच रहे थे कि संन्यासी होकर जबरन क़ब्ज़ा लेने के लिए मैं कोर्ट जाकर अपने आप को शर्मिंदा नहीं करूँगा।

लेकिन वह कोर्ट गए। और उन सबका मतलब था भारी ख़र्च। विवेकानंद की अपनी कोई आय नहीं थी। उन्हें जो पैसे मिलते थे, वे अधिकतर उनके दोस्तों और प्रशंसकों की ओर से दिए जाने वाले तोहफ़े और दान के तौर पर मिलते थे। भाषणों और लेखन से उन्हें थोड़े-बहुत पैसे मिल जाते थे। साफ़ तौर पर, पैसे को लेकर चिंता उन्हें बार-बार सताया करती थी। उनके कई पत्रों में पैसों की चर्चा है। 20 अगस्त 1893 को, यानी धर्म संसद में उनके हिस्सा लेने के कुछ दिन पहले, उन्होंने अपने समर्पित समर्थक अलसिंगा पेरुमल को एक चिट्ठी में लिखा :

जापान से मैं वैंकूवर पहुँचा। वहाँ का रास्ता उत्तरी प्रशांत से होकर निकला था। काफ़ी सर्दी थी और गर्म कपड़ों के बिना मुझे काफ़ी कष्ट हुआ... यह पत्र जब तक तुम्हें मिलेगा, तब तक मेरे पास बचा पैसा घट कर 70 या 60 पाउंड तक रह जाएगा। इसलिए कुछ पैसे ज़रूर भिजवा दो... धीरे-धीरे मैं अपना रास्ता बना लूँगा, लेकिन इसका मतलब होगा इस भयंकर रूप से ख़र्चीले देश में लंबे समय तक रहना। अभी-अभी भारत में रुपये की क़ीमत बढ़ने से इस देश में दहशत मच गई है... मैं टेलर के पास गया था और उसे सर्दियों के

लिए कुछ कपड़े सिलने को कहा, और उन पर कम से कम 300 रुपये का ख़र्च आएगा। उसके बावजूद कपड़े अच्छे नहीं, साधारण ही होंगे। अगर तुम मेरे यहाँ रहने का इंतज़ाम नहीं कर सके, तो कुछ पैसे भेज दो ताकि मैं यहाँ से निकल जाऊँ। इस बीच, अगर परिस्थिति मेरे अनुकूल हुई, तो मैं पत्र या तार भेज दूँगा। तार में एक शब्द के 4 रुपये लगते हैं!!

1895 में, पेरुमल को अमेरिका से लिखी एक चिट्ठी में वह क्रोधित हो गए। ऐसा लगता है कि इसका संदर्भ भारत में हिंदू रूढ़िवादियों द्वारा उनके ग़ैर परंपरागत तौर-तरीक़ों की आलोचना थी, जिनमें मांसाहारी भोजन लेना शामिल था। साथ ही ईसाई मिशनरी भी उनकी आलोचना कर रहे थे जिनके धर्मांतरण पर उन्होंने पश्चिम देशों में गंभीर सवाल उठाए थे। यहाँ भी पैसों की बात अक्सर आ जाती है। 'यहाँ मैं दिन-रात अजनबियों के बीच संघर्ष कर रहा हूँ... भारत से क्या मदद मिलती है?' वह इस बात से क्रोधित हैं कि तथाकथित विद्वान हिंदुओं ने भारत के बाहर हिंदू धर्म और इसके दर्शन का बचाव करने की परवाह नहीं की।

अमेरिकी पत्रिकाओं में अपने खंडन क्यों नहीं छपवाते? आपको कौन रोकता है? क्यों नहीं आप में से कुछ लोग बचाव में एक अच्छा सा लेख लिख कर उसे बोस्टन की अरेना पब्लिशिंग कंपनी को भेजते हैं? *अरेना* ऐसी पत्रिका है जो खुशी-खुशी उसे प्रकाशित करेगी और शायद आपको अच्छे पैसे भी दे दे... मैं भारत क्यों वापस जाऊँ? मेरी मदद कौन करेगा? एक महीने के भीतर मैं पैसे भेजने की स्थिति में आ जाऊँगा... मैं हिंदू भिखारियों से भीख नहीं माँगता। मैं यह सबकुछ अपने दिमाग़ और ताक़तवर दाहिने हाथ से करूँगा।

1895 में, उन्होंने पेरिस से पेरुमल को लिखा,

मुझे आश्चर्य है कि तुमने मिशनरियों की बकवास को इतनी गंभीरता से लिया... यदि भारत के लोग मुझे पूरी तरह से हिंदू आहार पर रखना चाहते हैं, तो कृपया उन्हें बता दो कि मेरे लिए एक रसोइया और उसे रखने के लिए पर्याप्त पैसे भिजवा दें... मैंने कड़ी मेहनत की और मुझे जितने पैसे मिले सब कलकत्ता और मद्रास भिजवा दिए, और सबकुछ करने के बाद, उनकी बेवक़ूफ़ी भरी बातें सुनता हूँ! मैंने जीवन भर दूसरों की सहायता की है... वे अपने देश के सबसे महान सपूत रामकृष्ण परमहंस की मदद के लिए चंद रुपये तक नहीं जुटा सके और वे बकवास कर रहे हैं।

यही विषय दूसरे पत्रों में भी जारी रहा। साल 1900 में, एक चिट्ठी में वह लिखते हैं :

मिसेज (जेम्स हेनरी) सेवियर ने परिवार के लिए 6000 रुपये दिए, जिन्हें मेरे चचेरे भाई, चाची वगैरह के बीच बाँट दिया गया। घर ख़रीदने के लिए ज़रूरी 5000 रुपये मठ के कोष से उधार लिए गए थे। तुम मेरे चचेरे भाई को जो कुछ भेजते हो उसे बंद मत करो... मेरे पास पैसे नहीं हैं। इस वजह से काफ़ी पहले ही मैंने गंगा के किनारे एक छोटे से घर का विचार छोड़ दिया है।

उसी वर्ष, दूसरी चिट्ठी में वह कहते हैं :

वित्तीय रूप से, मुझे लॉस एंजिलिस में $300 मिले। मिसेज बाउलर (एमेलीन एफ़ बाउलर, पासाडेना शेक्सपियर क्लब और दक्षिणी कैलिफ़ोर्निया में रहने वाली विवेकानंद की दोस्त) के पास महज सौ डॉलर नक़द थे। मिसेज हेंडरिक और उन्होंने अब तक पैसे नहीं दिए हैं। उनके पास वही 300 डॉलर पड़े हैं।

दिसंबर 1889 में एक प्रशंसक को लिखते हुए, पैसों की बात फिर से आ जाती है।

मैं तेज़ी से पैसे कमा रहा हूँ - हर दिन पच्चीस डॉलर। जल्दी ही मैं और काम करूँगा और मुझे हर दिन पचास डॉलर मिलेंगे। सैन फ्रांसिस्को में मैं और कमा सकूँगा, जहाँ दो से तीन हफ़्ते में मैं एक बार जाता हूँ। मैं कहता हूँ कि यह अच्छी बात है, और भी अच्छी बात है कि मैं सारे पैसे अपने पास रखूँगा और अब बिलकुल भी फ़िज़ूलख़र्ची नहीं करूँगा। और फिर मैं हिमालय में एक छोटी सी जगह, एक पूरी पहाड़ी ख़रीदूँगा, जो अंदाज़न छह हजार फ़ीट की ऊँचाई पर होगी जहाँ से निरंतर बनी रहने वाली बर्फ़ दिखाई देगी। वहाँ कुछ झरने और एक छोटी सी झील ज़रूर होगी। हर तरफ़ हिमालयी देवदार के जंगलों में देवदार, और फूल ही फूल होंगे। बीच में मेरी एक छोटी सी कुटिया होगी, मेरा सब्ज़ियों का बगीचा, जहाँ मैं ख़ुद काम करूँगा, और, और, और मेरी किताबें, और जहाँ लंबे समय बाद किसी इंसान का चेहरा दिखाई पड़ेगा। और दुनिया भाड़ में चली जाए, मुझे उसकी परवाह नहीं होगी। मैं तब तक अपने सारे धार्मिक और आध्यात्मिक काम कर चुका रहूँगा, और रिटायर हो जाऊँगा। क्या बताऊँ! मैं जीवन भर कितना बेचैन रहा! पैदाइशी ख़ानाबदोश। पता नहीं, यह तो आज की कल्पना है। कल न जाने क्या हो। मैं जानता हूँ कि मेरी अपनी ख़ुशी को लेकर मेरे सारे सपने जो भी थे उनका कुछ नहीं होगा, लेकिन दूसरों की ख़ुशी बेशक सही साबित होगी।

भारत में उनके जीवन में एक स्रोत था जहाँ से उन्हें लगातार पैसों की मदद मिलती रहती थी। जून 1891 में विवेकानंद की मुलाक़ात राजस्थान के खेतड़ी में एक छोटी सी रियासत के शासक, राजा अजीत सिंह से हुई। अपनी पहली ही मुलाक़ात में, 'उन्होंने कई तरह के विषयों पर बात की, साथ खाना खाया, और रात के ग्यारह बजे संन्यासी ने विदा ली।'

विवेकानंद के मामलों में यह उस राजा का गहरा जुड़ाव, यहाँ तक कि उलझन भी थी। ऐसा लगता था जैसे दोनों की बातचीत में प्रारब्ध का कुछ न कुछ संबंध ज़रूर था। उनकी जब मुलाक़ात हुई तब राजा और संन्यासी, दोनों की उम्र लगभग समान रही होगी, और उनकी दोनों की मौत एक के बाद एक एक ही साल में हो गई, जब दोनों की उम्र उनचालिस साल थी।

क़रिश्माई संन्यासी के प्रति राजा का समर्पण ऐसा था कि वह न केवल विवेकानंद से बल्कि दत्त परिवार के सदस्यों के साथ भी लगातार पत्राचार करने लगे। ऐसा कहा जाता है कि विवेकानंद के भाई महेंद्रनाथ उस समय जितनी किताबें पढ़ते थे, उनके बारे में रोज़ कुछ न कुछ लिखा करते थे! राजा ने न केवल उस संन्यासी की लगातार चलने वाली यात्रा के लिए पैसों का ख़याल रखा बल्कि विवेकानंद के परिवार को घोर ग़रीबी से बचाए रखने के लिए भी पैसे दिए। दानशीलता की शानदार मिसाल पेश करते हुए, अजीत सिंह ने बरसों तक चले दान के इस सिलसिले को पूरी तरह से गुप्त रखा। यहाँ तक कि उनके मुंशी (उनकी रियासत के ख़ज़ांची) को भी पता नहीं था कि विवेकानंद और उनके परिवार को पैसे भेजे जा रहे थे।

अक्सर यह लिखा गया है कि विवेकानंद के जीवन में दो निर्णायक मोड़ आए : उनके पिता की मृत्यु, जिसने एक प्रकार से उन्हें रातों-रात लड़के से मर्द बना दिया, और रामकृष्ण परमहंस से उनकी मुलाक़ात, जिन्होंने उस युवक में देवत्व को देखा और उनकी महानता को बढ़ाया। रामकृष्ण से संबंध के कारण विवेकानंद सफलता के उन सारे पैमानों का त्याग करने पर मजबूर हुए जिन्हें देखते हुए वह बड़े हुए थे, और उस युवक को वह ऐसे रास्ते पर ले गए जिनकी कल्पना उसने अपने लिए कभी नहीं की होगी। एक अनपढ़ ग्रामीण पुजारी परमहंस ने नरेंद्रनाथ दत्त को स्वामी विवेकानंद बना दिया, जो हिंदू धर्म के वैश्विक संदेशवाहक बने। भारत का ऐसा क़रिश्माई संन्यासी जिसे दुनिया ने पहले कभी नहीं देखा था। उनके बीच का संबंध केवल गुरु और शिष्य का नहीं था। इसमें लगभग एक पिता के जैसा स्नेह (क्या परमहंस ने विवेकानंद के जीवन में एक पिता की कमी को पूरा किया? एकदम संभव है) था। यह पूरी तरह से भिन्न लेकिन हर्षोन्मत्तता के साथ आत्मविश्वासी और ज़बरदस्त बौद्धिकों का मुक़ाबला था, जो चेतना के उन स्तरों पर वास्तविकता को देख सकते थे, जो सामान्य मनुष्य के लिए संभव नहीं होता। मुझे लगता है कि खेतड़ी के राजा के साथ विवेकानंद की

मुलाक़ात को लेकर काफ़ी कम कहा-सुना जाता है, जबकि यह उनके जीवन का तीसरा महत्त्वपूर्ण मोड़ था।

मेरी बात सीधी सी है। इस पर विचार कीजिए : जब उनके पिता की मृत्यु हुई, तब नरेंद्रनाथ अपने जीवन के सही मक़सद पर सवाल करना शुरू कर चुके थे। विश्वनाथ की मृत्यु से उनकी दुनिया बिखर गई और वह एक ऐसे समय में जीवन की हर दिन की मुश्किलों का सामना करने के लिए मजबूर हो गए जबकि वह उनके लिए बिलकुल भी तैयार नहीं थे। एक तरफ़ जहाँ उनकी माँ अपने पति की मौत के बाद क़ानूनी लड़ाई में उलझती जा रही थीं, वहीं दूसरी तरफ़, उनका सबसे बड़ा बेटा 'ज़्यादा से ज़्यादा समय रामकृष्ण के साथ बिताने लगा था।' मुक़दमों से परेशान हो चुकी, नरेंद्रनाथ की माँ ने एक बार उनसे कहा था :

तुम क्या कर रहे हो, बिलु (विवेकानंद के घर का नाम)? तुम किसी आवारा की तरह इधर-उधर घूमते रहते हो। तुम्हें पता भी है कि मैं सबकुछ कैसे संभाल रही हूँ, किस तरह दो जून की रोटी का इंतज़ाम कर रही हूँ?

विवेकानंद ने जवाब दिया – 'माँ, मैं क्या परिवार की देखभाल करूँगा? इसका ख़याल ऊपर वाला रखेगा' – इस बात से लगता है कि यह एक प्रकार की बेपरवाही थी जो उस पल उन्हें महसूस हुई होगी, लेकिन उसके बाद की परिस्थितियाँ स्पष्ट रूप से दिखाती हैं कि वह इस ज़िम्मेदारी को उठाने के लिए जीवन भर संघर्ष करते रहे।

अजीत सिंह से उनकी क़रीबी ऐसी थी कि नवंबर 1898 में, विवेकानंद ने लिखा था, 'अपने मन की बात आप से कहने में मुझे कोई शर्म नहीं, और मैं आपको अपने जीवन का एकमात्र दोस्त मानता हूँ।' खेतड़ी के अजीत सिंह के साथ विवेकानंद के संबंध संबंधों की तिकड़ी को पूरा करते हैं, जिसमें उनका परिवार और रामकृष्ण परमहंस शामिल थे। इससे वह इंसान बना जिसे पूरी दुनिया स्वामी विवेकानंद के नाम से जानती है।

भले ही उनका साम्राज्य छोटा था, लेकिन खेतड़ी के आठवें राजा, अजीत सिंह ने अपने अपनी रियासतों को सारी रियासतों में सबसे प्रगतिशील बनाया था। राजा कला और संगीत के पारखी थे तथा 1897 में रानी विक्टोरिया की डायमंड जुबली में हिस्सा लेने के लिए इंग्लैंड गए थे, जिसका आयोजन सिंहासन पर उनके बैठने की साठवीं सालगिरह पर किया गया था। उनचालीस साल की एक ही उम्र में दोनों की मौत के अलावा, एक और चीज़ है जो अजीत सिंह और विवेकानंद को जोड़ती है और वह है उनके जीवन में पिता की कमी। विवेकानंद के पिता की मौत तब हुई जब वह इक्कीस साल के थे, और उनका जीवन दोबारा कभी पहले जैसा नहीं हो सका। अजीत सिंह

को खेतड़ी के सातवें राजा, राजा फ़तेह सिंह ने गोद लिया था। वे एक दूसरे में एक समानता, एक आध्यात्मिक बंधुत्व को देखते थे, जिसने कम से कम विवेकानंद की सबसे बड़ी आवश्यकताओं में से एक को पूरा किया।

1898 में, विवेकानंद ने अजीत सिंह को लिखा :

जैसा कि आप जानते ही हैं, लौटने के बाद से ही मैं बीमार हूँ। कलकत्ता में महाराज आपने अपनी मित्रता और व्यक्तिगत रूप से मेरी सहायता करने का आश्वासन दिया था तथा (मुझ से) कहा था कि इस लाइलाज बीमारी की चिंता न करूँ। यह बीमारी घबराहट से भरी उत्तेजना के कारण हुई है, और किसी भी तरह के बदलाव से मुझे राहत नहीं मिलेगी, जब तक कि मेरी घबराहट, चिंता और उत्तेजना समाप्त नहीं हो जाती।

इन दो वर्षों के दौरान एक अलग जलवायु को आज़माने के बाद, हर दिन मेरी हालत बिगड़ती जा रही है और मैं लगभग मौत की कगार पर हूँ। मैं महाराज के कार्य, दयालुता और मित्र से अपील करता हूँ। मेरे सीने में हमेशा से ही एक बड़ा पाप उमड़ता-घुमड़ता रहता है, और वह है इस दुनिया की सेवा करने के क्रम, में मैंने अपनी माँ की देखभाल नहीं की है। यही नहीं, चूँकि मेरा दूसरा भाई घर छोड़ कर जा चुका है, इसलिए वह दुख से टूट गई हैं। अब मेरी आख़िरी इच्छा सेवा करने और कुछ वर्षों तक अपनी माँ की देखभाल करने की है। मैं अपनी माँ के साथ रहना चाहता हूँ और अपने छोटे भाई की शादी करवाना चाहता हूँ कि परिवार का समूल नष्ट न हो। निश्चित रूप से इससे मेरे और मेरी माँ के आख़िरी कुछ दिन आसान हो जाएँगे। वह एक झोपड़ी में रहती हैं। मैं उसके लिए एक छोटा, सुंदर सा घर बनाना चाहता हूँ और सबसे छोटे भाई के लिए कुछ बंदोबस्त करना चाहता हूँ क्योंकि उससे उम्मीद नहीं की जा सकती कि वह अच्छी-ख़ासी कमाई कर लेगा। क्या रामचंद्र के शाही वंशज के लिए उस व्यक्ति के लिए इतना करना बहुत अधिक होगा जिसे वह चाहता है और अपना दोस्त कहता है? मैं नहीं जानता कि और किससे गुहार लगाऊँ। यूरोप से मुझे जो पैसा मिला वह उस 'काम' के लिए था, और उसी काम के लिए उसकी पाई-पाई दी गई है। मैं दूसरों से अपनी सहायता के लिए भीख भी नहीं माँग सकता हूँ। अपने परिवार के मामलों के लिए, मैंने महाराज से अपने मन की बात खुलकर कह दी है, लेकिन यह बात किसी को मालूम न हो। मैं थक चुका हूँ, अंदर से बीमार हूँ और मर रहा हूँ। मेरी प्रार्थना है कि आख़िरी बार मुझ पर अपनी महान उदारता को दिखाएँ, जो आपकी दानशीलता को शोभा देती है और आपने मेरे प्रति जो अनगिनत दयालुता दिखाई है उनमें सर्वोपरि है। महाराज जब आप

मेरे आख़िरी दिनों को थोड़ा सहज और आसान बनाएँगे, तो मैं प्रार्थना करता हूँ उस भगवान से जिसकी सेवा मैंने जीवन भर की है कि वह आपको और आपके अपनों को अपना पूरा-पूरा आशीर्वाद दें।

उस संन्यासी ने लिखा कि यह पत्र 'सख़्त गोपनीय' है, और क्या राजा तार से इसका जवाब दे सकते हैं? उम्मीद के अनुसार जवाब आश्वस्त करने वाला था और अपने अगले पत्र ने विवेकानंद ने राजा को इस बात के लिए धन्यवाद दिया कि उन्होंने उनकी माँ को 100 रुपये प्रति माह का भुगतान जारी रखा, तथा यह भी पूछा कि क्या खेतड़ी के ख़ज़ाने से उनके लिए भी ऐसी ही राशि दी जा सकती है। उन्होंने कहा कि उनकी बीमारी के कारण ख़र्च बहुत अधिक बढ़ गया था, और उन्हें समझ नहीं आ रहा था कि उनकी मौत के बाद भी, जो उनकी उम्मीद के मुताबिक़ ज़्यादा दूर नहीं थी, उनकी माँ को 100 रुपये का भुगतान उनके मरने तक जारी रह सकता था या नहीं। उन्होंने अपनी माँ के लिए कलकत्ता में घर ख़रीदने के लिए 10,000 रुपये भी माँगे। ऐसा लगता है कि राजा पूरी रक़म नहीं दे सके, जिसके बाद विवेकानंद को मजबूरी में मठ से पैसे उधार लेने पड़े।

लेकिन यहाँ वह संन्यासी कितना निराश और कितनी बुरी तरह से उदास दिखता है वह हिला देने वाला, यहाँ तक कि झकझोर देने वाला भी था। वह अपने जीवन के अंत की ओर बढ़ रहे थे। महज चार साल बाद, उनकी मौत हो जाएगी। अपने पीछे वह पश्चिमी देशों, और पूरी दुनिया को दी गई सबसे बड़ी शिक्षा छोड़ जाएँगे, जो सबसे प्राचीन धर्मों में से एक, हिंदू धर्म को लेकर एक नई दृष्टि है। वह पूरी दुनिया घूम चुके हैं और कुछ सबसे धनी देशों के कुछ सबसे महत्त्वपूर्ण व्यक्तियों से मिल चुके थे, तथा देख चुके थे कि इनमें उनके और उनके संदेशों के प्रति कैसी दुर्लभ आस्था है। लेकिन हर क़दम पर, वह कठिनाइयों का सामना कर चुके हैं। पैसों की तंगी ने उन्हें एक से दूसरी मुश्किल की ओर धकेला। उनका गिरता स्वास्थ्य लगातार उन्हें उनके अपने प्रारब्ध से पीछे ले जा रहा है, और अपने लेखनों में बार-बार यह क़बूल करने पर मजबूर कर रहा है कि उनका ज़्यादा दिनों तक जीवित रहना संभव नहीं है। यह संन्यासी अपनी मृत्यु की बात को लेकर ज़्यादा परेशान नहीं लगता, और उसमें ऐसी भावना ज़रूर है कि जब शरीर का बोझ बहुत अधिक लगने लगेगा तो उसे त्यागने में देर नहीं करेगा। यह बात उन्हें लगातार परेशान करती है कि उन्होंने अपने परिवार, विशेष रूप से माँ के साथ न्याय नहीं किया। उनके लेखन में ऐसा भाव नहीं है कि वह अपनी माँ या अपने परिवार के प्रति अपने कर्तव्यों से खुश नहीं हैं, बल्कि इस प्रकार का एहसास लगातार होता है कि उनकी कोशिश उतनी अच्छी नहीं रही है।

ऐसी ही परिस्थितियों में खेतड़ी के राजा के साथ उनका संबंध अत्यधिक महत्त्वपूर्ण हो गया। अजीत सिंह (जिनके परिवार ने आगे चलकर उनका महल रामकृष्ण मिशन को दान कर दिया) के बिना यह संभव नहीं था कि विवेकानंद को कभी मानसिक शांति मिल पाती या उन्हें लगता कि उन्होंने अपने अनेक पारिवारिक कर्तव्यों में से कुछ को पूरा किया है। अजीत सिंह के बिना, विवेकानंद की माँ का जीवन बहुत पहले ही समाप्त हो जाता क्योंकि इस संन्यासी के जीवन की एक सबसे बड़ी समस्या पैसों की तंगी थी। उस कारण ही दुनिया में बहुत कुछ करने की उनकी इच्छा भी पूरी नहीं हो पाती। अजीत सिंह के दान के बिना, विवेकानंद कभी धर्म संसद में हिस्सा नहीं ले पाते, या ऐसे कपड़े नहीं पहन पाते जो उन्होंने धर्म संसद के लिए पहने थे। असल में खेतड़ी की वह एकमात्र स्थान था जहाँ उपदेशक के रूप में अपने जीवन में विवेकानंद सबसे लंबे समय तक रहे। जून 1891 से लेकर अक्टूबर 1891 के बीच पाँच महीने तक वह अजीत सिंह के मेहमान रहे।

आज विवेकानंद हमारे लिए इतने शक्तिशाली इस कारण हैं क्योंकि हम न केवल उनके जोश में लाने वाले भाषणों, उनके श्रेष्ठतम दर्शनों और प्राचीनतम धर्मशास्त्रों की बेजोड़ आधुनिक व्याख्या को पढ़ सकते हैं, बल्कि इस कारण भी हैं क्योंकि हम उनके पत्रों में उन कठोर आंतरिक संघर्षों, क्रोध की गूँज और उस व्यक्ति की हताशा को देखते हैं जो अपने सांसारिक बंधनों से मुक्त होने के लिए बेचैन है। बेशक वह मुक्त हो चुके हैं, लेकिन उनके अंदर कर्तव्य निभाने की ज़बरदस्त भावना और उद्देश्य को लेकर सज्जनता उन्हें अपनी माँ और अपने परिवार को पूरी तरह से छोड़ने नहीं देते। आप पढ़ सकते हैं कि कब उन्हें अपने परिवार के कारण नीचा देखना पड़ा, और यह भी कि कब उन्होंने परिवार का, विशेष रूप से अपनी प्यारी माँ का साथ नहीं दिया। उनके पत्र ऐसे संन्यासी के दिल को इस रूप में खोल कर रख देते हैं जितना कि उनके सबसे दिलचस्प भाषण भी नहीं करते। मैंने महसूस किया है कि मैं बार-बार उनके पत्रों की ओर यह समझने के लिए खिंचा चला जाता हूँ कि कैसे आंतरिक जीवन के प्रति सबसे शक्तिशाली आकर्षण के रास्ते में यह संसार खड़ा हो जाता है। हम उनके पत्रों में देखते हैं कि कब वह पीछे हटते हैं और कहाँ तेज़ी से आगे बढ़ते हैं। हम देखते हैं कि विवेकानंद जैसा तगड़ा और सुलझा हुआ संन्यासी भी अपनी सीमा तय करता है। उदाहरण के लिए सितंबर 1898 में अजीत सिंह को लिखी उनकी एक और चिट्ठी देखिए :

मुझे पैसों की ज़रूरत है। वैसे अमेरिकी मित्र मेरी जितनी मदद कर सकते हैं कर रहे हैं, लेकिन हर समय उनसे भीख माँगने को लेकर मैं शर्म महसूस करता हूँ, विशेष तौर पर जब बीमारी के चलते अचानक बड़ा ख़र्च सामने आ जाता है। इस दुनिया में मुझे केवल एक व्यक्ति से भीख माँगने में शर्म नहीं

आती और वह हैं आप। आप चाहे दें या मना कर दें, मुझे फ़र्क़ नहीं पड़ता। यदि संभव हो तो कृपा कर कुछ पैसे भेज दें।

हमने इस अध्याय की शुरुआत विवेकानंद के सिगरेट पीने से की, और फिर उनके परिवार के साथ उनके अनोखे संबंध, तथा उनके लिए पैसों के इंतज़ाम को लेकर उनकी मुश्किलों की ओर बढ़ गए। हम जब इस अध्याय का समापन करने जा रहे हैं तब विवेकानंद और भोजन के प्रति उनकी गहरी रुचि की चर्चा करना आवश्यक हो जाता है। यहाँ एक संन्यासी है, जिसने अपने लड़कपन में अपने दोस्तों के साथ मिलकर पहला क्लब बनाया जिसका नाम था – ग्रीडी क्लब। अपने जीवन की शुरुआत में वह कुकिंग पर फ़्रेंच किताबों को ख़रीदा करते थे और गॉलिश पाक शैली के प्रशंसक बन गए। यहाँ तक कि उन्होंने खिचड़ी को बनाने का नया तरीक़ा ईजाद किया जिसे वह भुनी खिचड़ी कहते थे – 'एक अंडे को अच्छी तरह फेंटा जाता है और चावल के ऊपर फैला दिया जाता है। फिर उसमें मटर और आलू को मिलाया जाता है।' इतना ही नहीं, नरेंद्रनाथ मीट को भी कई तरीक़े से बनाना जानते थे और कई तरह के नाश्ते का लुत्फ़ लेते थे, जिनमें अच्छी तरह तले सिंघाड़ा (समोसा) से लेकर मीठा *जीबेगोजा* शामिल था। यह एक ऐसा व्यक्ति था

जिसने अपने शिष्यों को हरफ़नमौला बनना सिखाया। कभी वह उन्हें धार्मिक ग्रंथों को पढ़ कर सुनाते, तो अगले ही पल वह उनके लिए स्वादिष्ट व्यंजन बनाने लगते थे। एक दिन उनका मन हुआ कि सबके लिए सीख कबाब बनाया जाए। उन्होंने मीट का बंदोबस्त किया और सीख की जगह सतालू के पेड़ की टहनियों का इस्तेमाल किया।

वह दुनिया के सबसे अच्छे होटलों में भी रहे और सबसे गंदी झोपड़ी में भी। जीवन उनके लिए जो भी लेकर आया, उन्होंने उसे प्रेम से स्वीकार किया। वह पश्चिम में न केवल भारतीय दर्शन के बल्कि भारतीय पाक कला के भी प्रचारक बने। वह अक्सर अपने साथ जड़ी-बूटियाँ, मसाले और चटनी लेकर चलते थे।

1896 में, विवेकानंद ने मसालों के निर्यात के विचार पर भी गहराई से विचार किया। न्यू यॉर्क से लिखी एक चिट्ठी में उन्होंने कहा कि

इंग्लैंड और अमेरिका में मूँग और अरहर का अच्छा व्यापार किया जा सकता है। अगर दाल सूप से लोगों का परिचय सही प्रकार से कराया गया तो यह सफल हो जाएगा। अगर आप छोटे-छोटे पैकेट बनाएँ जिन पर पकाने की विधि हो, और उन्हें घर-घर तक पहुँचाया जाए, तो यह धंधा अच्छा चलेगा।

वह ऐसे व्यक्ति थे जिन्हें सीप को फोड़ कर खाने का सबक़ सिखाने की ज़रूरत नहीं थी, और उन्हें 'तरबूज, हरा नारियल, लीची और कटहल' प्रिय थे, और एक बार तो उन्होंने एक चिट्ठी में यह लिखा भी था कि बंगाल का कटहल कितना स्वादिष्ट होता है!

वह इतने बड़े पेटू थे कि उन्होंने पश्चिम में भोजन की प्रक्रिया के बारे में विस्तार से लिखा था।

रात का भोजन मुख्य भोजन होता है। यदि कोई अमीर है, तो रसोइया फ्रेंच होगा और फ्रेंच विधि अपनाई जाएगी। सबसे पहले आपको नमकीन मछली परोसी जाएगी, या मछली के अंडे, या कोई चटनी, या सब्ज़ी। ये भूख जगाते हैं। फिर सूप आता है, फिर कोई फल... उसके बाद, आपको मछली परोसी जाती है, जिसके बाद मांस का व्यंजन आता है, और आख़िर में मिठाई और आइसक्रीम... जैसे-जैसे व्यंजन बदलते हैं, चम्मच, चाकू और काँटे भी बदल जाते हैं। डिनर के अंत में बिना दूध वाली कॉफ़ी परोसी जाती है।

यहाँ तक कि उन्होंने यह भी बताया है कि कम ख़र्च पर तैयार भोजन और साफ़ पानी को पूरी कुशलता के साथ बाँटा जा सकता है :

आप दूसरों को उपदेश देते हैं कि वे अच्छा इंसान बनें लेकिन उन्हें भोजन नहीं दे पाते हैं। मैं पिछले चार साल से इस समस्या पर विचार कर रहा हूँ। मैं एक प्रयोग करना चाहता हूँ कि चावल से जैसे चिवड़ा बनता है उसी तरह गेहूँ से भी कुछ बनाया जा सकता है या नहीं। फिर हम हर दिन अलग तरह का भोजन कर सकेंगे। जहाँ तक पेयजल की बात है, तो मैंने एक फ़िल्टर की तलाश की जो हमारे देश के अनुकूल हो। मुझे पैन के जैसा चीनी-मिट्टी का बरतन मिला जिससे पानी को छाना जा सकता था, और सारे कीटाणु उस बरतन में रह जाते थे। लेकिन धीरे-धीरे वह फ़िल्टर ही सारे कीटाणुओं का घर बन जाएगा। सारे फ़िल्टरों के साथ यही ख़तरा है। लगातार खोज करने के बाद मुझे ऐसी विधि मिली जिससे पानी को छाना जाता है और फिर उसमें ऑक्सीजन डाली जाती है। इसके बाद पानी इतना शुद्ध हो गया कि उसके इस्तेमाल से सेहत में ज़बरदस्त सुधार होना निश्चित था।

विवेकानंद को अपने देश का खाना अच्छा लगता था लेकिन तमाम बंगालियों की तरह ही उनका पेट भी कमज़ोर था। उन्हें जब हल्के, कम मसाले वाले खाने का लुत्फ़ आने लगा तब उन्होंने गुस्से में लिखा :

आप हर घर में (भारत में, विशेष रूप से बंगाल में) जिस बदहज़मी को देखते हैं... उसका कारण अशुद्ध भोजन है... तला हुआ खाना ज़हर होता है। जिनके पास पैसे हैं वे अपने बच्चों को कचौरी और मिठाई खिलाते हैं! उनके लिए यह शर्म की बात है कि वे केवल चावल और चपाती खाएँ, है ना? अगर बच्चों को इस तरह का खाना खिलाया जाएगा तो जानवरों की तरह फूले पेट वाले कैसे नहीं बनेंगे? अंग्रेज़ इतने ताक़तवर होते हैं, दिन-रात इतनी मेहनत करते हैं और उनका देश भी ठंडा प्रदेश है, फिर भी उन्हें ऐसा भोजन करते हुए डर लगता है। और हमें देखिए। हमें लुची (पूड़ी), कचौरी और घी या तेल में तला भोजन ही चाहिए! बंगाल में पहले गाँव के ज़मींदारों को बीस या तीस मील चलने में कोई दिक़्क़त नहीं होती थी... आजकल उनके बच्चे कलकत्ता आते हैं और पेट फूल जाता है, नज़र कमज़ोर हो जाती है और चश्मा लग जाता है, बाज़ार से लुची और कचौरी खाते हैं, एक गली से दूसरी गली तक जाने के लिए सवारी करते हैं, और फिर डायबिटीज की शिकायत करते हैं – और उनका जीवन समय से पहले समाप्त हो जाता है। सभ्य कलकत्तावासी होने का यही नतीजा है।

इन सबका मतलब यह नहीं कि विवेकानंद ने अपने भोजन का लुत्फ़ उठाना छोड़ दिया था। अमेरिका में वह अक्सर न केवल अपने मेजबानों के घर में परोसे जाने वाले खाने की देखरेख करते थे बल्कि सारे व्यंजन खुद ही पकाया करते थे। वह मांसाहारी थे, लेकिन कभी गोमांस नहीं खाया, और सिर्फ़ बकरे का मांस ही लिया। दक्षिण कैलिफ़ोर्निया के पासाडेना में घर में उनका हर दिन का नाश्ता 'फल, उबले अंडे, टोस्ट के दो स्लाइस और चीनी तथा क्रीम के साथ दो कप कॉफ़ी' हुआ करता था। एक बार, लेक्चर से पहले उन्हें रसदार खजूर खाने को दिए गए जिसे उन्होंने मज़े लेकर खाया और फिर ज़बरदस्त भाषण दिया। बाद में, जब उनसे शानदार भाषण का राज पूछा गया, तो विवेकानंद ने कहा कि इसके पीछे ज़रूर उन स्वादिष्ट खजूर का हाथ रहा होगा!

'द ईस्ट ऐंड द वेस्ट' नाम के अपने लंबे निबंध में, विवेकानंद ने खाने-पीने की तमाम आदतों पर ध्यानपूर्वक विस्तार से लिखा जिन्हें उन्होंने पश्चिमी देशों में देखा था :

इसी प्रकार पश्चिम में, वहाँ के ग़रीब देशों के लोगों का मुख्य भोजन, और अमीर स्थानों में रहने वाले ग़रीब वर्ग के लोगों का भोजन ब्रेड और आलू है। मीट शायद ही कभी खाया जाता है और खाया भी जाता है तो उसे चटनी माना जाता है। स्पेन, पुर्तगाल, इटली और अपेक्षाकृत अन्य गर्म देशों में, अंगूर खूब उपजाया जाता है, और अंगूर से बनी शराब काफ़ी सस्ती है। ऐसी शराब में नशा (जब तक कि कोई बहुत ज़्यादा ना पी ले, तब तक उसे नशा नहीं होगा)

नहीं होता और वे काफ़ी सेहतमंद होती हैं। इस कारण, उन देशों के ग़रीब लोग मछली और मीट की बजाए तंदुरुस्ती के लिए अंगूर के जूस का इस्तेमाल करते हैं। लेकिन यूरोप के उत्तरी हिस्सों में, जैसे रूस, स्वीडन और नॉर्वे में ग़रीब लोग राई, आलू, और हल्की सुखाई गई मछली से बनी ब्रेड खाते हैं।

यूरोप के अमीरों और अमेरिका के सभी वर्गों का भोजन एकदम अलग होता है। कहने का अर्थ है कि उनका मुख्य आहार मछली और मीट, ब्रेड और चावल है, तथा दूसरी चीज़ों को चटनी के तौर पर लेते हैं। अमेरिका में ब्रेड काफ़ी कम खाई जाती है। जब मछली परोसी जाती है, तो बस वही परोसी जाती है, या मीट जब परोसा जाता है, तो बस मीट ही खाया जाता है उसके साथ ब्रेड या चावल को नहीं खाया जाता है। इस कारण प्लेट बार-बार बदलनी पड़ती है। अगर दस तरह का भोजन है, तो उतनी ही बार प्लेट को बदला जाएगा। अगर हम अपने खाने को इस तरह खाएँ, तो हमें इस तरह परोसना होगा – मान लीजिए पहले शूक्त (तीखी करी) आई, तो दाल परोसते समय प्लेट को बदलना पड़ेगा। उसी तरह सूप आता है, और फिर थोड़ा चावल, या कुछ लुची वगैरह तब भी प्लेट बदलनी होगी। इस तरह परोसने का फ़ायदा यह है कि अलग-अलग वेरायटी थोड़ी-थोड़ी मात्रा में ली जाती है, और आप कोई भी चीज़ बहुत ज़्यादा नहीं खाते। फ्रांस के लोग सुबह में कॉफ़ी, बटर के साथ एक या दो स्लाइस लेते हैं। दोपहर में थोड़ा बहुत मछली और मीट वगैरह खाते हैं। और मुख्य भोजन रात को लेते हैं। इटली और स्पेन के लोगों का तरीक़ा भी फ्रांस के लोगों जैसा ही है। जर्मन लोग खूब खाते हैं, दिन में पाँच या छह बार, जिसमें हर बार मीट होता है। अंग्रेज़ तीन बार खाते हैं, जिसमें सुबह का नाश्ता हल्का होता है, लेकिन बीच-बीच में चाय-कॉफ़ी पीते रहते हैं। अमेरिकी लोग भी तीन बार खाते हैं, लेकिन हर बार भोजन ज़्यादा होता है, जिसमें मीट भरपूर रहता है।

इन सारे देशों में मुख्य भोजन रात को ही लिया जाता है। अमीर लोग फ्रेंच रसोइया रखते हैं और फ्रेंच विधि से भोजन तैयार करवाते हैं। शुरुआत में थोड़ी सी नमकीन मछली या रोहू, या कोई चटनी या सब्ज़ी। यह भूख जगाने का तरीक़ा होता है। फिर सूप आता है, फिर, आजकल के चलन के अनुसार फल, इसके बाद मछली, फिर मीट करी। बाद में भुना हुआ मीट, और उसके साथ थोड़ी सब्ज़ियाँ। इसके बाद किसी पक्षी या हिरण का मांस वगैरह। फिर मिठाई, और आख़िर में स्वादिष्ट आइसक्रीम। अमीरों की टेबल पर, व्यंजन के बदलने के साथ-साथ शराब बदल जाती है; और अलग-अलग व्यंजन के साथ हॉक, क्लैरेट और ठंडी शैंपेन परोसी जाती है। प्लेट के साथ हर बार चम्मच, चाकू और काँटा बदल जाता है। डिनर के बाद, बिना दूध

वाली कॉफ़ी और बिलकुल छोटे-छोटे ग्लास में सुगंधित मदिरा लाई जाती है। धूम्रपान सबसे आख़िर में होता है।

अलग-अलग व्यंजनों के साथ जितनी अधिक मात्रा में शराब परोसी जाती है, उस मेजबान को उतना ही धनी और शौक़ीन व्यक्ति माना जाएगा। एक डिनर पर वहाँ इतना पैसा ख़र्च किया जाता है कि हमारे देश का एक अच्छा ख़ासा अमीर व्यक्ति उसका इंतज़ाम करने में कंगाल हो जाएगा।

यह कोई वैरागी संन्यासी नहीं जिसने संसार को त्याग दिया, यह ऐसा संन्यासी है जिसके सीने में और पेट में दर्द है! यह रोज़मर्रा के जीवन में पूरी तरह से उलझा व्यक्ति है जो हमें अपने ही जैसा लगता है और जब वह कहता है कि विनाशी को ग्रहण कर भी अविनाशी को ढूँढ़ा और पाया जा सकता है तो हम उसकी बात को सुनते हैं। वह एक ऐसा संन्यासी है जिसे मनुष्य होने का कोई पछतावा नहीं, और विवेकानंद के बारे में यह सबसे अनोखी और नई बात है।

मैंने विवेकानंद पर यह किताब इस बात को बताने के लिए लिखी कि उन्होंने जिस प्रकार का जीवन बिताया उसके चलते आज उनके संदेश को अनसुना करना असंभव है। उदाहरण के लिए उनके अनेक भाषणों के अलावा, उनके पत्र उन्हें जीवंत बनाते हैं और उन्हें हमारे जैसा ही बनाते हैं। जीने के प्रति उनका आकर्षण और उसके साथ ही लंबे जीवन से उनकी विरक्ति पूरी तरह से हैरान करने वाली है। वह हमें दिखाते हैं कि संन्यासी बनने का मतलब जीवन का त्याग करना नहीं है। उनकी विरक्ति एक यात्रा है, जिसमें भावना है, जो कठोर संकल्पों से भरी है और जिसमें साहस नहीं कि अपने प्रियजनों से मुँह मोड़ सके। एक दार्शनिक, एक रहस्यवादी, एक संन्यासी होने से पहले विवेकानंद हाड़-मांस के एक व्यक्ति हैं जिसे हमारी ही तरह क्रोध आता है, जो अपने प्रयासों में (भले ही पारंपरिक अर्थों में उनकी कोई आकांक्षा नहीं है) सफलता की इच्छा रखता है। वह निरंतर यात्रा से थकान के बाद शांति चाहते हैं। अपने जीवन के ज़्यादातर समय घर से बाहर रहने वाले विवेकानंद, भीड़-भाड़ से दूर घर बनाने के बारे में लिखते हैं। बरसों तक धूल फाँकने के बाद, वह पर्वतों पर जाना चाहते हैं। विदेश में काम करने और भाषण देने के दौरान जब भारत में उन पर ज़बानी हमले किए जाते हैं, तब वह पलटवार करते हैं और पूछते हैं कि जिन लोगों ने कभी उनके कार्यों में उनका साथ नहीं दिया, उन्हें उनकी आलोचना का क्या अधिकार है। अपनी निजी वस्तुओं को लेकर वह भले ही बेपरवाह थे, लेकिन वह इस बात को समझते थे कि भारत के बाहर वह क्या पहनते हैं इसका गहरा प्रभाव पड़ेगा। एक बार, जब वह लंदन में थे, तब उन्होंने अपने भाई महेंद्रनाथ को सलाह दी थी : 'ध्यान रखो कि तुम्हारे नाख़ूनों के नीचे मैल न हो। नाख़ून काटो। मैं उसके लिए अपनी जेब में छोटे उपकरण रखता हूँ।

हमेशा साफ़ रहो, नहीं तो लोग तुमसे दूर चले जाएँगे।' अपने आध्यात्मिक गुरु और अन्य तपस्वियों के विपरीत, जो अपने ही अनुभव में खोए रहते थे और शायद ही कभी परवाह करते थे कि वे क्या पहनते या खाते हैं, विवेकानंद पूरी तरह से जानते हैं कि उनका काम अपने संदेश को दुनिया तक पहुँचाना है, और इस क्रम में कुछ हद तक उनका पहनावा उतना ही मायने रखता है जितना कि उनके शब्द। वह घमंडी नहीं हैं। लेकिन वह भोले-भाले भी नहीं हैं।

रामकृष्ण परमहंस के उलट, विवेकानंद की ज़िम्मेदारी उन्हें इस संसार का व्यक्ति बनने के लिए विवश करती है। उन्हें अपने बड़े-बड़े प्रयोजनों के लिए लोगों से बात करनी पड़ती है और उनका दिल जीतना पड़ता है। उन्हें हृदय, मन और बटुए को जीतना पड़ता है। इस कार्य को वह पूरा कर सके और उसके बाद भी उस अवचेतन की गहरी समझ के प्रति समर्पित रह सके। वह सांसारिक और भौतिक बातों के साथ-साथ उस उदात्तता से निपट सके जिसके चलते उनकी पहचान हमारे युग की हस्तियों में की जाती है। वह दिखाते हैं कि आत्म-अनुभूति हमारे आसपास के नारकीय शोर के साथ-साथ की जा सकती है। उनके जीवन की कहानी हमें इस बात को समझने में मदद करती है कि हम जब मन और आत्मा को स्पष्ट रूप से अपने वश में कर लेते हैं, और दोनों की प्रत्यक्ष वास्तविकता से अपने आप को अलग कर लेते हैं, तब भी अपनी माँ के प्रति किसी के प्रेम के जैसा कुछ होता है जो हमें विपरीत दिशाओं में ले जा सकता है। उन्होंने हमें सिखाया कि ज्ञान प्राप्त कर चुका गुरु भी अपने छोटे भाई की नौकरी-चाकरी को लेकर चिंतित हो सकता है। न केवल खोखले बयान और दूरदर्शी विचार, बल्कि दुनिया के साथ विवेकानंद के रोज़ का संघर्ष उन्हें हमारे लिए आज इतना सुसंगत बनाता है।

साल 2013 में एक ऐसा पल आया था, जब उनकी 150वीं सालगिरह मनाई जा रही थी, तब ऐसे आरोप लगे कि विवेकानंद एक 'हिंदू श्रेष्ठतावादी' थे। यह किसी परछाईं की तरह थी जिससे वह खुद को कभी अलग नहीं कर सके। क्या यह संन्यासी, जिसने हर आत्मा को दैवी शक्ति से संपन्न बताया अपने धर्म के अलावा सभी धर्मों का निंदक था? क्या यह संन्यासी, जिसके गुरु ने सिखाया कि 'सारे धर्म ईश्वर की ओर ले जाते हैं,' पक्षपातपूर्ण हो सकता है? यह उन बड़े प्रश्नों में से एक है, जिसके विषय में हम इस पुस्तक के क्रम में खोज करेंगे और जवाब देने का प्रयास करेंगे।

मेरा मानना है कि हमारे समय के लिए विवेकानंद की सबसे महत्त्वपूर्ण शिक्षा 'अवतार' लेने और 'पूजा गृह' के ख़िलाफ़ उनकी चेतावनी है। जीवन भर वह अपने इस विश्वास पर अडिग रहे कि अपने धर्म को कर्म-कांडों में उलझाने से भगवान को प्राप्त करने की यात्रा का महत्त्व समाप्त हो जाता है।

मुझे सबसे बड़ा डर पूजा कक्ष से लगता है। यह अपने आप में बुरा नहीं है लेकिन कुछ लोगों में इसे ही सबकुछ बना देने की प्रवृत्ति होती है, और एक बार फिर वे उसी पुराने ज़माने की बकवास को स्थापित कर देते हैं। इस बात से ही मुझे घबराहट होती है। मैं जानता हूँ कि क्यों वे अपने आप को इन पुरातन, व्यर्थ के पूजा-पाठ में व्यस्त कर लेते हैं। उनकी आत्मा काम के लिए प्रेरित करती है लेकिन उस पर अमल करने की बजाए वे घंटियाँ बजाने और सारे कर्म-कांड करने में अपनी ऊर्जा नष्ट करते हैं।

हम जिस संसार में रहते हैं, जहाँ कर्म-कांडों के जाल में हमारे उलझने का ख़तरा रहता है, वहाँ ऐसी घबराहट होना स्वाभाविक है। तो फिर, यह बात साफ़ होती है कि विवेकानंद को फिर से समझने का यही सबसे अच्छा समय है।

भाग II

रामकृष्ण

3

क्या आप मुझे भगवान के दर्शन करा सकते हैं?

जब मैं यह किताब लिख रहा था, तब एक मज़ेदार बात हुई। बहुत लंबे समय से रामकृष्ण मिशन की भक्त और पक्की शिष्या मेरी माँ की मुलाक़ात इसके चेन्नई केंद्र के एक बुज़ुर्ग संत से हुई। अस्सी साल से ज़्यादा उम्र के उस संत ने ध्यानमग्न अवस्था में ही, चमकती आँखों के साथ मेरी माँ से मेरे पिता और मेरा नाम पूछा। क्या हम लोग ठीक हैं? क्या मेरे पिता को नौकरी में बहुत मेहनत करनी पड़ रही है? मेरा काम कैसा चल रहा है? क्या मैं ख़ुश हूँ?

मेरी माँ ने संत को बताया कि ऐसी कोई समस्या नहीं है, लेकिन एक समस्या ज़रूर है। क्या समस्या है, संत ने पूछा। मेरी माँ ने विस्तार से बताया कि उनके बेटे को यानी मुझे दस या बारह साल की उम्र में रामकृष्ण मिशन से दीक्षा दिलाई गई थी। दीक्षा के रूप में मुझे एक मंत्र दिया गया था जो किसी और को नहीं बताना था, और उसका पाठ मुझे हर दिन, और हो सके तो दिन में दो बार करना था।

पहले कुछ महीने तो मैंने मंत्र का पाठ नियमपूर्वक किया और उसके लिए साफ़ धोती और कुर्ता पहनकर बैठता। सामान्य तौर पर नहाने के तुरंत बाद ही यह काम करता था जैसा कि मैंने अपने पिता को करते देखा था। हालाँकि जल्द ही मेरी दिलचस्पी इसमें ख़त्म हो गई। मुझे लगने लगा था कि मंत्र के शब्द बहुत सरल हैं, और मेरा मन भी इधर-उधर भटकने लगता था।

मैंने फिर कभी मंत्र पर ध्यान नहीं दिया। न कभी उसका पाठ किया और कुछ सालों बाद तो मैं मंत्र भूल ही गया, और जो कुछ याद रहा वह ग़लत था। मेरी माँ समय-समय पर चिंता जताती थीं कि इस तरह के मंत्र को भूल जाना अशुभ हो सकता है।

तो, जब चेन्नई के संत ने उनसे मेरे बारे में पूछा तो वे शिकायत करने लगीं : देखिए, मेरा बेटा अब वैसा कुछ नहीं करता जबकि हमने बचपन में ही उसे मिशन से परिचित करा दिया था।

तुम्हारा बेटा आजकल क्या कर रहा है, संत ने माँ से पूछा था। वह स्वामी विवेकानंद पर किताब लिख रहा है, मेरी माँ ने जवाब दिया था। इस पर संत ने मुस्कराहट के साथ आश्चर्य जताते हुए कहा था, तो फिर तुम उससे और क्या चाहती हो। वह विवेकानंद का ध्यान नहीं कर रहा है तो उन पर किताब तो लिख ही रहा है न? क्या तुम्हारा बेटा इस तरह से विवेकानंद के नाम का ध्यान और पाठ नहीं कर रहा है? तुम्हें तो खुश होना चाहिए।

तीन दशक बाद मैंने उनके बारे में सुना था, विवेकानंद अब भी मेरा बचाव कर रहे थे।

मेरे लिए वे सरल उत्तर वाले असहज तथा बकवास युक्त अधीर लगते थे, जैसा कि मैं खुद को महसूस करता था।

विवेकानंद जब कलकत्ता के उपनगर दक्षिणेश्वर में मंदिर के पुजारी रामकृष्ण परमहंस से मिले थे, तब वे मुश्किल से अठारह साल के थे। वहीं स्थानीय काली मंदिर में प्रसन्नचित्त रहस्यवादी परमहंस भयानक देवी काली के सामने दरबार लगाते थे, हँसते थे, चिल्लाते थे, गाते थे और नाचते थे।

विवेकानंद ने कॉलेज में 19वीं सदी के तर्कवादी पश्चिमी दार्शनिकों के बारे में पढ़ा, बचपन की उनकी ईश्वर और धर्म में आस्था अस्त-व्यस्त थी। वे केवल आस्था के कारण धर्म को स्वीकार नहीं करते थे बल्कि वे ईश्वर को प्रत्यक्ष देखना चाहते थे। हालाँकि, बहुत जल्द उनके आवेशी स्वभाव ने जान लिया कि महज सार्वभौमिक कारण ठंडा और रक्तहीन है। महज कल्पना से असंतुष्ट उनके भावुक स्वभाव को प्रलोभन की घड़ी में सहायता के लिए ठोस सहयोग की ज़रूरत है। वे कोई बाहरी शक्ति, कोई गुरु चाहते थे जो उनके शरीर में पूर्णता का मेल कराकर उनकी आत्मा की व्याकुलता को शांत कर दे। केशव (चंद्रसेन, ब्रह्म समाज के संस्थापक) के चुंबकीय व्यक्तित्व से आकर्षित होकर वह ब्रह्म समाज में शामिल हुए और भजन गायक मंडली में गाने लगे। हालाँकि, ब्रह्म समाज में उन्हें कोई ऐसा गुरु नहीं मिला जो कह सके कि उसने भगवान को देखा है।

उनके जीवन में किशोरावस्था के अंत में एक दौर ऐसा भी आया जब विवेकानंद अपने आसपास के लोगों से एक ही प्रश्न करते थे : क्या आपने भगवान को देखा है? यह सरल, मोहक और विचलित कर देने वाला प्रश्न है। एक तरह से इस प्रश्न का जवाब देने के लिए आप कभी तैयार नहीं होते। अंग्रेज़ यात्री पॉल ब्रंटन ने एक बार लिखा कि वे बहुत सारे प्रश्न लेकर महान रहस्यवादी रमण महर्षि के पास आज के तमिलनाडु

में अरुणाचल की पहाड़ियों पर उनके आश्रम में पहुँचे, लेकिन उनके चेहरे पर निर्मल शांति देखकर उनके सारे प्रश्न ग़ायब हो गए। रवींद्रनाथ टैगोर के पिता देवेंद्रनाथ टैगोर अपने वैराग्य और बुद्धि के कारण 'महर्षि' कहलाते थे। उन्होंने भी युवा नरेन के इस प्रश्न का सामना किया और वे केवल यही कह सके, 'मेरे बच्चे, तुम्हारे पास एक योगी की आँखें हैं। तुम्हें ध्यान लगाना चाहिए।'

हालाँकि, नरेन के लिए यह पर्याप्त नहीं था। उसके प्रश्न का उत्तर तो मिला ही नहीं था। यह तब की बात है जब वे क़रीब अठारह साल के थे और कुछ सालों से कॉलेज में थे। तब नरेंद्रनाथ दत्त दक्षिणेश्वर आ गए।

धनी परिवार के इस बालक ने क्यों एक गुमनाम मंदिर के पुजारी के पास जाने का फ़ैसला किया? कुछ लोगों का मानना है कि वह विलियम वर्ड्सवर्थ की कविता 'द एक्सकर्सन' से प्रेरित हुआ था।

इस (नौ पुस्तकों में छपी 9068 पंक्तियों की) लंबी कविता के दो छोटे अंश आज के विवेकानंद के संदर्भ में दिए जा रहे हैं।

पहला,

ऐसा था वह बालक - बढ़ते युवक जैसा न था
कैसी थी उसकी आत्मा, जब खुली ऊँचाई से
किसी निर्भीक अंतरीप के समान, उसने सूरज को देखा
निकलो, और इस संसार को रोशनी से नहला दो! उसने देखा–
महासागर और धरती को, धरती का ठोस खाका
और महासागर का तरल द्रव्यमान, हर्ष में था
उनके नीचे : यहाँ से वहाँ तक बादल थे व्याकुल,
और उनके ख़ामोश चेहरों पर वह पढ़ सका था
अनिर्वचनीय प्रेम। ध्वनि को किसी की आवश्यकता न थी,
न खुशी को किसी आवाज़ की। उसकी भावना ने पिया
उस दृश्य को : संवेदना, आत्मा, और स्वरूप,
सब उनमें घुल गए। उन सबने निगल लिया
उनके पशु जीवन को। उनमें ही वह रहते थे,
और उनके साथ ही वह जीते थे। वही उनका जीवन थे।
मन की ऐसी पहुँच में, इतने महत्त्वपूर्ण क्षण में
जीवन जीते ईश्वर से साक्षात्कार,
विचार नहीं था, आनंद में हुआ समापन।
न किया धन्यवाद, न कोई आग्रह।

स्थिर मिलन में लीन जो पार जाता है
प्रार्थना और प्रशंसा के अपूर्ण स्थानों तक,
उनका मन उस सत्ता का आभारी था
जिसने उन्हें बनाया। यह कृपा और प्रेम की स्थिति थी!

फिर,

मैंने देखा है
एक उत्सुक बच्चे को, जिसने ध्यान में रखा उस राह को
देश के अंदर के हिस्से में, सुनता रहा
चिकने अधरों वाली सीप के अंदर आकुलता को।
जिसके लिए, चुप कराई गई ख़ामोशी में, उसकी आत्मा
ध्यान से सुनता रहा। और उसकी मुखाकृति शीघ्र
आनंद से खिल उठी, जब अंदर से सुनाई पड़ी
कानाफूसी, जहाँ छात्र नायक ने अभिव्यक्त किया
रहस्यमय मिलन अपने ही सागर से।
यह ब्रह्मांड भी ऐसी एक सीपी है
जो धर्म को सुनता है। और ऐसे पल आते हैं,
मुझे संदेह नहीं, जब आपको यह देता है
अदृश्य बातों की विश्वसनीय ख़बर।
ज्वार-भाटे की, और हमेशा बनी रहने वाली शक्ति की।
और केंद्रित शांति, जो है हृदय में
अंतहीन उथल-पुथल के बीच।

ये शब्द उस लड़के के पूरे जीवन के दौरान गूँजनेवाले थे जो विवेकानंद बना, वह लड़का
जो 'अंतहीन उथल-पुथल के बीच केंद्रित शांति' चाहता था।

यह ऐसी कविता है जो नरेन को स्कूल में प्रोफ़ेसर विलियम हैस्टी ने पढ़ाई थी,
जो उस समय स्कॉटिश चर्च कॉलेज के प्रिंसिपल थे। प्रोफ़ेसर हैस्टी ने उनकी क्लास
को पढ़ाया कि

मन की वह दशा जो समाधि के सदृश होती है, जिसमें कवि चला गया था,
वह निश्चित रूप से एक वास्तविक अनुभव हो सकती थी और काव्य कल्पना
भर नहीं थी। लेकिन समाधि-जैसी यह स्थिति चरम आंतरिक शुद्धता के बिना
प्राप्त नहीं की जा सकती थी।

लेकिन इस तरह का मन कहाँ मिल सकता था? प्रोफ़ेसर हैस्टी ने कहा, एक है, रामकृष्ण परमहंस जो दक्षिणेश्वर में रहते हैं। इस तरह, नरेन रामकृष्ण से मिलने पहुँचे। वह डेविड ह्यूम, जॉन स्टुअर्ट मिल, हरबर्ट स्पेंसर जैसे महान दार्शनिकों को पढ़ चुके थे। उन्हें हिंदू परंपराओं, महाकाव्यों और दार्शनिक ग्रंथों की शिक्षा दी गई थी, लेकिन उन्हें अपने प्रश्न का जवाब अब भी नहीं मिल रहा था। शायद रामकृष्ण उनकी मदद कर सकते थे।

गाँव के वह निरक्षर पुजारी अपने ही तरीक़े से अनोखे थे। वह बाग़ी थे और उनमें प्रश्न करने की आदत थी, और यही बात शायद नरेन को उन तक खींच ले गई। गदाधर चट्टोपाध्याय (जिन्हें उनके आध्यात्मिक गुरु ने बाद में रामकृष्ण परमहंस नाम दिया) शुरुआत में देवी काली को समर्पित एक सुंदर से मंदिर के पुजारी थे, जिसे 'एक धनवान, धार्मिक और निर्भीक विधवा, रानी रसमणि' ने बनवाया था, लेकिन उस मंदिर को लेकर विवाद खड़ा हो गया क्योंकि दौलत चाहे कितनी भी क्यों न हो, रसमणि निम्न जाति की थी। अधिकतर ब्राह्मणों ने निम्न जाति की महिला की ओर से बनवाए गए मंदिर में काम करने से इनकार कर दिया। इसकी परवाह नहीं की कि वह धनवान थी। रामकृष्ण भी ब्राह्मण थे और शुरुआत में वह भी हिचक रहे थे, लेकिन जैसे-जैसे वह रहस्यों को जानते चले गए, जाति के प्रति उनकी सोच बदल गई।

नरेन जब उनसे मिलने पहुँचे, तब तक रामकृष्ण परमहंस के पागलपन, और अद्भुत रहस्यमयी उपस्थिति को लेकर श्रद्धा विकसित हो चुकी थी। एक पुजारी था जो हँसता था, रोता था और गाता था, और क्षण भर में समाधि में चला जाता था। वह कहते थे कि वह उस मंदिर की देवी, माँ काली के प्रेम में मगन रहते हैं, जो उनके लिए देवी माँ है। वह चंचल और विचित्र स्वभाव वाले थे तथा ऐसी बातें करते थे जो पागलपन लगती थीं। नरेन जब उनसे पहली बार मिले, तब रामकृष्ण ने उनसे गाने को कहा क्योंकि उन्होंने उन्हें भीड़ के बीच गाते सुना था।

वह जब गाने लगे, तब पुजारी गहन समाधि में चले गए। जब उनका गीत समाप्त हुआ, तब रामकृष्ण का ध्यान टूटा, उन्होंने नरेन को हाथ बढ़ाकर झपट कर पकड़ा और दूसरे कमरे में ले गए जहाँ कोई भी उन्हें देख या सुन नहीं सकता था। उस लड़के से रामकृष्ण ने कहा, 'ओह! तुमने आने में बहुत देर कर दी। तुम इतने कठोर थे कि इतने दिनों तक मुझे प्रतीक्षा करवाई? इस दुनिया के लोगों की फिजूल की बातें सुन-सुनकर मैं पक चुका हूँ। ओह, मैं कितने दिनों से तड़प रहा था कि किसी ऐसे व्यक्ति से अपने मन की बात कह दूँ जो मेरे संदेश को पाने के उपयुक्त हो!'

और ऐसा कहते ही, वह उस लड़के के सामने रोने लगे। नरेन हैरत में पड़ गए, ऊपर से पुजारी उन्हें नारायण (भगवान विष्णु) कह कर संबोधित कर रहे थे जिन्होंने 'मानवता के कष्ट को दूर करने के लिए' धरती पर अवतार लिया था।

नरेन चौंक गए, और उन्हें लगा कि यह पुजारी पागल है। लेकिन उनमें एक ज़बरदस्त ईमानदारी थी जिसने उस लड़के को सोच में डाल दिया। उन्होंने वह प्रश्न पूछ ही लिया जिसने कई महीने से उन्हें परेशान कर रखा था :

क्या आपने भगवान को देखा है?

पहली बार उन्होंने जवाब दिया : 'हाँ, मैंने भगवान को देखा है। मैंने उन्हें उससे भी असली रूप में देखा है जितना तुम्हें देख रहा हूँ। मैंने उनसे उससे भी अधिक घनिष्ठता से बात की जितना मैं तुमसे बात कर रहा हूँ।'

यह भारत के आधुनिक आध्यात्मिक इतिहास का युगांतरकारी पल था। रामकृष्ण के इस आकर्षक, निहत्था कर देने वाली निश्चितता में नरेन के बाक़ी के जीवन के बीज छिपे थे। मैं इस लड़के को बदल दूँगा, अनेक परंपराओं को तोड़ूँगा, हिंदू धर्म और भारत के इतिहास को बदल दूँगा। ऐसा क्यों था इसे समझने के लिए हमें क्षण भर के लिए रामकृष्ण के अतीत में जाना होगा। रामकृष्ण नाम मिलने से पहले, गदाधर प्रयोगवादी व्यक्ति थे। सत्य की खोज उन्हें कई रास्तों पर ले गई जिसके बाद वह अंत में इस सरल संदेश पर टिक गए, *जोतो मोत, तोतो पोथ* (जितने मत, उतने पथ - भगवान तक पहुँचने के लिए)। वह परमानंद और प्रलाप, निरंतर ध्यान और ख़ुशी की चमक के बीच झूलते रहे - खुलकर गाते और नाचते रहे, और अपनी 'माँ,' देवी काली के सामने फूट-फूट कर रोते भी रहे।

एक निम्न जाति के सदस्य की ओर से बनवाए गए मंदिर का पुजारी बन कर, उन्होंने एक ब्राह्मण के रूप में जाति के नियम को पहले ही तोड़ दिया था, लेकिन अपने इस विद्रोही स्वभाव को वह अनेक प्रकार के प्रयोगों से और भी आगे ले गए, जब उन्होंने अपना हाथ, नहीं, अपनी आत्मा को सत्य की खोज में विभिन्न आध्यात्मिक मार्गों पर आजमाया, तथा इस प्रक्रिया में सारी वर्जनाओं को तोड़ दिया। उन्होंने भैरवी ब्राह्मणी नाम की महिला तपस्वी के अधीन रह कर तंत्र का अध्ययन किया, पंडित गौरीकांत तारकाभूषण के साथ पूजा की वैष्णव विधि को सीखा, 'इसके बाद जटाधारी नाम के एक संन्यासी के अधीन उन्होंने भगवान, राम की भक्ति के मार्ग को अपनाया' और इस्लाम तथा ईसाई धर्म की भक्ति की प्रक्रियाओं तक को खँगाला।

गदाधर ने जब तंत्र साधक ब्राह्मणी से कहा कि लोग उन्हें पागल कहते हैं, तब वह बोली, 'इस संसार में हर व्यक्ति पागल है। कुछ पैसों के लिए पागल हैं, कुछ सुख-सुविधाओं के लिए, कुछ नाम और प्रसिद्धि के लिए तथा तुम भगवान के लिए पागल हो।'

वास्तव में, गदाधर को कुछ समय तक तंत्र के तरीक़े सिखाने के बाद, जब ब्राह्मणी इस निष्कर्ष पर पहुँची कि यह पुजारी कोई सामान्य भक्त नहीं बल्कि एक अवतार है, तो उसने धर्म के विद्वानों के एक समूह को इकट्ठा किया ताकि उस आनंद के

लक्षणों और 'जलने के अनुभव' पर चर्चा की जा सके जिसका एहसास अक्सर गदाधर को होता था। धर्मगुरुओं ने कहा कि ब्राह्मणी को जिस बात का अनुमान था उसके अनुसार ही गदाधर हर्षातिरेक के आध्यात्मिक अनुभव के उस अत्यंत दुर्लभ चरण से गुज़र रहे थे जिसे महाभाव कहा जाता है और यह बात लगभग सिद्ध हो चुकी थी कि वह एक समर्पित भक्त से कहीं अधिक थे। इसकी पूरी संभावना थी कि वह एक अवतार थे।

जब गदाधर को यह बात बताई गई, तब उन्होंने कहा, 'अच्छा, मुझे यह जानकर खुशी हुई कि यह कोई बीमारी नहीं है!' अपने जीवन में आगे चलकर, जब उनके दो शिष्यों ने इस बारे में उनसे जानने की ज़िद की, तो उन्होंने कहा, 'वे महान विद्वान थे और जो कह रहे थे, काफ़ी सोच समझ कर कह रहे थे। लेकिन उसका मेरे मन पर कोई प्रभाव नहीं पड़ा।' शायद इन सारी बातों के बाद उस पुजारी ने आख़िरकार यह मान लिया था कि पागल होना इतनी बुरी बात भी नहीं है!

संन्यासी तोतापुरी ही थे जिन्होंने उन्हें अद्वैत वेदांत की शिक्षा दी और रामकृष्ण नाम भी दिया। वेदांत और चरम सत्य को जानने के लिए उसके निराकार मार्ग की शिक्षा प्राप्त करने से पहले, तोतापुरी ने रामकृष्ण से कहा कि वह दीक्षा लें तथा इस संसार का त्याग कर उससे अपने सारे संबंधों को तोड़ लें। दोनों व्यक्तियों का जब आमना-सामना हुआ, तब वे अलग नहीं हो सकते थे।

रामकृष्ण एक छोटे क़द के साँवले व्यक्ति थे, जिनकी हल्की दाढ़ी और सुंदर आँखें, बड़ी और काली आँखें थीं, जिनमें पूरी चमक थी, और जो तिरछी तथा थोड़ी ढँकी रहती थीं। कभी पूरी तरह से खुली नहीं रहती थीं... उनका मुँह खुला रहता था जिनके भीतर से उनके सफ़ेद दाँत दिखते थे और एक मोहक मुस्कान छाई रहती थी, जिसमें स्नेह भी था और शरारत भी। मध्यम क़द के साथ वह इतने दुबले थे मानो शरीर में हड्डियाँ ही बची थीं और वह काफ़ी दुर्बल थे। उनकी मनोदशा बेहद भावुक थी क्योंकि सुख और दुख के हर भाव के प्रति वह अत्यधिक संवेदनशील थे, चाहे वे नैतिक हों या शारीरिक... उनके सामने का व्यक्ति किसी चट्टान के समान था। वह काफ़ी लंबा और तगड़ा था, किसी ताक़तवर और कठोर बलूत की तरह। उनका शरीर और मन लोहे के जैसा था।

दीक्षा के बाद, तोतापुरी रामकृष्ण को एक सुनसान कमरे में ले गए और उन्हें पहला सबक़ देते हुए कहा :

ब्रह्म ही एकमात्र सत्य है, जो सदैव शुद्ध, सदैव प्रकाशमान, स्थान, काल और कार्य कारण सिद्धांत की सीमाओं से सदैव मुक्त रहता है। भले ही माया की रहस्यमयी शक्ति के कारण उसे अलग-अलग नामों से पुकारा और अलग-अलग रूपों में देखा जाता है... ब्रह्म चरम सत्य या इस ब्रह्मांड की वास्तविक चेतना, असल में एक ओर अविभाजित है... माया के अंतर्गत जो कुछ भी है वह वास्तविक नहीं है। उसे छोड़ दो। नाम और स्वरूप के कैद-ख़ाने को नष्ट कर दो और किसी शेर की शक्ति के साथ इससे तुरंत बाहर निकल जाओ। आत्मा की खोज में गहराई तक गोते लगाओ और उसका अनुभव करो... तुम देखोगे कि नाम और रूप की यह दुनिया निर्वात में लुप्त हो रही है, और वह क्षुद्र अहंकार ब्रह्म चेतना में विलीन हो जाएगा। तुम अपने आप को ब्रह्म, अस्तित्व, ज्ञान, और परम आनंद में देखोगे।

सारी बातें अद्वैत वेदांत की मुख्य बातें हैं जिनकी शिक्षा विवेकानंद ने भी दी थी। नरेन ने जब पुजारी से पूछा था कि क्या उन्होंने भगवान को देखा है, तब रामकृष्ण ने जो उत्तर दिया था, वह मुझे लगता है कि वेदांत के मौलिक सिद्धांत में से एक की संक्षिप्त जानकारी थी :

बेशक किसी ने भी भगवान को देखा है, वैसे भी, वेदांत शिक्षा देता है कि कोई भी भगवान है!

यह प्रश्न भारतीय इतिहास के एक पल को साथ मिलाता है। यह भारतीय और विशेष रूप से हिंदू विचार को एक युग से दूसरे युग तक ले जाता है। विवेकानंद अपने कार्य और रामकृष्ण के साथ बातचीत में, और निस्संदेह रूप से स्वयं रामकृष्ण भी भारतीय उदारवाद के कार्य को आगे बढ़ाते हैं, जब वे प्राचीन ग्रंथों की आत्मा को आधुनिक संसार से जोड़ते हैं।

मैं यह कहना चाहूँगा कि भारतीय उदार मन को विकसित करने और उसके फलने-फूलने में रामकृष्ण और विशेष रूप से विवेकानंद के योगदान हमेशा से ही न तो बताए गए हैं ना ही उन्हें समझा गया है। इस लिहाज से विवेकानंद उन्नीसवीं सदी के बंगाली बुद्धिजीवी, तर्कशास्त्री और अभिजात्य वर्ग से आने वाले राजा राममोहन राय जैसे किसी के कार्य के उत्तराधिकारी हैं। राय जीवन भर घोर हिंदू कट्टरपंथ से लड़ते रहे, जिसमें सती प्रथा भी शामिल थी। इस प्रथा के अंतर्गत किसी विधवा को उसके पति की मृत्यु पर उसकी चिता के साथ जल मरने पर मजबूर किया जाता था। वैदिक और उपनिषद के सिद्धांतों के गहन विचारक होने के नाते, राय ने वेदांत विचारधारा पर *एब्रिजमेंट ऑफ़ द वेदांत* ग्रंथ लिखा जो काफ़ी लोकप्रिय है। यह भी दिलचस्प है कि विवेकानंद की तरह ही राय ने भी जॉन स्टुअर्ट मिल जैसे पश्चिमी विचारकों को पढ़ा

था और उनसे प्रभावित थे। इसमें कोई आश्चर्य नहीं कि विवेकानंद ने राजा राममोहन राय के बारे में कहा था : 'सिर्फ़ एक बार एक आधुनिक सुधारक आया जो ज़्यादातर रचनात्मक था, और वह एक सुधारक थे राजा राममोहन राय।'

इन दोनों के बीच और भी समानताएँ हैं। ब्रह्म समाज और अन्यत्र, राय जिसे हिंदू विचार की अद्वैत या एकेश्वरवादी जड़ मानते थे और जो अद्वैत वेदांत है, उसकी फिर से खोज करने और दोबारा स्थापित करने का प्रयास कर रहे थे। ऐसा करते हुए वह इस्लाम (वह फ़ारसी में सहजता से लिखते थे) और ईसाई धर्म (उस समय के ब्रिटिश उपनिवेशवादियों का भी धर्म था), दोनों से ही प्रभावित थे। राय उन पुरातनपंथी कर्म-कांडों के ख़िलाफ़ लड़ रहे थे जिनसे रूढ़िवाद ने विशुद्ध हिंदू विचार को दूषित किया था, और उनकी इच्छा थी कि हिंदू धर्म को फिर से उसकी प्राचीन स्थिति में ले जाया जाए। वह जानते थे कि जैसा कि उपनिषदों में लिखा था, यदि आत्मा को चरम सत्य में एकाकार कर लिया जाए तो आत्मा को वही स्वच्छंदता और स्वतंत्रता मिल जाएगी।

सती के विषय पर, राय ने कहा कि मनु और याज्ञवल्क्य जैसे प्राचीन ग्रंथों के ज्ञानी कहते हैं कि एक विधवा को किस प्रकार रहना ('आडंबर के बिना कर्तव्य निभाना चाहिए,' 'इंद्रियों के सभी प्रकार के सुखों का त्याग करना चाहिए') चाहिए और किसे ('पिता, माता, पुत्र' आदि को) उसकी देखभाल करनी चाहिए, तो स्पष्ट है कि आत्मदाह एक विकल्प है, उसे विकल्प ही रहना चाहिए। यदि प्राचीन ग्रंथों के अनुसार यह एक विकल्प है, तो रूढ़िवादी किसी महिला को मरने के लिए मजबूर नहीं कर सकते थे। स्वयं विवेकानंद ने भी ईसा मसीह के जीवन की प्रशंसा की। वह अक्सर अपने साथ *द इमिटेशन ऑफ़ क्राइस्ट* नाम की एक ईसाई धार्मिक पुस्तक लेकर चलते थे जिसे पंद्रहवीं सदी में डच पादरी थॉमस अ केंपिस ने लिखा था। वास्तव में, 1888 में, जब अपने परिव्राजक दौर में वह भारत की यात्रा पर निकले, तब इस घुमंतू संन्यासी के पास केवल अपनी लकड़ी की छड़ी, कमंडल और दो ग्रंथ थे - *भगवद् गीता* और *द इमिटेशन ऑफ़ क्राइस्ट*। उन्होंने कहा :

ईसा मसीह भगवान थे - व्यक्तिगत भगवान इंसान बन गया। उन्होंने कई बार अनेक रूपों में अवतार लिया है और आप केवल इनकी पूजा कर सकते हैं। अपने चरम स्वरूप में भगवान की पूजा नहीं की जा सकती है। इस प्रकार के भगवान की पूजा करना बकवास होगी। हमें ईसा मसीह के मनुष्य रूप को भगवान मान कर पूजना होगा। आप भगवान के अवतार से किसी भी बड़े रूप की पूजा नहीं कर सकते। आप जितनी जल्दी ईसा मसीह से अलग भगवान की पूजा करना छोड़ दें, आपके लिए उतना ही अच्छा होगा। आप जिस यहोवा को बनाते हैं उसके बारे में और सुंदर ईसा मसीह के बारे में सोचिए। आप

जब भी ईसा मसीह के अलावा किसी भगवान को बनाते हैं, आप सबकुछ का क़त्ल कर देते हैं। केवल भगवान ही भगवान की पूजा कर सकता है। इंसान यह नहीं समझता, और परमात्मा के सामान्य रूप के अलावा उसकी पूजा किसी भी अन्य रूप में करना मानवता के लिए ख़तरनाक होगा। यदि आपको मुक्ति चाहिए तो ईसा मसीह के समीप रहिए। वह हर उस भगवान से बड़े हैं जिनकी आप कल्पना करते हैं। यदि आप सोचते हैं कि ईसा मसीह एक इंसान था, उसकी पूजा नहीं करनी चाहिए, लेकिन जैसे ही आपको लगता है कि भगवान हैं, आप उसे पूजिए। वे जो कहते हैं कि वह एक इंसान थे और उनकी पूजा करते हैं वे ईश-निंदा करते हैं। आपके लिए कोई बीच का रास्ता नहीं है। आपको यह पूरी शक्ति के साथ करना होगा। "उसने जिसने पुत्र देख लिया, उसने पिता को भी देख लिया," और पुत्र को देखे बिना, आप पिता को नहीं देख सकते। यह केवल लंबी-चौड़ी बात और दिखावे का ज्ञान, स्वप्न और अटकलें ही होंगी। लेकिन आप यदि आध्यात्मिक जीवन पर पकड़ बनाना चाहते हैं, तो भगवान के समीप रहिए जो ईसा मसीह के रूप में हैं।

रामकृष्ण परमहंस और विवेकानंद के एक फ्रेंच भक्त, नोबेल पुरस्कार विजेता रोमां रोलां ने इसी प्रकार से विवेकानंद के शुरुआती जीवन के बारे में बताया है, जब उन्होंने अपने साथी संन्यासियों के साथ मिलकर रामकृष्ण की मृत्यु के बाद रामकृष्ण मिशन की स्थापना की थी :

मानवता के सभी वीरतापूर्ण और दैवी विचार के इस परिदृश्य में, हमें तुरंत ही सम्मान के उस स्थान की ओर फिर से देखना चाहिए जो ईसा मसीह और उनके उपदेशों को दिया गया है। इन हिंदू संन्यासियों ने गुड फ्राइडे मनाया, और सेंट फ्रांसिस के गीतों को गाया। नरेन ने उन्हें ईसाई संतों, पश्चिमी व्यवस्था के संस्थापकों के बारे में बताया। *भगवद् गीता* के साथ ही वे इमिटेशन और क्राइस्ट को हमेशा अपने साथ रखते थे। इसके बाद भी एक पल के लिए भी उनके मन में ईसा मसीह के साथ जुड़ने का ख़्याल नहीं आया। वे पूर्णतया और अडिग रूप से वेदांती अद्वैतवादी थे और वही बने रहे। लेकिन उन्होंने अपने धर्म में दुनिया के सभी धर्मों को शामिल किया। जॉर्डन का पानी उनकी गंगा में मिल गया।

रोमां रोलां लिखित *द लाइफ़ ऑफ़ विवेकानंद* की मेरी प्रति में, एक छोटी सी 'प्रकाशक की टिप्पणी' है जो ऊपर के अंश को आगे बढ़ाती है।

यह बात स्पष्ट रूप से समझ लेनी चाहिए कि उस गुरु (मतलब रामकृष्ण) के शिष्यों में ईसा मसीह को लेकर अगाध श्रद्धा थी, उनके लिए वह हमेशा ही

अनेक पैगंबरों और अवतारों में से एक थे, और कभी भी वह (मतलब ईसा मसीह) हिंदू अवतारों की तुलना में उनके विचार पर हावी नहीं होते।

यह स्पष्टीकरण विवेकानंद के लेखन में भी झलकता है। अपने एक संबोधन में, वह इस प्रश्न का उत्तर देने का प्रयास करते हैं कि ईसा मसीह फिर कब आएँगे? वह कहते हैं,

मैं इन बातों पर ज़्यादा ध्यान नहीं देता। मैं सिद्धांतों को देखता हूँ। मुझे बस यही उपदेश देना है कि भगवान बार-बार आएँगे, और भारत में वह कृष्ण, राम और बुद्ध के रूप में आए, और वह फिर से आएँगे। यह लगभग दिखाया जा सकता है कि प्रत्येक 500 वर्षों बाद यह संसार डूब जाता है, और एक ज़बरदस्त आध्यात्मिक लहर आती है, और उस लहर के ऊपर एक ईसा मसीह होता है।

एक अन्य संबोधन में, प्रश्न आता है-क्या ईसा मसीह और बुद्ध एक ही हैं? विवेकानंद उत्तर देते हैं :

यह सिर्फ़ मेरी कल्पना है कि वही बुद्ध ईसा मसीह बन गए। बुद्ध ने भविष्यवाणी की थी, "मैं 500 वर्षों बाद फिर से आऊँगा," और ईसा मसीह 500 वर्षों बाद यहाँ आए।

जोतो मोत, तोतो पोथ रामकृष्ण परमहंस ने कहा था। जितने भी मत हैं, उतने ही रास्ते (भगवान तक पहुँचने के) हैं। अद्वैत वेदांत यह शिक्षा देता है कि प्रत्येक आत्मा में दैवी शक्ति है और हर आत्मा में ब्रह्म है। हमें याद रखना चाहिए कि ऐसी सारी बातें उस दौरान की जाती हैं जिसे अब बंगाल पुनर्जागरण कहा जाता है, जो बंगाल में उदारवादी बुद्धि के फलने-फूलने का ऐतिहासिक समय था, जिसका प्रभाव शिक्षा से राजनीति तक, और कला से धर्म तक पर पड़ा। रामकृष्ण के अपने ही प्रयोग, चाहे वह रानी रसमणि के मंदिर के पुजारी की भूमिका अपनाने का हो या ईसाई धर्म की खोज करने का या फिर इस्लाम को समझने का, सभी रीति-रिवाजों और उन कर्म-कांडों पर कुठाराघात थे जो समाज को अंतहीन विपन्नता और सांस्कृतिक पतन के जाल में फँसाती दिख रही थीं। विवेकानंद एक बार फिर कहते हैं :

पिछले छह सौ या सात सौ वर्षों में आए पतन पर विचार कीजिए, जब सैकड़ों वयस्क बरसों से इस बात को लेकर चर्चा कर रहे थे कि हमें पानी दाहिने हाथ से लेकर पीना चाहिए या बाएँ हाथ से, हाथ तीन बार धोना चाहिए या

चार बार, हमें पाँच बार गरारा करना चाहिए या छह बार। आप उन लोगों से क्या उम्मीद कर सकते हैं जो अपना जीवन इस तरह के हल्के प्रश्नों पर चर्चा करने में और इन पर विद्वत्तापूर्ण दर्शनों को लिखने में बिता देते हैं! हमारे धर्म के किचन में जाने का ख़तरा पैदा हो गया है। हम में से अधिकांश न तो वेदांती हैं, ना ही पौराणिक या तांत्रिक। हम बस 'छूना मत' वाले हैं। हमारा धर्म रसोई में चला गया है। हमारा भगवान खाना पकाने का बरतन है, और हमारा धर्म है, 'मुझे मत छूना, मैं पवित्र हूँ।' यदि एक सदी तक ऐसा ही चलता रहा, तो हम सभी पागलख़ाने में होंगे।

चलिए, हम फिर से इस सवाल पर लौटते हैं-क्या आपने भगवान को देखा है? शायद यह वह प्रश्न नहीं है जिसका उत्तर विवेकानंद के समय का हिंदू कट्टरवाद देगा (या दे सकता था), ना ही इसके पूछने को अच्छा माना जाता। लेकिन यह पूछा गया और इसका जो उत्तर एक पूरी तरह से सनकी, जल्दी ही गुरु-शिष्य की बनने जा रही जोड़ी ने दिया वह आज हमारे लिए एक शानदार उदाहरण है। एक प्रकार से यह भारत में धार्मिक उपदेश की आधुनिकता के सबसे स्पष्ट उदाहरणों में से एक है। यह हमें बताता है कि भारत में धर्म पर चर्चा में हमेशा से ही प्रश्न करने और कल्पना करने की ज़बरदस्त छलाँग लगाने के साथ ही यह हम से यह पूछने की क्षमता रही है कि क्या आज हम इस प्रकार की प्रगति के साथ सामंजस्य बिठा सकते हैं?

तो फिर, क्या तुमने भगवान को देखा है का पल आधुनिकता की मुश्किलों से हम सबके एकजुट होकर निपटने का पल है। मुझे लगता है कि इसकी ओर पर्याप्त ध्यान शायद इस वजह से नहीं दिया गया है क्योंकि यह एक 'धार्मिक घटना' है और हमें यह सोचने की आदत पड़ गई है कि धर्म से जिसका भी संबंध होता है उस पर आधुनिकता की दलीलें लागू नहीं होती हैं। वास्तव में, यह जो क्या तुमने भगवान को देखा है पल पर आधुनिकता के साथ भारत की अपनी ही बातचीत के विश्लेषण में पूरी तरह से विचार नहीं किया गया है, उस पर हमें हैरान होना ही चाहिए। विवेकानंद ने अपना पूरा जीवन उसके विषय में ही उपदेश देने और भारत को समझाने में बिता दिया तथा उसके अतीत और भविष्य पर विचार किया, जिसे सिर्फ़ आध्यात्मिकता से देखा जाता है। इसके बावजूद उस सबक़ को कितना समझा या लागू किया गया है? शायद नहीं के बराबर। यह क्या तुमने भगवान को देखा है का पल भारत में, बंगाल में, ऐसे समय में आया जब अलग ही तरह का राजनीतिक बदलाव हो रहा था : मुस्लिम शासन लगभग समाप्त हो गया था और एक नया अधिपति भारत में अपने पैर पसार रहा था। अंग्रेज़, जो यहाँ व्यापारी के रूप में आए थे, और जिन्होंने साहित्य से लेकर गणित तक, भारत के कुछ सबसे बड़े ख़ज़ानों की दोबारा खोज में योगदान दिया, वे शुरुआती पकड़ बनाने लगे थे जो आगे चलकर भारत में ब्रिटिश राज या औपनिवेशिक शासन बन गया।

भारत के इतिहास में इस निर्णायक मोड़ को समझना ज़रूरी है, क्योंकि इसके बिना, यह काफ़ी हद तक संभव है कि विवेकानंद को पश्चिम की यात्रा करने और उसका दिल जीतने का अवसर या साधन नहीं मिलता। उदाहरण के लिए, अंग्रेज़ी भाषा को ही लीजिए, जिसका फर्राटेदार इस्तेमाल अमेरिका में विवेकानंद की सफलता के सबसे बड़े कारणों में से एक बन गया। अगर भारतीय तटों तक अंग्रेज़ी भाषा नहीं आती तो यह संन्यासी कहाँ होता? विवेकानंद ने पश्चिम में अपने विचारों का जितना प्रचार किया, और जिसके कारण दुनिया भर में उनके अनुयायी हो गए, उसका कारण यह था कि वे फर्राटेदार अंग्रेज़ी बोल और लिख सकते थे। और भारतीय विचारधारा में राय या विवेकानंद या फिर (रवींद्रनाथ) टैगोर के योगदान की चर्चा करते हुए, इस बात को अनदेखा करना सही नहीं होगा कि वह कद्दावर हस्तियों के कंधे पर टिका था।

बंगाल के पुनर्जागरण के दौरान, कुछ अंग्रेज़ थे जिन्होंने राय जैसे लोगों की सक्रियता के लिए सबसे पहले प्रेरणा उपलब्ध कराई। ऑक्सफ़ोर्ड से संबंध रखने वाले नथानियल हालहेड ने हिंदू विधि संहिता का अनुवाद फ़ारसी से अंग्रेज़ी में किया जिससे 'इन लोगों के बारे में स्पष्ट जानकारी मिल जाए जिन्हें पश्चिमी जगत में ग़लत तरीक़े से पेश किए जाने के कारण भारी क्षति हुई है।' डेविड हेयर, हेनरी कोलब्रुक, विलियम केरी, हेनरी डेरोजियो, जे.ई.डी. बेथुने, एनेट एकरायड और मेरी कारपेंटर जैसों ने दो महत्त्वपूर्ण काम किए - उन्होंने पश्चिमी जगत को भारत और उसके प्राचीन दार्शनिक, धार्मिक तथा वैज्ञानिक महानता के विषय में गहराई से समझाया, और पश्चिमी जगत वालों की ओर से स्थापित संस्थानों में पढ़ाई कर चुके या पश्चिमी देशों के लोगों के साथ काम कर चुके शिक्षित भारतीयों के बीच भारत की अपनी सभ्यता के मूल्यों की महानता पर गर्व करने की भावना जगाई। यह अंग्रेज़ चार्ल्स विलकिन्स ही थे, जिन्होंने *भगवद् गीता* के अपने अनुवाद में बताया कि '(भगवान) कृष्ण की शिक्षा के अनुसार वर्तमान समय के सबसे अधिक विद्वान ब्राह्मण' एक परमात्मा (या वे एकेश्वरवादी थे), ब्रह्म में विश्वास करते हैं। उन्होंने यह भी कहा कि हिंदुओं के संस्कार कई बार ईसाई धर्म से अलग नहीं लगते थे। उनकी रचना को महान प्राच्यवादी सर विलियम जोन्स ने बेहतर किया और बढ़ाया। वह भी ऑक्सफ़ोर्ड से जुड़े थे, जो अट्ठाइस भाषाओं को फर्राटे के साथ बोलते थे, और जो एशियाटिक सोसाइटी के पहले अध्यक्ष बने तथा इंडोलॉजी के नाम से एशियाई संस्कृति की एक शाखा की शुरुआत की।

जोन्स की श्रेष्ठ रचनाओं में महान भारतीय कवि कालिदास की एक सर्वोत्कृष्ट रचना, *अभिज्ञानशाकुंतलम* का अंग्रेज़ी में अनुवाद था। यह अनुवाद इस बात का दमदार उदाहरण है कि जोन्स जैसे प्राच्यवादियों का प्राचीन भारतीय ज्ञान में अभिरुचि पैदा करने में कितना बड़ा योगदान था। इसके प्रभाव से ही उस महाकाव्य का अनुवाद जर्मन में हुआ, जो कभी संभव नहीं होता यदि यह अंग्रेज़ी में उपलब्ध न होता। लेखक वोल्फ़गैंग

गोएटे ने जब इसे पढ़ा, तो जोश के साथ कहा, 'आत्मा प्रसन्न, अभिभूत, तृप्त और परिपूर्ण हुई।'

जोन्स ही थे जिन्होंने एशियाटिक सोसाइटी का सपना देखा था जो आज भी अस्तित्व में है, और उनके बौद्धिक उत्तराधिकारी हेनरी कोलब्रुक ने गणितज्ञ भास्कर (1114-85) और खगोलशास्त्री ब्रह्मगुप्त (598-670) की रचनाओं को पढ़ा और इस नतीजे पर पहुँचे कि भारतीयों को बीजगणित और अंकगणित का ज्ञान इन विषयों पर अरबों की ओर से की गई खोज से पहले से ही था।

इससे भी पहले के खगोलशास्त्री आर्यभट्ट (476-550) की रचना पर शोध के बाद कोलब्रुक इस नतीजे पर पहुँचे कि हिंदू बीजगणित यूनानी गणित से ज़्यादा संशोधित है। हालाँकि, कोलब्रुक का योगदान दुनिया को महज प्राचीन भारतीय बुद्धि की महानता बताने तक सीमित नहीं था। उनके लेखन में हमारे ग्रंथों की चर्चा है। उन्होंने साबित किया कि धर्म कहीं नहीं कहता कि सती होना ज़रूरी है। क्या यह ब्रह्म विचार है, जो हिंदू धर्म को भगवान के निराकार अद्वैत रूप में समझने के मूल विचार की ओर ले जाना चाहता है जो सारे पुरातनपंथी कर्मकांडों से मुक्त है, या रूढ़िवाद के ख़िलाफ़ संघर्ष, जिसमें सती से लड़ना शामिल है। इसमें कोई संदेह नहीं कि भारत में आधुनिक उदारवादी विचार के कुछ पहले संदर्भ अंग्रेज़ों के माध्यम से सामने आए जो न केवल भारत में उदारवादी दर्शन लेकर आए बल्कि भारतीयों की मदद उदारवाद की खोज अपनी ही विरासत में फिर से करने में की।

विवेकानंद ने जो काम प्रभावशाली ढंग से किया वह था औपनिवेशिक शासकों के साधनों का उनके ही विरुद्ध इस्तेमाल। उन्हें अंग्रेज़ी पढ़ाई गई ताकि वह ह्यूम और मिल को समझ सकें, लेकिन भाषा के ज्ञान का उपयोग उन्होंने न केवल अद्वैत वेदांत के विचारों के प्रचार के लिए बल्कि भारत के प्रति पश्चिम के रवैये को ओछा बताने के लिए भी किया, जिसमें धर्म प्रचार का उनका ग़लत तरीक़ा भी शामिल था। लेकिन उससे भी कहीं अधिक, मैं मानता हूँ कि विवेकानंद के भीतर दो अलग-अलग संसार के बीच सहज रूप से आने-जाने की क्षमता, देश में और विदेश में, एक साथ दो लड़ाइयाँ लड़ना उन्हें भारतीय इतिहास का एक अनोखा किरदार बनाता है। वह पूरी ताक़त के साथ सच बोलते थे। देश में हिंदू कट्टरपंथियों से और विदेश में ईसाई रूढ़िवादियों (कभी-कभी नस्लवादियों से)।

ऐसे पल भी आए जब आलोचना किए जाने पर उनके चेहरे पर मायूसी दिखी जिसके पीछे ज़्यादातर कट्टरपंथी और देश के कुछ अन्य लोग थे। इसके बावजूद वह शांत रहते थे। विदेश में लगातार ऐसी प्रतिभाओं को आकर्षित करने में जुटे रहते थे जो न केवल उनके मिशन के लिए धन दे सकें बल्कि उनके उद्देश्य के लिए अपना जीवन

भी समर्पित कर दें। एक प्रकार से, विवेकानंद पहले 'भारतीय गुरु' थे जिनके अनुयायी भारत से बाहर बने और जिन्होंने पश्चिम में हिंदू मत के सार का प्रचार किया। उनके बाद जितने भी गुरु पश्चिम गए – जिनमें महर्षि महेश योगी, योगानंद और ओशो से लेकर श्री श्री रवि शंकर और सद्गुरु जग्गी वासुदेव शामिल हैं, उन्हें विवेकानंद का आभार मानना चाहिए। आधुनिक भाषा और शब्दावली में बात करने के प्रति उनका ही समर्पण था, पश्चिम के शब्द विन्यास और अर्थ विज्ञान को समझने की उनकी क्षमता ने दुनिया भर में हिंदू विचार के लिए अनगिनत दरवाज़े खोल दिए।

मैं जब इस अध्याय को, असल में इस हिस्से को लिख रहा था, तब रोम के सिस्टिन चैपल की छत से मेरे दिमाग़ में एक छवि कौंधी – 'द क्रिएशन ऑफ़ एडम,' जो मेरा पसंदीदा भित्ति चित्र है। यह दिखाता है कि भगवान (स्वाभाविक रूप से, सफ़ेद दाढ़ी, घनी भौंह वाला व्यक्ति) अपनी अँगुली के स्पर्श से एडम (एक नग्न मांसल व्यक्ति) में जान डाल रहे हैं। इस भित्ति-चित्र को माइकल एंजेलो ने बनाया था। उन्हें यह ज़िम्मेदारी पोप जुलियस द्वितीय ने सौंपी थी। सिस्टिन चैपल की छत को रंगने में माइकल एंजेलो को लगभग चार साल लगे। उस चित्रकारी को देख कर आपको एक विचित्र गति महसूस होगी। आप जब उसे ग़ौर से देखेंगे तो महसूस होगा कि भगवान के हाथ में खिंचाव है, उनके कंधों पर इस प्रकार का तनाव है मानो वह अंतिम रेखा की तरफ़ लपक रहे हैं, जबकि एडम की मुद्रा किसी ऐसे व्यक्ति की तरह है जो जानता है कि जीवन उसके पास पहुँच रहा है, वह शिथिल होकर पीछे की तरफ़ झुका है और उसका हाथ बेपरवाही से बाहर निकला हुआ है। वह विचार, वह सताने वाला ईश-निंदा का विचार सिस्टिन चैपल से मेरे मन में आया था और वही अब मुझ तक ऐसी चमक के साथ आया जैसे लगा मानो माइकल एंजेलो यह दिखाना चाहता था, या शायद यह उस चित्रकार की अचेतन चमक थी जो बता रही थी कि भगवान को इंसान की ज़रूरत उससे भी कहीं अधिक है, जितनी ज़रूरत इंसान को भगवान की है। यदि आप एडम की तरह के इंसान हैं, तो आप और कहीं नहीं बल्कि भगवान की अँगुली के किनारे तक पहुँच सकते हैं।

आख़िर अचानक मुझे ऐसा विचार क्यों आया? शायद इस कारण क्योंकि मैं पढ़ रहा था कि रामकृष्ण से पहली मुलाक़ात के बाद नरेन को क्या हुआ। पहली बार रोते हुए पुजारी से वह युवक चिढ़ गया, यहाँ तक कि डर भी गया।

नरेंद्र चौंक गया। "क्या मैं यही देखने आया था?" उसने अपने आप से कहा। "वह (रामकृष्ण) ज़रूर महापागल होगा... मुझ से इस तरह बात करने की उसकी हिम्मत कैसे हुई?"

इसके बावजूद, वह उस रहस्यवादी से फिर से मिलने पहुँचे। अपनी पहली मुलाक़ात के लगभग एक महीने बाद वह जब दोबारा मिलने पहुँचे, तब अपने गुरु रामकृष्ण के छूते ही, नरेंद्र अभिभूत हो गए और कमरे की दीवारें और अपने आसपास की सारी चीज़ें उन्हें घूमती और ग़ायब होती दिखीं।

"यह आप मुझे क्या कर रहे हैं?" वह डर से चीख़ने लगे, "घर पर मेरे पिता और मेरी माँ मेरी राह देख रहे होंगे।" उन्हें अपना अहंकार और पूरा ब्रह्मांड किसी अनाम निर्वात के द्वारा लगभग निगला जाता दिखा। ठहाका लगाने के साथ ही उनके गुरु ने उन्हें फिर से पुरानी स्थिति में लौटा दिया। नरेंद्र को लगा जैसे उसे सम्मोहित कर लिया गया था, लेकिन वह समझ नहीं पा रहे थे कि एकोन्मादी उनके जैसे दृढ़ व्यक्ति को मोहित कैसे कर सकता है। वह घर लौटे तो एकदम भ्रम की स्थिति में थे, और यह ठान लिया था कि अब से इस विचित्र व्यक्ति के सामने चौकन्ना रहेंगे।

नरेन जब तीसरी बार रामकृष्ण से मिलने पहुँचे, तो यह पहले से भी अधिक बुरा अनुभव था। पुजारी के स्पर्श से ही, 'वह पूरी तरह से सुध-बुध खो बैठे।'

विवेकानंद और रामकृष्ण के बीच की शुरुआती बातचीत ने मुझे वह बात याद दिलाई जिसे मैंने *द क्रिएशन ऑफ़ एडम* से जोड़ा था। मैंने अपने आप से ही पूछा, किसे किसकी ज़रूरत ज़्यादा थी? रामकृष्ण को या विवेकानंद को? रामकृष्ण के बिना, विवेकानंद ज़्यादा से ज़्यादा एक विद्वान दार्शनिक, जीवनभर के लिए याचक बन गए होते। लेकिन विवेकानंद के बिना, रामकृष्ण का नाम, ख्याति और उनके कार्य पूरी दुनिया में कभी नहीं फैल पाते, ना ही वे किसी विचारधारा के रूप में, जीवन शैली के रूप में सामने नहीं आते जिसका प्रचार करोड़ों लोगों के बीच में किया गया जिन्होंने उसे अपनाया। रामकृष्ण ने जिसकी शुरुआत आत्मा की खोज के लिए की उसे विवेकानंद ने एक वैश्विक अभियान का रूप दे दिया। तो किसे किसकी ज़रूरत ज़्यादा पड़ी? मैं अब भी यही कहूँगा, जो शायद विपरीत टिप्पणी होगी कि संभवतः रामकृष्ण को विवेकानंद की ज़रूरत ज़्यादा थी। जैसा कि उन्होंने नरेन से कहा था, वह लंबे समय से उनकी प्रतीक्षा कर रहे थे।

यह प्रतीक्षा उस आवश्यकता के लिए एक रूपक थी कि संदेश का प्रसार हो, हृदयों और मनों को जीता जाए, दुनिया भर में वेदांत के अजर–अमर सिद्धांतों के प्रचार की नींव का निर्माण हो। इसलिए, क्या तुमने भगवान को देखा है का प्रश्न हमारे समय का वह अँगुली का स्पर्श, भगवान से मनुष्य में जीवन का प्रसार है। इस स्पर्श, इस प्रश्न ने भारतीय आध्यात्मिकता के इतिहास को एक बल और एक ऐसा प्रभावशाली

स्थान दिया जिसका इस्तेमाल यह आज भी कर रहा है और जिसे यह अच्छा मानता है। लेकिन इसने उससे भी कहीं अधिक किया। एकदम सही समय पर, ठीक उस समय जब दूसरी विदेशी ताक़त इस देश पर क़ब्ज़ा जमा रही थी, तब इन दो व्यक्तियों, विवेकानंद और रामकृष्ण ने भारतीयों, विशेष रूप से हिंदुओं को जिनके साथ उनके अनोखे संबंध थे, यह याद दिलाया कि वे वास्तव में कौन हैं।

एक मृतप्राय भारतीय समाज में, जो सदियों के मुस्लिम शासन के बाद निष्क्रिय और अस्त-व्यस्त हो चुका था, और फिर उनसे भी अधिक अपरिचित शासक के अधीन कष्ट झेल रहा था, इसने लोगों को इसकी एक सशक्त झलक दिखाई कि उनकी सभ्यता में क्या कुछ संभव है, और वास्तव में वे क्या बन सकते हैं।

विवेकानंद और रामकृष्ण के बीच हुई बातचीत को लेकर एक दिलचस्प कहानी अक्सर सुनाई जाती है। इसमें विवेकानंद को निर्विकल्प समाधि (ध्यान से प्राप्त होने वाला एक प्रकार का अनुभव जिसमें चेतना भौतिक शरीर से खुद को अलग कर लेती है) के आनंद का अनुभव होता है और वह अपने आध्यात्मिक गुरु से पूछते हैं कि वह उसी दशा में क्यों नहीं रह सके और क्यों भौतिक जगत में लौट आए जबकि इस आनंद की तलाश वह न जाने कब से कर रहे थे। इस पर उनके गुरु नाराज़ हो गए और यह कहते हुए डाँट लगाई कि क्या वह इतने स्वार्थी हैं। क्या उन्हें इतनी सी बात समझ नहीं आई कि जब उन्होंने चरम सत्य को जान लिया, तब उन्हें इस संसार में लौटना था? इस प्रकार, यहाँ भी रामकृष्ण और विवेकानंद ने एक नई खोज की, और यह बताया कि आधुनिक भारत में आध्यात्मिकता का लक्ष्य क्या होना चाहिए।

समर्थ रामदास, जो मराठा योद्धा और राजकुमार शिवाजी के गुरु थे, जिन्हें एक योद्धा और एक संन्यासी के साथ ही भारत में धर्म सुधारक के रूप में जाना जाता था, तथा आदि शंकराचार्य इसके शानदार उदाहरण हैं। लेकिन भारत के उस वैश्विक संत के बारे में क्या कहेंगे जो न केवल अपने देश के लोगों की सोच को बल्कि भगवान तथा स्वयं अपने जीवन के विषय में दुनिया की सोच को भी बदलने निकला? मेरा मानना है कि विवेकानंद और रामकृष्ण ने आधुनिकता की दिशा में जो क़दम बढ़ाया, उसने उनके बाद आने वाली महान हस्तियों का मार्ग प्रशस्त किया, जिनमें सबसे ऊँचा क़द रवींद्रनाथ टैगोर का था। एक के बाद दूसरे पन्ने तक, छंद के बाद दूसरे छंद तक, गीत के बाद दूसरे गीत तक, मुझे लगता है कि टैगोर ने विवेकानंद के आकर्षक सुर को ('उनकी आवाज़ 18वीं सदी के इतालवी वायलिन की तरह मधुर थी... गंभीर थी लेकिन हिंसक विरोधाभास नहीं था, हाँ, गहरा कंपन था जो सभागार और सुनने वालों का मन भर देता था। एक बार उनके श्रोताओं का ध्यान मग्न हो जाता था, तो वह उसे ऊँचे और सुनने वालों के हृदय को भेदने वाले पियानो की आवाज़ में भी मिला सकते थे... उनकी आवाज़ इतनी अच्छी थी, जिसमें किसी चीनी घंटी के समान उतार-चढ़ाव

हुआ करते थे।') संगीत दिया, जिसे रामकृष्ण के सरल, बाल-सुलभ मन ने सहज ही पहचान लिया था।

टैगोर ने अपनी कविता 'प्रकृतिर परिषद' में लिखा था, 'सीमा के बीच रहकर, आप जो असीम हैं, अपनी ही धुन बजाते हैं।' आगे चलकर उन्होंने इस कविता को लेकर कहा, यह 'भविष्य की मेरी सभी साहित्यिक रचनाओं का एक परिचय, या फिर ऐसा विषय रहा है जिसकी चर्चा मेरे सारे लेखों में है - सीमित से असीम को प्राप्त करने का आनंद।'

विवेकानंद और टैगोर, दोनों ही 'हाइम टु इंटेलेक्चुअल ब्यूटी' (बौद्धिक सौंदर्य का गीत) को पसंद करते थे -

किसी अदृश्य शक्ति की डरावनी छाया
अदृश्य रह कर हमारे बीच घूमती है, आती है
अजीब पंख लिए इस विचित्र संसार में
जैसे गर्मियों की हवा एक से दूसरे फूल तक सरसराती है
जैसे चीड़ से भरे किसी पर्वत के पीछे चाँदनी वर्षा करती है,
यह विचित्र दृष्टि लिए आती है
प्रत्येक मानवीय हृदय और मुखाकृति।
शाम के रंग और सामंजस्य को लिए,
जैसे तारों के प्रकाश के बीच दूर-दूर तक फैले बादल,
जैसे संगीत की स्मृति जाती रहती है,
जैसे इसकी कृपा जैसी होती है
प्रिय, और अपने रहस्यों के कारण और भी प्रिय।

सुंदरता की भावना, जो प्रतिष्ठित होती है
तुम्हारे अपने ही रंगों से तुम सभी चमकते हो
मानव विचार या रूप को लेकर, कहाँ तुम चले गए?
तुम क्यों गए और हमें इस दशा में छोड़ा,
आँसुओं की इस ख़ाली और निर्जन अंधेरी घाटी में?
पूछो कि कभी सूरज की रोशनी
पर्वतीय नदी के ऊपर इंद्रधनुष बुनती है,
वह जो कभी दिखा क्यों विफल और लुप्त हो जाता है,
क्यों भय और स्वप्न और मृत्यु और जन्म
इस धरती पर रोशनी में छा जाता है
इतने अंधकार में, क्यों मनुज में है इतनी क्षमता
प्रेम और घृणा, निराशा और आशा की?

किसी भी उत्कृष्ट संसार से किसी स्वर ने कभी
ऋषि या कवि को उत्तर दिया इनको :
इस कारण दैत्य, पिशाच और स्वर्ग के नाम,
निष्फल प्रयासों के लेख बनकर रह गए।
निष्प्रभावी मंत्र जिनके उच्चारण के
आकर्षण से मिला न कोई लाभ,
बस हम जो सुनते रहे और जो कुछ देखा,
शंका, अवसर और अस्थिरता।
पर्वतों से होकर गुज़रती धुँध के जैसा तुम्हारा अकेला प्रकाश,
या रात की हवा के साथ भेजा गया संगीत
किसी शांत वाद्य यंत्र के तारों से,
या आधी रात की धारा पर पड़ती चाँदनी,
जीवन के अशांत स्वप्न को देती सत्य और आशीष।

प्रेम, आशा, और आत्म-सम्मान, छँटते बादल जैसे
और आते हैं, अनजाने कुछ पलों में।
मनुष्य अमर और सर्वशक्तिमान से,
क्या तुम उतने ही भयानक और अनजान हो जैसे कि तुम हो,
उसके हृदय में अपनी गौरवशाली और अटल शिक्षा भर दो।
सहानुभूति के संदेशवाहक आप,
प्रेमियों की आँखों का वह उतार-चढ़ाव
तुम ही हो, जो मनुष्य के विचार के पोषक हो,
जैसे किसी बुझते दिये के लिए होता है अंधेरा!
न जाओ ऐसे जैसे तुम्हारी परछाई आई थी,
न जाओ-कहीं क़ब्र भी न हो जाए,
जीवन और भय के समान, एक काला सच।

बालक ही था मैं तब से ढूँढ़ा प्रेतों को, और भागा
अनगिनत सुनती गुफाओं, कंदराओं और खंडहरों से होकर,
और तारों से जगमग जंगलों से,
जब क़दमों की आहट से था भयभीत
दिवंगत आत्मा से बात करने की आस लिए।
मैंने उन विषैले नामों को पुकारा जिसे भरा जाता है
हमारे युवाओं के मन में।
ना मैंने सुना, ना उन्हें देखा,

जब गहराई से सुन रहा था संगीत

जीवन का, उस मधुर काल में जब हवाएँ करती हैं आकर्षित

सारे अहम तत्व जो लाने के लिए जागते हैं

चिड़ियों की ख़बरें और फूलों के खिलने की,

अचानक, तुम्हारी परछाईं मेरे ऊपर पड़ी,

मैं चीख़ा और अपने हाथों को पकड़ा परमानंद में!

मैंने प्रण किया कि मैं समर्पित करूँगा अपनी शक्तियाँ

आपको और आपके लिए : क्या नहीं निभाया मैंने अपना प्रण?

धड़कते दिल और बहती आँखों के साथ, अब भी

मैं हज़ारों घंटों के लिए प्रेतों का आह्वान कहता हूँ

प्रत्येक को उनके मूक क़ब्र से : उन्हें दिखता है वह कुंज

अध्ययनशील उत्साह या प्रेम के आनंद की

ईर्ष्या की उस रात मेरे साथ लुप्त होता दिखा :

वे जानते हैं कभी खुशी की चमक मेरे माथे पर नहीं पड़ी

नहीं बंधी थी उम्मीद की आप मुक्त करेंगे

इस संसार को इसकी स्याह दासता से,

यह कि तू, ओ भयंकर प्रेम,

देगा सबकुछ जिसे शब्द नहीं कर पाते अभिव्यक्त।

दिन और भी गंभीर तथा शांत हो जाता है

जब दोपहर बीत जाती है, शांति छा जाती है

शरद में, और आकाश में एक चमक,

जो गर्मियों न सुनी ना देखी,

मानो वह हो ही नहीं सकती, मानो कभी थी ही नहीं!

तब अपनी शक्ति को, जो सत्य के समान है

प्रकृति की मेरे शांत यौवन पर

आने दो, मेरे आगे की जीवन की पूर्ति के लिए

इसकी शांति तक, उस तक जो तुम्हारी पूजा करता है,

और हर रूप में जिसमें तुम हो,

जिसे, आत्मा के खेल में, तुम्हारे मंत्र ने बाँध दिया

उसे भयभीत करने, और सारी मानवता से प्रेम करने के लिए।

मैंने यहाँ पर्सी बिस्शे शेली की पूरी कविता को रख दिया है ताकि हम इसकी तुलना अन्य तीन कविताओं से कर सकें। पहले, विवेकानंद की तीन कविताएँ :

'चौथी जुलाई तक'

देखो, काले बादलों को छँटते हुए,
जो आधी रात को मँडराने लगे, और छाए रहे
पृथ्वी के ऊपर उदास पल की तरह!
तुम्हारे जादुई स्पर्श से पहले, यह संसार
जागता है। कोरस में पंछी गाते हैं।
फूल सितारों के जैसे अपने ताज को उठाते हैं।
जमती ओस, और हवाएँ करती तुम्हारी अगवानी।
प्रेम से झील बाँहें फैलाती है
उनके लाखों कमल–नयन
अपनी सारी गहराई से, करते हैं तुम्हारा स्वागत।
सब करते हैं तुम्हारी जय–जयकार, हे प्रकाश के स्वामी!
आज तुम्हारे लिए यह स्वागत नया,
हे सूर्य! आज तुमने स्वतंत्रता को दी है छाँव!
याद आया तुम्हें कैसे विश्व प्रतीक्षा करता रहा,
और ढूँढ़ता रहा तुम्हें, समय और देश के बीच।
कुछ ने दोस्तों के प्रेम में घर को छोड़ा,
और तुम्हारी तलाश में चले, स्वयं को निर्वासित कर,
सुनसान महासागरों से, आदिम जंगलों से,
हर क़दम जीवन या मृत्यु के लिए उनका संघर्ष।
फिर आया वह दिन जब मेहनत फलीभूत हुई,
और प्रार्थना, प्रेम, व त्याग,
संतुष्ट, स्वीकार्य और संपूर्ण।
फिर हे बलशाली, तुम ने उठ कर डाला
मानवता पर स्वतंत्रता का प्रकाश।
आगे बढ़े, हे प्रभु, अपने निर्बाध पथ पर!
जब तुम्हारी भरी दोपहरी संसार पर छा जाती है।
जब हर देश से तुम्हारे प्रकाश की झलक मिलती है,
जब पुरुष और स्त्री, सिर उठाकर,
अपनी बेड़ियों को टूटते देखते हैं, और
जानते हैं, प्रसन्नता के बीच, नवीनीकृत हुआ
उनका जीवन!

विवेकानंद की एक और लघु कविता है जिसका नाम है 'लाइट' :

मैं पीछे और आगे देखता हूँ
और पाता हूँ कि सबकुछ सही है,
मेरे गहनतम दुखों में
प्रकाश की एक आत्मा है।

और अंत में, विवेकानंद का अपना 'द हाइम ऑफ़ क्रिएशन' (सृजन का गीत) :

रूप, नाम, और रंगविहीन एक पिंड,
कालातीत, भूत और भविष्य काल रहित,
अनवधि, मौन, असीम, सब से रहित –
जहाँ निषेध की वाणी भी मूक रहती है। ('नेति, नेति,'
'यह नहीं, यह नहीं।' ब्रह्म को किसी सकारात्मक तरीक़े से नहीं बताया जा
सकता है।)

उस समय से ही, बह रही धरती पर कारण की नदी,
उज्ज्वल इच्छाओं का रूप लिए,
हाँफते जल क्रोध से गर्जना करते
'मैं हूँ,' 'मैं हूँ' की निरंतर गर्जना।

असीम इच्छाओं के उस सागर में,
प्रकट होती हैं अनगिनत, असीम चमकती लहरें,
ओह, शक्ति का यह कैसे रूप है,
कैसे मिलते हैं असंख्य रूप, कैसा विश्राम,
कितनी गतिविधियाँ, किसे है अनुमान?

करोड़ों चाँद, करोड़ों सूर्य,
उसी सागर में लेते हैं जन्म,
अशांत कोलाहल के साथ दौड़ते,
पूरे व्योम में व्याप्त विस्तार, डुबोते
उन बिंदुओं को स्वर्ग के चमकदार प्रकाश में।

इसमें उगते और बसते जिनका होता आरंभ,
क्षण भर का जीवन, सुस्त और निर्जीव - असंख्य,
और सुख-दुख, रोग, जन्म, और मृत्यु!
सच में, सूर्य वह है, उसकी हैं किरणें,
नहीं, सूर्य वही है, और वही किरण है।

अब इसकी तुलना टैगोर की एक कविता के शब्दों से कीजिए जिसे हम बचपन में गाया करते थे। यह ऐसा गीत है जिसे टैगोर अपनी प्रार्थना मानते थे। 'आनंदलोके मंगललोके' (आनंद और पवित्रता का स्थान) :

आनंद और पवित्रता के उस स्थान में सुंदर सत्य का वास है
तुम्हारा गौरव विशाल व्योम में चमकता है
ब्रह्मांड तुम्हारे चरणों को अलंकृत करता है।
सितारे और ग्रह, चाँद और सूर्य आनंद से बाहर भागते हैं
उस बहती कृपा को पीने उसमें गोते लगाने को, असीम रूप से
धरती पर फ़व्वारों को उन्मुक्त करते। मोहक सौंदर्य सर्वत्र
पत्तीदार, सुगंधित पुष्पित मंगल कामना के गीतों से करते अभिनंदन।
दिन-रात बहता जीवन, एकदम नई धाराओं में
जीवन में, मृत्यु में, आपके अथक आशीष से सम्मानित।
स्नेह, प्रेम, दया और समर्पण से कोमल होता हृदय
सहानुभूति की वर्षा से, दूर होता संकट का ताप,
महान उत्सव में संसार करता स्वागत आपका
समृद्धि में, गहन साधना और पूर्ण समर्पण में।

एक के बाद एक तीन व्यक्तियों की लिखी इन कविताओं को पढ़िए और यह समझना आसान हो जाएगा कि क्यों विवेकानंद और टैगोर शैली से प्रभावित थे, और क्यों 'सार्वभौमिक गीत की अपनी खोज में रवींद्रनाथ एक वेदांतवादी थे। विवेकानंद की तरह ही, वह अनेक में एक की खोज कर रहे थे।' बेशक, अनेक में एक रामकृष्ण के *जोतो मोत, तोतो पोथ* का मूल विषय है, क्योंकि भगवान तक जाने के जितने मत हैं उतने पथ हो सकते हैं, यदि भगवान स्वयं एक सत्य की तरह नहीं रह सके?

टैगोर ने एक बार अपने एक दोस्त से कहा था,

यह विचित्र है कि मुझे उतनी कम उम्र में भी यह बात पता थी, जो उम्र बढ़ने के साथ-साथ बढ़ती चली गई, और मैंने सीमित में असीम का अनुभव

किया। मैंने सीमित को नष्ट नहीं किया जैसा कि कुछ भारतीय तत्वमीमांसावादी करते हैं।

क्या टैगोर रहस्यवादी थे? 1913 में जिस काव्य रचना *गीतांजलि* (1912) के लिए उन्हें साहित्य का नोबेल पुरस्कार मिला, उसे पढ़ने वाले अनेक लोगों को लगता है कि इसकी कई पंक्तियों को तब तक नहीं लिखा जा सकता जब तक कि किसी में गहरा अंतर्ज्ञान, महज कलात्मक पूर्णता की खोज की बजाए अधिक गुंजायमान सत्य न हो।

स्वयं टैगोर ने अपने जीवन की एक रहस्यमय घटना का वर्णन किया है। वह अपने बरामदे में खड़े होकर पेड़ों के ऊपर से सूरज को उगता देख रहे थे तब –

अचानक ही मेरी आँखों से एक पर्दा हटा दिखा और मैंने देखा कि पूरा विश्व एक अद्भुत रोशनी में नहाया हुआ था। इस चमक ने पल भर में उस उदासी और निराशा को भेद दिया जो मेरे हृदय में इकट्ठा हो गई थी... और उसमें इस सार्वभौमिक रोशनी को भर दिया।

विवेकानंद से लेकर टैगोर तक, विचार की एक प्रत्यक्ष मंद धारा प्रवाहित होती है – जो स्थिर और सशक्त है लेकिन कभी प्रचंड नहीं होती। वे जानते थे, या यह जान लिया था कि मनुष्य के अस्तित्व का सार क्या है, और उनकी कविता तथा उनके संगीत में विश्वास इस संसार को समग्र रूप से समझ लेने के कारण ही आया था। वेदांत समान आधार है, यह विचार कि असीम को सही रूप में केवल अपने भीतर झाँकने, सीमित की गहराई में जाकर और स्वयं के आकलन से ही ढूँढ़ा और समझा जा सकता है। इन लोगों के विषय में जो बात सबसे महत्त्वपूर्ण है वह यह कि वे एक प्रकार से भारत के पहले सच्चे अंतर्राष्ट्रीय दार्शनिक थे। टैगोर और विवेकानंद, दोनों में ही भारत, विशेष रूप से उनके अपने बंगाल की धरती और संस्कृति से गहरा जुड़ाव और लगाव था। लेकिन अपनी गहरी जड़ों के बावजूद, उनकी ईश्वर मीमांसा, उनका दर्शन महज भौगोलिक सीमा के दायरे में बँधा नहीं था।

इसका अर्थ यह नहीं कि रवींद्रनाथ और विवेकानंद का तरीक़ा एक ही था। वैसे भी, उनमें से एक संन्यासी था जिसने पारिवारिक जीवन का त्याग कर दिया था, जबकि दूसरा गृहस्थ था, जो एक प्रेम करने वाला पिता और देखभाल करने वाला पति था।

विवेकानंद लोगों से प्रेम करते थे और उनके साथ मिलकर काम करते थे। वह कभी काल्पनिक सपनों से प्रभावित नहीं हुए। उनके विचार व्यावहारिक थे। रवींद्रनाथ के विचार काफ़ी हद तक काल्पनिक थे... लेकिन उनके

मानवतावाद की दो विशेषताएँ समान हैं। दोनों ने भावनात्मक पक्ष से प्रेरणा ली और दोनों ने ही मानवतावादी कार्यों को भगवान की सेवा के समान माना।

विवेकानंद से भी पहले, केशव चंद्र सेन, राममोहन राय और रवींद्रनाथ के पिता, देवेंद्रनाथ ने अपने चारों ओर हिंदू धर्म की जो अराजकता देखी उसके बीच थोड़ी व्यवस्था बनाने का प्रयास किया था। वास्तव में, वे विवेकानंद में प्रश्न करने के मूल्य को भरने का श्रेय ले सकते हैं। उदाहरण के लिए, सबसे पहले बात करें, तो नरेंद्र ने सोचा था कि 'मनुष्य को उसके सर्जक समान मानना भगवान की निंदा करने के समान है।' ऐसा कहा जाता है कि उन्होंने जब रामकृष्ण को जानना शुरू किया तब अपने एक दोस्त से कहा था,

क्या मूर्खता है! यह जग भगवान है! यह प्याला भगवान है! हम जो कुछ देखते वह भगवान है! और हम भी भगवान हैं! इससे बड़ी बेवकूफ़ी नहीं हो सकती है।

इसके तुरंत बाद वह रामकृष्ण से मिले जिन्होंने नरेन को हौले से छुआ और –

मंत्र का ऐसा असर हुआ कि उन्होंने तुरंत यह जान लिया कि इस संसार में सबकुछ वास्तव में भगवान है। उनके आसपास एक नई दुनिया दिखने लगी। मदहोशी की दशा में घर लौटने पर, उन्होंने पाया कि भोजन, उसे खाने वाला, उसके आसपास के लोग सब भगवान थे। वह जब सड़क पर चल रहे थे, तब उन्हें सारी गाड़ियाँ, सारे घोड़े, लोगों की भीड़, इमारतें सबकुछ ब्रह्म दिख रही थीं। उस दिन वह कोई काम नहीं कर सके। उनके माता-पिता चिंतित हो गए और उन्हें लगा कि वह बीमार हैं। और जब इस अनुभव की तीव्रता थोड़ी कम हुई, तब उन्होंने संसार को किसी सपने के जैसा देखा। चौराहों पर चलते समय, वह अपना सिर लोहे की रेलिंग से टकराकर यह देखते थे कि वे वास्तविक हैं या नहीं। उन्हें अपनी सामान्य स्थिति में आने में कई दिन लग गए। उन्हें अपने आने वाले बहुत बड़े अनुभव का पहले ही संकेत मिल गया था और वह महसूस कर चुके थे कि वेदांत के शब्द सच्चे थे।

रामकृष्ण से हुई मुलाक़ात ने विवेकानंद का जीवन इस प्रकार बदल दिया जिसकी कल्पना भी नहीं की जा सकती है। इसने उन्हें ऐसा बना दिया जैसा कि वर्ड्सवर्थ ने लिखा था,

प्रार्थना और प्रशंसा का अपूर्ण स्थान,
  उनका मन उस शक्ति का आभारी था
   जिसने उन्हें बनाया। यह कृपा और प्रेम था!

लेकिन इस पुस्तक का तर्क यह है कि इसने विवेकानंद और रामकृष्ण के जीवन को परिवर्तित करने से भी कहीं अधिक किया। उदाहरण के लिए, उनकी बातचीत ने बंगाल पुनर्जागरण को पूरा किया। उनके बिना, वह आंदोलन महज संस्कृति का पुष्पित होना था जिसमें रवींद्रनाथ टैगोर के दादा, द्वारकानाथ टैगोर और राममोहन राय (दोनों ही शुरुआत में ब्रह्म समाज की प्रमुख हस्तियाँ थे) जैसे लोगों के प्रयास शामिल थे। उनके साथ, यह पुनर्जागरण समाज के सबसे महत्त्वपूर्ण क्षेत्रों में से एक में वह वज़न लेकर आया जहाँ सुधार और पुनर्जागरण, दोनों की ही नितांत आवश्यकता थी। यह क्षेत्र था धर्म का, विशेष रूप से हिंदू धर्म।

मैं कभी-कभी सोचता हूँ कि हम रामकृष्ण परमहंस और विवेकानंद को इस बात का पर्याप्त श्रेय नहीं देते कि वे हिंदू धर्म को बीसवीं सदी में लेकर आए - जो इतना आसान बदलाव नहीं था, और कभी-कभी उन्होंने इसे आधुनिकता की ओर खींचा और चीख़-चीख़ कर उसे धक्का भी लगाया। विवेकानंद और रामकृष्ण जब परिदृश्य में आए, तब हिंदू धर्म का गौरवशाली अतीत उसके जीर्ण वर्तमान में डूब चुका था।

विवेकानंद जब तक गए, जब उनकी मृत्यु उनचालीस वर्ष की आयु में हुई, और जिन्होंने कम उम्र में उस अंतिम 'सुंदर' वस्तु को प्राप्त किया, तब तक हिंदू धर्म और भारतीय होने को लेकर एक नया जोश आ चुका था। यह सच है कि तुरंत कुछ भी नहीं बदला, लेकिन उन्होंने एक बहुत शक्तिशाली बीज बोया था, और उनका प्रभाव चारों ओर फैला, जिसके अंतर्गत ब्रिटिश राज के विरुद्ध चलाए गए राष्ट्रवादी आंदोलन से लेकर दुनिया भर में हिंदू संस्कृति की समझ और उसकी सराहना शामिल थी।

रामकृष्ण मिशन की स्थापना से, विवेकानंद ने एक नए प्रकार के हिंदुत्त्व की रचना की जिसमें विश्व को देखने के उसके नज़रिए में महानगरीय बहुलवाद की भावना थी। उस युग में, सबसे पहले उन्होंने ही भारतीय और हिंदू होने पर आश्चर्य और गौरव की भावना को जगाया। क्या इन दो पहचानों को लेकर उनके दिमाग़ में दो-दो विचार चल रहे थे? काफ़ी हद तक संभव है, लेकिन यह याद रखना महत्त्वपूर्ण है कि विवेकानंद हिंदू शब्द को संकीर्ण धार्मिक पहचान के रूप में नहीं देखते थे। उनके अद्वैत वेदांत के सिद्धांतों ने उन्हें सिखाया था कि प्रत्येक आत्मा (केवल हिंदू ही नहीं) दैवी शक्ति से संपन्न है। यदि कोई उनकी शिक्षा को स्वीकार करना चाहता था, चाहे वह किसी भी धर्म का हो, तो विवेकानंद अपनी बुद्धि और अपना ज्ञान देने के लिए तैयार थे।

उन्होंने भारत के इतिहास का अब तक का सबसे महत्त्वपूर्ण प्रश्न पूछा था और पूछने वाला उनका रवैया आज भी हमारे लिए एक दैनिक चुनौती है। यही वह प्रश्न भी था जिसने उनके बाक़ी के जीवन को निर्धारित किया।

इससे पहले कि हम इस अध्याय को समाप्त करें, विवेकानंद की एक कविता को यहाँ रखना आवश्यक है जो उनकी उस कथन की भावना को प्रतिध्वनित करता है जो काफ़ी लोकप्रिय है और जिसे बार-बार उद्धृत किया जाता है 'उठो, जागो और तब तक न रुको जब तक लक्ष्य हासिल न हो जाए।' यह 'जाग्रत' रहने का विचार विवेकानंद के कार्य और उनकी शिक्षा में समाहित है। यह विचार कि समाज, विशेष रूप से भारतीय समाज एक गहन आलस्यपूर्ण निद्रा में है।

एक बार फिर जागो!
क्योंकि यह निद्रा थी, मृत्यु नहीं, तुम जी उठो
नए रूप में, और कमल-नयनों पर सब छोड़ दो
जिनमें अब भी साहस है। हे परम सत्य, यह संसार प्रतीक्षारत है!
मृत्यु नहीं हुई तुम्हारी!
फिर से बढ़ो आगे,
उन कोमल पैरों से जो नहीं तोड़ते
राह किनारे धूल के उस शांतिपूर्ण विश्राम को भी
जो इतना नीचे पड़ा है। फिर भी सशक्त और स्थिर,
कृपापूर्ण, साहसी और मुक्त। जगाने वाला, सदैव
आगे बढ़कर! आलोड़ित करने वाले अपने शब्दों को बोलो।
तुम्हारा आश्रय छिन चुका है,
जहाँ प्रेमपूर्ण हृदयों ने तुम्हें पाला-पोसा था और
खुश होकर तुम्हें बड़ा होते देखा था। लेकिन भाग्य है बलवान –
यही है नियम-सब स्रोत की ओर लौट आते हैं
फिर पैदा होते हैं, नई शक्ति के साथ।
फिर नई शुरुआत
तुम्हारे जन्म की भूमि से, जहाँ विशाल बादल मँडराए
हिम ने दिया आशीष और भरा बल तुममें,
कि दिखाओ चमत्कार नए। स्वर्ग के समान
नदी तुम्हारे स्वर में अपने ही अमर गीत घोलती,
देवदार की छाँह देती शाश्वत शांति।
और ऊपर सब,
हिमाला की पुत्री उमा, कोमल, निर्मल,

माता जो सब में रहती शक्ति बनकर

और जीवन, जो सारे कर्म करता और

बनाता एक संसार, जिसकी दया से

धुलते सत्य के द्वार और दिखता

परमात्मा, जो देता है तुम्हें

असीम शक्ति, जो है असीम प्रेम।

वे तुम सभी को देते आशीष,

महान ऋषि, जिन्हें न तो युग न देश

अपना बतला सकते, जाति के जनक

जिन्हें सत्य का हृदय देता अनुभूति समान,

और अच्छे बुरे वचन बोलने वालों को दी निर्भीक शिक्षा

उनके सेवक, तुम्हें मिला

यह रहस्य – कुछ नहीं यह सिर्फ़ एक है।

तो फिर बोलो, हे प्रिय!

अपने तुम्हारा कोमल शांत स्वर में, देखो कैसे

सपनों की परतों में दृष्टि है घुलती

निर्वात में जाती, जब तक सत्य और बस सत्य

अपने ही ऐश्वर्य से रह जाता है चमकता –

और दुनिया से है कहता –

उठो, जागो, और अब न देखो और सपने!

यह सपनों का देश है, जहाँ कर्म

हमारे विचारों से बिना धागों के बुनता है हार

पुष्पों के मधुर या विषाक्त, और किसी में नहीं

जड़ या तना, शून्य में जन्मे, जिसे

सत्य की सबसे कोमल साँस पीछे धकेलती

प्रारंभिक शून्यता तक। वीर बनो, और सामना करो

सत्य का! उससे हो जाओ एक! दृष्टि को दो विराम,

अन्यथा, सपने देखो तो देखो सत्य के सपने,

जो हैं शाश्वत और सेवा से मुक्त।

शक्तिशाली रहस्यवाद के अलावा, रामकृष्ण परमहंस से विवेकानंद की मुलाक़ात में कुछ बात है जिसमें कविता अभिन्न रूप से जुड़ी है, और उस पुजारी से उनके प्रश्न की गूँज आज भी सुनाई देती है। मुझे लगता है कि यह प्रश्न सीधे तौर पर हमें नासदीय सूक्त की पंक्तियों से जोड़ता है :

कोई नहीं जानता कहाँ से सृष्टि उत्पन्न हुई
और उसने इसकी रचना की है या नहीं,
वह जो सर्वोच्च स्वर्ग से इसे देखता है,
वही जानता है, या संयोग से वह भी नहीं जानता।

तो फिर हमारी सामूहिक चेतना के प्रति विवेकानंद और रामकृष्ण का सबसे बड़ा योगदान उनकी शिक्षा है कि सबसे गहन, सबसे असहज, सबसे सीधे प्रश्न करने से ही हम व्यक्तियों के और समाज के रूप में आगे बढ़ सकते हैं। एक ऐसे समाज में जिसने अक्सर यह महसूस किया, और कुछ मायने में आज भी दबाए गए प्रश्नों और अनकहे उत्तरों से घुटन महसूस करता है, यह सबसे गहन सबक़ों में से एक है जिसकी शिक्षा विवेकानंद और रामकृष्ण हमें देते हैं। प्रश्न करने की परंपरा, वाद-विवाद की आवश्यकता, मन की अंदरूनी ईमानदार शक्ति के उपयोग से किसी 'सत्य' को ख़ारिज करना जिसे स्वीकार करने संभव नहीं – यह सभी विवेकानंद-रामकृष्ण की बातचीत की देन हैं।

यहाँ एक उदाहरण सही रहेगा। चलिए 21 अप्रैल, 1886 में चलते हैं, जब बात रामकृष्ण की मृत्यु के चंद महीने पहले की है। रामकृष्ण के जीवन की प्रमुख घटनाएँ जिस *द गॉस्पेल ऑफ़ श्री रामकृष्ण परमहंस* (श्री रामकृष्ण परमहंस के सिद्धांत) में विस्तार से दर्ज हैं, उन्हें लिखने वाले महेंद्रनाथ गुप्ता के साथ बातचीत में, विवेकानंद कहते हैं,

"भगवान जैसा कुछ नहीं होता।"

एम (डायरी में महेंद्रनाथ गुप्ता के लिए हमेशा 'एम' लिखा गया है) : "आप अभी भले ही यह कह रहे हैं, लेकिन आगे जाकर आप कुछ और कहेंगे। भगवान को जानने के पथ पर संशयवाद का एक पड़ाव आता है। किसी को भी इन पड़ावों को पार करना पड़ता है और काफ़ी आगे जाना होता है। तभी कोई भी भगवान को देख सकता है। यही बात गुरुजी (रामकृष्ण) कहते हैं।"

विवेकानंद : "क्या किसी ने भगवान को वैसे ही देखा है जैसे मैं उस पेड़ को देख रहा हूँ?"

एम : "हाँ, हमारे गुरु ने भगवान को वैसे ही देखा है।"

विवेकानंद : "यह उनका मतिभ्रम हो सकता है।"

एम : "कोई भी व्यक्ति जिस विशेष दशा में किसी का अनुभव करता है वह उस दशा में उसके लिए वास्तविक होता है। मान लो तुम स्वप्न देख रहे हो कि तुम किसी फुलवारी में गए हो। जब तक वह सपना चलता है, तब तक

वह फुलवारी तुम्हारे लिए वास्तविक है। लेकिन जब तुम्हारा दिमाग़ बदलता है, मतलब जब तुम जागते हो, तब तुम उसे झूठा मानते हो। तुम्हारा मन जब उस दशा में जाएगा जब किसी को भगवान दिखाई देते हैं, तब तुम जान लोगे कि भगवान सच में हैं।”

विवेकानंद : “मैं सच जानना चाहता हूँ। उसी दिन श्री रामकृष्ण से ही मेरा बहुत लंबा वाद-विवाद हुआ था।”

एम (मुस्कराते हुए) : “क्या हुआ था?”

विवेकानंद : “उन्होंने मुझसे कहा कि कुछ लोग मुझे भगवान कहते हैं।”

मैंने उत्तर दिया, ‘हज़ारों लोगों को कहने दीजिए कि आप भगवान हैं, लेकिन मैं आपको तब तक भगवान नहीं कहूँगा जब तक मैं जान न लूँ कि यह सच है।’ उन्होंने कहा, ‘जो कुछ भी कई लोग कहते हैं वह सच ही होता है। यही धर्म है।’ इस पर मैंने कहा, ‘दूसरों को किसी चीज़ को सत्य कहने दीजिए, लेकिन जब तक मैं स्वयं सच को जान न लूँ मैं उनकी बात बिलकुल नहीं सुनूँगा।’

एम (मुस्कराते हुए) : “तुम्हारा रवैया पश्चिमी वैज्ञानिकों - कॉपरनिकस और बर्कले जैसा है। पूरी दुनिया ने कहा कि सूरज घूमता है, लेकिन कॉपरनिकस ने उन्हें नहीं माना। हर किसी ने कहा कि बाहरी संसार वास्तविक है, लेकिन बर्कले ने उनकी बात नहीं सुनी। इस कारण लुईस कहते हैं कि बर्कले दार्शनिक कॉपरनिकस क्यों नहीं था?”

विवेकानंद : “क्या आप मुझे दर्शन का इतिहास बता सकते हैं?”

एम : “किसका? लुईस का?”

विवेकानंद : “नहीं, उबरवेग। मुझे किसी जर्मन लेखक को पढ़ना ही होगा।”

एम : “तुमने अभी कहा था, ‘क्या किसी ने भगवान को वैसे देखा है जैसे मैं उस पेड़ को देख रहा हूँ?’ मान लो भगवान तुम्हारे पास किसी मनुष्य के रूप में आते हैं और कहते हैं, ‘मैं भगवान हूँ।’ तब तुम मान लोगे? तुम्हें लजारस की कहानी तो याद ही होगी। अपनी मौत के बाद, लजारस ने अब्राहम से कहा था,

‘मुझे धरती पर वापस जाने दो। मैं अपने दोस्तों और रिश्तेदारों को बताऊँगा कि इस जीवन के बाद नर्क होता है।’ अब्राहम ने कहा : ‘तुम्हें लगता है वे तुम्हारी बात मान लेंगे? वे कहेंगे एक कपटी है जो उन्हें ऐसी बातें बता रहा है।’ गुरुजी कहते हैं कि भगवान को तर्क से नहीं जाना जा सकता है। केवल विश्वास से ही किसी को सबकुछ मिलता है - ज्ञान और परम-ज्ञान। केवल

विश्वास से ही कोई भगवान को देख पाता है और परमात्मा के साथ उसका गहरा संबंध बन जाता है।"

अपने आध्यात्मिक गुरु की मृत्यु से पहले विवेकानंद की यह जो बातचीत हुई थी, उसके विषय में मुझे एक बात दिलचस्प लगती है कि जिस व्यक्ति में उन्होंने भगवान को देखा, और जिसके संदेश का प्रचार-प्रसार दुनिया में उन्होंने जीवन भर किया, उनके बारे में विवेकानंद अपनी शंका, अपने संशय को कितनी सहजता से व्यक्त कर रहे हैं। यह तभी संभव होता है कि जब प्रश्न इतने गहरे और निर्बाध हों तो उत्तर ऐसे मिलते हैं जो पूर्ण होते हैं और इतिहास की दिशा तय करते हैं।

4

भ्रमण-लालसा

एक साक्षात्कार में भारतीय आध्यात्मिक गुरु सद्‌गुरु जग्गी वासुदेव से पूछा गया था–गुरु की ज़रूरत क्यों पड़ती है? इस पर सद्‌गुरु हँसने लगे और बोले कि अगर आप किसी इलेक्ट्रॉनिक उपकरण से मिलने वाले निर्देशों पर भरोसा कर लेते हैं (और कार चलाते हैं, तथा अपने जीवन को ख़तरे में डालते हैं) तो किसी इंसान से निर्देश क्यों नहीं ले सकते? आख़िरकार, ये जीपीएस क्या है? गुरु पॉजीशनिंग सिस्टम!

यह कहकर वे हँसने लगे और साथ में श्रोता भी हँसने लगे।

जब मैंने ये बात सुनी तो इससे कुछ अलग लेकिन इसी से जुड़ा हुआ विचार मेरे मन में आया। एक तरह से सारा आध्यात्म, ख़ासतौर पर धर्म से जुड़ा हुआ, भूगोल है। ऐसे स्थल, ज़मीन, मैदान हैं जिन्हें पवित्र माना जाता है, और कई बार इन पवित्र स्थलों तक पहुँचने के लिए कठिन यात्रा भी की जाती है।

किसी और देश की तुलना में शायद भारत में यह बात ज़्यादा सही है। भारतीय राष्ट्र का विचार और राष्ट्रवाद शब्द में हमेशा से थोड़ा सूक्ष्मभेद रहा है। भारतीय अर्थ में राष्ट्र का अर्थ नस्ल, भाषा या यहाँ तक कि संस्कृति (या उससे संबंधित त्वचा का रंग) के सदृश नहीं है। राष्ट्र का भारतीय अर्थ आध्यात्मिकता से, इसके पवित्र स्थलों से आता है, लेकिन यहाँ भी हम महत्त्वपूर्ण अंतर पर विचार करते हैं। जब आप भारत में अनगिनत पवित्र स्थलों को नक़्शे पर देखते हैं, जिनमें से कुछ गुप्त भी हैं, तो दिखने वाला बहुत घना नक़्शा कोई इत्तफ़ाक नहीं है।

इसका उद्‌गम आध्यात्म के बारे में भारतीय विचार की विशुद्ध विविधता से हुआ है, जिसमें सभी तरह के आध्यात्मिक विचारों, सभी आस्थाओं को समाहित करने की कोशिश की गई है, तथा सबको जगह देते हुए उन्हें पवित्र बताया गया है,और इन हज़ारों पवित्र स्थलों के आसपास एक एकीकृत भूगोल की भावना पैदा की गई जिसे राष्ट्र कहा जाता है। इसका आशय यह नहीं कि किसी तरह के विवाद-जातिगत भेदभाव की रूढ़िवादिता नहीं थी, जैसा कि हमने पहले ही सती के संदर्भ में बताया है, जो एक

स्पष्ट उदाहरण है-लेकिन कुछ अनूठे समाधान भी रहे हैं जिन्होंने इस समृद्ध पांडुलिपि में योगदान दिया है। उदाहरण के लिए, दक्षिणी राज्य केरल के एझवा धर्मगुरु नारायण गुरु का मामला है। हालाँकि वे 'अछूत' जाति के थे लेकिन उन्होंने केरल भर में मंदिर स्थापित किए। कहा जाता है कि 1887 में महाशिवरात्रि की रात को गुरु को ध्यान करते समय एक शिवलिंग दिखाई दिया। वे ध्यान से बाहर निकले और पास की नदी में शिवलिंग निकालने के लिए कूद पड़े। इसी प्रतिमा के इर्द-गिर्द प्रसिद्ध अरुविपुरम शिव मंदिर बनाया गया। एक अछूत द्वारा मंदिर बनाए जाने का बहुत विरोध भी किया गया था, क्योंकि यह काम केवल सर्वोच्च माने जाने वाले ब्राह्मण ही करते थे। बताया जाता है कि जब ब्राह्मण पुरोहितों ने पूछा तो नारायण गुरु ने प्रत्युत्तर दिया था : चिंता मत कीजिए। यह ब्राह्मण शिव नहीं हैं; यह एझवा यानी अछूत शिव का मंदिर है!

अब इसे वैधानिक रूप से चुनौती नहीं दी जा सकती थी क्योंकि माना तो यही जाता है कि शिव तो हर जगह हैं ही। 'चिदानंद रूपा शिवोऽहम् शिवोऽहम्,' जैसा कि आदि शंकराचार्य गाते थे-शिव के अलावा कहीं और कुछ नहीं है, यही सर्वव्यापी ब्राह्मण का परम सत्य है।

इस पुस्तक को लिखने के दौरान मैं जवाहरलाल नेहरू विश्वविद्यालय में अंग्रेज़ी के प्रोफ़ेसर और हिंदू विचार के मकरंद परांजपे से मिलने गया। उन्होंने मुझे एक श्लोक की याद दिलाई,

माता च पार्वती देवी, पिता देवो महेश्वरः
बान्धवाः शिवभक्ताश्च स्वदेशो भुवनत्रयं।

(मेरी माता पार्वती हैं, पिता महेश्वर हैं; मेरे सभी मित्र शिवभक्त हैं और सभी तीनों लोक मेरे निवास हैं।)

'इस पर विचार करो,' परांजपे जी बोले, 'ये एक तरह का वैश्विकोत्तर हिंदू विचार है।'

वैश्विकवाद, नगरवाद और यात्रा करने की निर्मम इच्छा-ये सब विवेकानंद के जटिल, उर्वर मस्तिष्क में अस्थिर मिश्रण हैं। ('मैं जा रहा हूँ; लेकिन मैं तब तक कभी वापस नहीं आऊँगा जब तक कि मैं समाज के ऊपर बम की तरह फटने लायक़ न हो जाऊँ, और इसे अपने पीछे कुत्ते की तरह अनुसरण करने वाला न बना दूँ।')

एक बंगाली के रूप में मुझसे अक्सर कलकत्ता का सार मानी जाने वाली बंगाली संवेदनशीलता की अपेक्षा की जाती है, मुंबई में मराठी या दिल्ली में पंजाबी के सार से इसकी तुलना की जाती है। यह एक बार फिर इतिहास और भूगोल है। कलकत्ता

वास्तव में एकदम युवा नगर है-इसने 1989 और 1991 के बीच दो साल तक अपना 300वाँ जन्मदिन मनाया-बंबई 150 साल से ज़्यादा पुराना है, और दिल्ली के बारे में तो कहा जाता है कि महाभारत के समय पांडवों की पौराणिक राजधानी रही इंद्रप्रस्थ में इसका मूल है।

बंगाली संस्कृति आवश्यक रूप से शहर का उत्पाद है, इसमें ग्रामीण संवेदनशीलता नहीं, बल्कि शहरी संवेदनशीलता अंतर्निहित है। महाराष्ट्रीय और पंजाबी मस्तिष्क जहाँ अपनी खुराक राज्यों की उपलब्धियों और पराक्रम में, पहाड़ियों में, जंगलों में, घुड़सवार योद्धाओं में पाते हैं, वहीं बंगाली सबसे पहले भाषा, बोलियों, दर्शन और संस्कृति की झलक के ज़रिए प्रकाश में आते हैं। महाराष्ट्रीय लोग अपने प्रथम नायकों के रूप में योद्धा नरेश शिवाजी के बारे में सोचते हैं; तो बंगाली 'वंदे मातरम' के रचयिता बंकिमचंद्र चट्टोपाध्याय के बारे में सोचते हैं। निःसंदेह इसमें बहुत कुछ सरलीकरण भी है, लेकिन इसमें कोई शक नहीं कि अपने बारे में बंगाली जागरूकता, इतिहास, बंगाली युवा पीढ़ी के प्रति बंगाली प्रतिक्रिया ख़ासतौर पर शहरी है क्योंकि एक तरह से ये सब किसी गाँव या मध्ययुगीन राज्य में नहीं, बल्कि शहर में ही पैदा हुए।

यही कारण है कि मैं विवेकानंद के सिखाए उस पाठ पर यक़ीन करता हूँ जो उनके महानतम पाठों में से एक है कि ईश्वर की खोज में भी शहरी संवेदनशीलता कैसे विकसित की जाए। इसमें वे देश की लंबाई-चौड़ाई की यात्रा करते हुए आदि शंकराचार्य के पुनरुत्थानवाद के मॉडल को आगे ले जाते हैं। आगे के पृष्ठों पर दिया गया नक़्शा और सूची श्री कांची कामकोटि पीठ की वेबसाइट से लिए गए हैं। शायद विवेकानंद के लिए भी उस भूमि को देखना अधिक महत्त्वपूर्ण था, जिसकी आत्मा का वे पुनरुत्थान करना चाहते थे, क्योंकि वे शंकराचार्य के विपरीत-एक सर्वोत्कृष्ट कलकतिया लड़के थे। उनका पालन-पोषण, साहचर्य, स्कूली पढ़ाई, कॉलेज की पढ़ाई, रुचियाँ, सब इसी शहर की शैली के अनुरूप थीं। यहाँ तक कि रामकृष्ण परमहंस से पहले तक के उनके गुरु भी सभी शहरी लोग थे। इसलिए, जब विवेकानंद विशाल भूमि का भ्रमण करने शहर से निकले तो उन्हें धीरे-धीरे इससे इतना ज़्यादा प्यार हो गया कि उन्हें हर क़दम पर ये स्वीकार करना पड़ा और मानना पड़ा कि उन्हें कितना कुछ नहीं पता था, कितना कुछ उन्हें सीखना था और उनका देश उन्हें कितना कुछ सिखा सकता था।

यह हमारे लिए ख़ास दिलचस्पी की बात है, क्योंकि विवेकानंद की दृष्टि ही तक़रीबन हमारी दृष्टि है-यहाँ तक कि आज भी, अपने स्वयं के देश के बड़े हिस्सों में प्रमुख शहरों में रहने वाले अधिकतर भारतीय दूसरे ग्रह के वासी लगते हैं, ख़ासकर वे जो प्रमुख शहरों से दूर हैं। यह हम सहज बुद्धि से जानते हैं। हम इसे उतना ही जानते हैं जो हमारे देश का मीडिया बताता है। हमें उसके बारे में तभी सुनाई देता है, जब वरिष्ठ पत्रकार भाग्य की निर्दयता के बारे में शिकायत करते हैं और यह समझाते

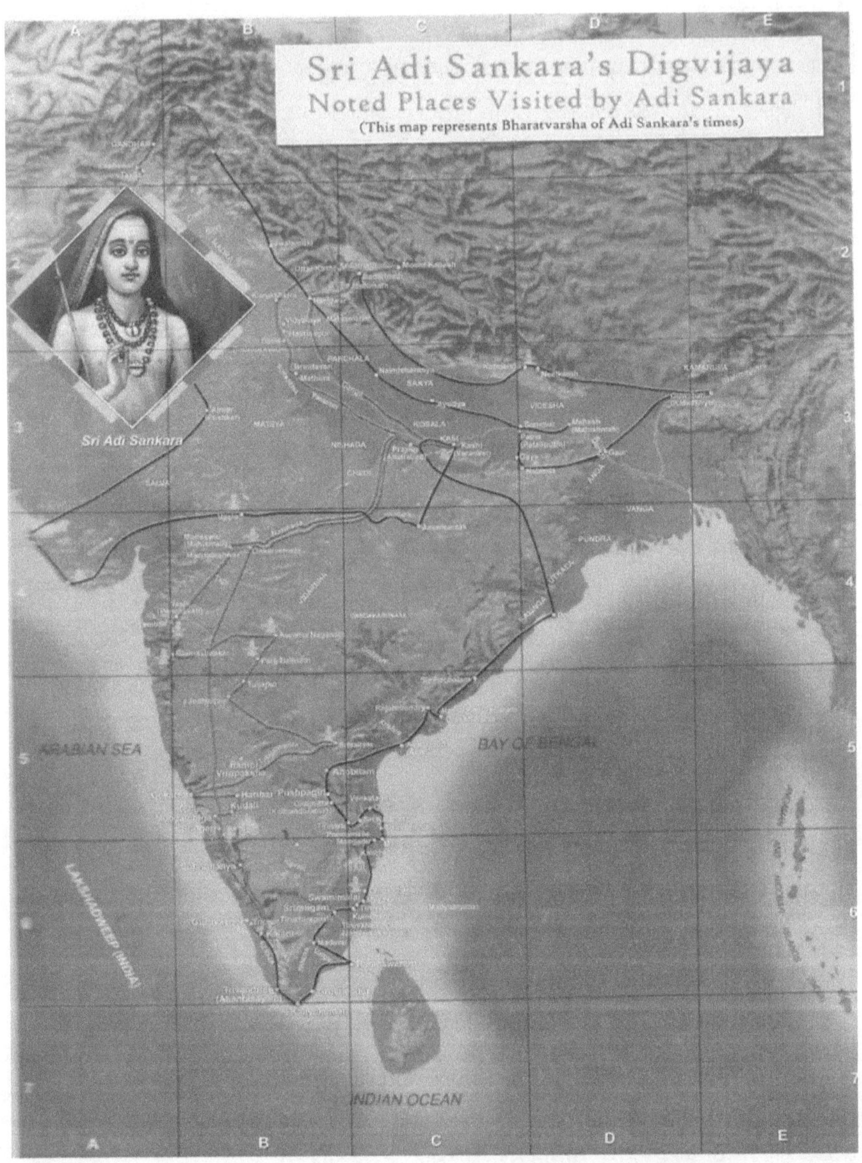

Sri Adi Sankara's Digvijaya
Noted Places Visited by Adi Sankara
(This map represents Bharatvarsha of Adi Sankara's times)
Sri Adi Sankara
ARABIAN SEA
BAY OF BENGAL
INDIAN OCEAN
LAKSHADWEEP (INDIA)
KAMARUPA
VIDEHA
VANGA
PUNDRA
UTKALA
PANCHALA
SAKYA
KOSALA
MATSYA
NISHADA
CHEDI

Places visited by Adi Sankara

Place Name	Square No.	Place Name	Square No.
Ahobilam	B5	Mylapore	C6
Ajmer (Pushkar)	B3	Naimisharanya	C3
Amarkantak	C4	Nalanda	D3
Aundha Naganath	B4	Nasik (Panchavati)	B4
Avanigadda (Avani)	C5	Neelkanth	D3
Ayodhya	C3	Omkareshwar	B4
Badarinath	C2	Ontimitta (Kothandarama)	B5
Bhimashankar	B4	Pandharpur	B5
Chidambaram	C6	Parli Baijnath	B4
Delhi (Indraprastha)	B2	Patna (Pataliputra)	D3
Draksharama	C5	Peshawar	A1
Dwaraka	A4	Poonamallee	C5
Gaur	D3	Prayag (Allahabad)	C3
Gaya	CD3	Puri	D4
Gokarna	AB5	Pushpagiri	C5
Gudur	C5	Rajahmundry	C5
Guruvayur	B6	Ramachandrapurum	C5
Gauwahati (Kamakhya)	E3	Rameswaram	C6
Hampi (Virupaksha)	B5	Simhachalam	C5
Haridwar	B2	Somnath	A4
Harihar	B5	Sonpur	D3
Hastinapur	B2	Sri Kalahasti	C5
Joshimath	C2	Srinagar	B1
Jwalamukhi	B2	Sringeri	B5
Kalady	B6	Srirangam	B6
Kanchipuram	C6	Srisailam	B5
Kanyakumari	B7	Subrahmanya	B5
Kashi (Varanasi)	C3	Swamimalai	C6
Kathmandu	D3	Taxila	A1
Kedarnath	C2	Tiruchendur	B6
Kollur (Moogambika)	B5	Tiruchirapalli	B6
Kudali	B5	Tirupati	C5
Kumbakonam	C6	Tiruvanaikoil (Jambukeswaram)	B6
Kurukshetra	B2	Tiruvidaimarudur	C6
Madurai	B6	Tiruvotriyur	C5
Mahesh (Mahismati)	D3	Trichur	B6
Maheswar (Mahismati)	B4	Trivandrum (Anantasayanam)	B6
Mahur	B4	Triambak	B4
Mandaleshwar	B4	Tuljapur	B5
Mangadu	C6	Ujjain	B4
Mathura	B3	Uttar Kashi	B2
Mayavaram	C6	Venkatagiri	C5
Mount Kailash	C2	Vidyalaya (Mahismati)	B2
		Vrindavan	B3

हैं कि भारत के पूर्वोत्तर या मध्य भारत के राज्यों में होने वाले दंगे की तुलना में बंबई में होने वाली एक हत्या को ज़्यादा कवरेज क्यों मिलता है। यह इस तथ्य के बावजूद है कि आंकड़े हमें बताते हैं कि आज जितने भारतीय देशभर की यात्रा करते हैं, उतना पहले कभी नहीं करते थे। हालाँकि यह अस्पष्ट है कि अब भी हम में से कितने लोग इस विशाल भूमि की गूढ़ता और निर्मम जटिलता को समझने के क़ाबिल हैं। हालाँकि, विवेकानंद ने अपने देश को समझे बिना यह महसूस कर लिया था कि उनकी यात्रा उन्हें बहुत आगे नहीं ले जाएगी। रामकृष्ण के शिष्यों के लिए पहला मठ शुरू करने के मुश्किल से दो साल के बाद ही साधुओं के भगवा वस्त्र पहने विवेकानंद अपने परिव्राजक चरण में भारत की जीवन बदल देने वाली यात्रा पर निकल पड़े। 1888 से 1893 तक (बीच में कुछ समय के लिए बरानगर, कलकत्ता आए थे) उन्होंने उत्तर से दक्षिण, पूर्व से पश्चिम तक की भारत के हर हिस्से की खोज करते हुए यात्रा की और समाज के हर तबके के लोगों से मिले, जिनमें से अनेक ने उनकी विचार दृष्टि और आध्यात्मिकता के लिए नज़रिये में बदलाव कर दिया। यह बहुत दुरूह था। संत विवेकानंद अक्सर बीमार पड़ जाते थे और लगातार यात्रा की कठिनाइयों से जूझते रहते थे। हालाँकि, वे डटे रहे, गाजीपुर के पवहारी बाबा (वे एक चमत्कारिक संत थे-विनम्रता, भक्ति और योग का मेल थे... पवहारी बाबा दो से छह माह तक समाधि में रह सकते थे), जैसे महान संतों से, मैसूर के दीवान से और उनके ज़रिए मैसूर के महाराजा चामराजेंद्र वडियार से मिले, अलसिंगा पेरुमल और राजा खेतड़ी जैसे भावी प्रमुख शिष्यों से मिले, जिनके बारे में हम पहले ही बता चुके हैं कि उन्होंने विवेकानंद के जीवन में बहुत प्रभावशाली भूमिका निभाई।

इस प्रकार यात्रा करने के लिए उन्होंने घर क्यों छोड़ा?

नरेन अच्छी तरह जानते थे कि उन्हें मिशन पर निकलना है : अंदर ही अंदर उनकी शक्ति, उनकी बुद्धि उनसे कह रही थी। और उस युग की उत्कंठा, उस समय की दुर्दशा, और शोषित भारत से उनके चारों ओर की जा रही मूक अपील, जो उसके भव्य इतिहास और अपूर्ण नियति के बीच एक दुखद स्थिति थी। भारत माता का अपमान जो उसके ही बच्चों ने किया था, मृत्यु और पुनरुत्थान की पीड़ा, निराशा और प्रेम, उनके हृदय को कचोट रही थी। लेकिन उनका मिशन क्या होगा? यह उन्हें कौन सौंपेगा? धर्म गुरु (रामकृष्ण) इसे बताए बिना ही दुनिया छोड़ कर जा चुके थे। जो जीवित थे क्या उनमें कोई उन्हें राह दिखाने की क्षमता रखता था? केवल भगवान ऐसा कर सकते थे। तो फिर परमात्मा को बोलने दिया जाए। वह चुप क्यों थे? उन्होंने उत्तर क्यों नहीं दिया? नरेन उनके पास गए।

वाराणसी, अयोध्या, लखनऊ, आगरा, वृंदावन से लेकर हिमालय तक और राजपूताना, अलवर, अहमदाबाद, काठियावाड़ से मैसूर, कोचिन, त्रावणकोर, मदुरई, और तमिलनाडु के दक्षिणतम बिंदु तक।

इन यात्राओं के क्रम में ही वृंदावन में हुक्का वाली वह घटना हुई थी। उसी प्रकार की एक घटना खेतड़ी की रियासत में दरबार की एक नर्तकी के साथ हुई। विवेकानंद खेतड़ी के राजा के मेहमान थे। बातचीत के दौरान, एक नर्तकी आई। जब वह आई तो घृणा का भाव (ब्रह्मचर्य का संकल्प लिया था) लिए संन्यासी वहाँ से जाने के लिए खड़े हो गए। युवराज ने उनसे आग्रह किया कि वह न जाएँ। उस युवा नर्तकी ने गीत गाया।

'हे ईश्वर, मेरे अवगुणों को न देख! तेरा नाम ही, हे स्वामी, समदर्शी है। हम दोनों को ही ब्रह्म बना दे! लोहे का एक टुकड़ा मंदिर में मूर्ति के रूप में पूजा जाता है, और दूसरा छुरा बनकर कसाई के हाथ में रहता है। पर पारस को छूते ही दोनों सोना बन जाते हैं। तो हे ईश्वर, मेरे अवगुणों को न देख! तेरा नाम ही, हे स्वामी, समदर्शी है... जमुना (यमुना नदी) की एक बूँद पावन है और दूसरी राह किनारे खाई का दूषित जल है। फिर गंगा में मिलते ही दोनों पावन बन जाते हैं। तो, हे ईश्वर, मेरे अवगुणों को न देख। तेरा नाम ही, हे स्वामी, समदर्शी...'

इन यात्राओं के दौरान क्या सच में विवेकानंद पर इन बातों का असर हो रहा था? मैंने जिस प्रकार से इसे समझा है, उनकी गहनतम धारणाओं को चुनौती दी जा रही थी, सच कहूँ तो उनकी धज्जियाँ उड़ रही थीं। जैसा कि रोमां रोलां ने लिखा था, 'एक एक कर उनकी पूर्वधारणाएँ समाप्त हो गईं, यहाँ तक कि वे भी जिन्हें उन्होंने गहराई तक महसूस किया था।'

रोलां ऐसी ही एक कहानी की चर्चा करते हैं। जब विवेकानंद हिमालय में थे

तब तिब्बती लोगों के साथ रहे, जो बहुपतित्व की प्रथा को मानते हैं। वह एक ऐसे परिवार के मेहमान थे जिसमें छह भाई थे, और उन सबकी एक ही पत्नी थी। अपने नए-नए जोश में उन्होंने उनकी अनैतिकता को दिखाने का प्रयास किया। लेकिन उनकी शिक्षा से वे गुस्से में आ गए। "कैसा स्वार्थ!" उन्होंने कहा, "यह कि एक स्त्री को सिर्फ अपने लिए रखें।"

इस वर्जना को तोड़ा जाना विवेकानंद के मन को विशाल बनाने की दृष्टि से अनोखा महत्त्व रखता है। बचपन से ही, यौन संबंध को लेकर विवेकानंद की सोच रूढ़िवादी थी।

अपने पिता की मृत्यु के बाद, जब उनका परिवार ग़रीबी के दलदल में फँस गया, तब उन्हें शादी का एक प्रस्ताव मिला जिसे उन्होंने ठुकरा दिया।

एक धनी-मानी महिला लंबे समय से मेरे प्रति आकर्षित थी। जैसे ही अवसर मिला, उसने प्रस्ताव भेजा कि एक झटके में ही वह मेरी ग़रीबी को मिटा सकती है बशर्ते मैं उसे उसकी धन-दौलत के साथ स्वीकार कर लूँ। मैं चिढ़ गया, और तुरंत उस प्रस्ताव को ठुकरा दिया। जब एक और महिला ने ऐसे ही प्रस्ताव के साथ मुझसे बात की, तो मैंने उससे कहा, "देखो तुमने अपने शरीर के सुख का सौदा कर अपना जीवन बर्बाद कर दिया। अब तुम्हारे सिर पर मृत्यु नाच रही है। क्या तुमने उसके लिए अपने आप को तैयार किया है? व्यर्थ की इन इच्छाओं का त्याग करो और भगवान को याद करो।"

उनके आध्यात्मिक गुरु रामकृष्ण परमहंस ने विवाह किया लेकिन कभी दाम्पत्य संबंध नहीं बनाया। इसकी बजाए उन्होंने अपनी पत्नी को इस ब्रह्मांड की स्त्रीत्व शक्ति की अभिव्यक्ति के रूप में, देवी माँ के रूप में पूजा और निरंतर यह उपदेश दिया कि

स्त्री और सोने के प्रति सभी आकर्षित होते हैं। लेकिन मुझे इन सबकी परवाह नहीं है। और मैं आपके सामने शपथ लेता हूँ कि मैं भगवान के सिवाय किसी को नहीं जानता।

इसी संदर्भ में, एक बार जब रामकृष्ण उपदेश दे रहे थे, 'तुम संसार के काले सागर में तैरो, लेकिन तुम्हारा शरीर मैला नहीं होना चाहिए,' तभी एक शिष्य ने मुस्कराते हुए उनसे प्रश्न किया : 'लेकिन आपको विवाह करना पड़ा।'

रामकृष्ण परमहंस ने एक मुस्कान के साथ उत्तर दिया : 'संस्कार (सांसारिक परंपरा) के लिए विवाह आवश्यक है। लेकिन मैं एक सांसारिक जीवन कैसे जी सकता था? यह संसार बस स्त्री और सोना है। इससे व्यक्ति भगवान को भूल जाता है।'

'लेकिन हम स्त्री और सोने से कैसे बच सकते हैं?' प्रश्न किया गया।

'हृदय में करुणा के साथ भगवान से प्रार्थना करो। उनसे ज्ञान के लिए प्रार्थना करो। भगवान ही सत्य हैं बाक़ी सब भ्रम है – यही ज्ञान है,' रामकृष्ण ने कहा।

इन सबका अर्थ है कि विवेकानंद शुरुआत में स्त्रियों और उनके प्रति सोच में रूढ़िवादी थे। ब्रह्मचर्य उनके संन्यासी जीवन का एक स्तंभ था। जैसा कि रामकृष्ण मिशन के संन्यासी आज भी करते हैं, उन्हें शिक्षा दी गई थी कि स्त्री को 'माँ' कह कर संबोधित करो। 'भारत में आज माँ आदर्श महिला है, माँ ही पहली है, माँ ही आख़िरी।'

अपने पत्रों में, वह जब विभिन्न महिलाओं को लिखते हैं जिन्होंने अमेरिका में उनके हर क़दम पर उन्हें राह दिखाई और सहायता की, तब वह 'डियर मदर' से शुरुआत करते हैं और अक्सर, 'आपका स्नेही पुत्र' या 'आपका पुत्र' से समाप्त करते हैं।

एक हँसी से लोटपोट करने वाली घटना में, एक लेक्चर में उन्होंने कहा :

मैं उसी परंपरा से जुड़ा हूँ जिस प्रकार की परंपरा आप लोगों के यहाँ कैथोलिक चर्च के भिक्षुकों की है। कहने का अर्थ है कि हमें भी नाममात्र के कपड़ों में एक दरवाज़े से दूसरे दरवाज़े तक भिक्षा माँगने जाना पड़ता है। उसी से पेट पालना, लोगों की जब इच्छा हो उपदेश देना, और जहाँ जगह मिले वहीं हमें सोना पड़ता है। हम इसी रास्ते पर चलते हैं। नियम यह है कि हमें हर स्त्री को 'माँ' कहना है। हर स्त्री को और छोटी बच्ची को हमें 'माँ' कहना है। यही परंपरा है।

पश्चिम में आने पर वही पुरानी आदत बनी रही और मैं स्त्रियों से कहता था, 'हाँ, माँ' और वे डर जाती थीं। मुझे समझ नहीं आता था कि वे डर क्यों जाती हैं। बाद में मुझे इसका कारण पता चला - क्योंकि इसका मतलब था कि वे बूढ़ी हैं।

स्त्रियों और सोने के बारे में अपने सारी चिंता के बावजूद, पश्चिम में विवेकानंद के सारे कार्यों को महिला प्रशंसकों और अनुयायियों ने प्रायोजित किया। यदि एक दयालु महिला न होती, तो वह कभी शिकागो में धर्म संसद तक पहुँच पाते। यहाँ तक कि शुरुआती वर्षों में रामकृष्ण मिशन के लिए भी महिलाओं ने ही पैसे दिए, जैसा कि इस बात को मैं अपनी माँ और उनकी सहेलियों, मेरी चाचियों और उनकी सहेलियों, मेरी बहन, और इन सबसे भी पहले मेरी दादी के समर्पण के कारण क़रीब से जानता हूँ। यहाँ तक कि आज भी रामकृष्ण मिशन के सबसे निस्वार्थ भक्तों में बहुत बड़ी संख्या महिलाओं की ही है। वास्तव में, स्वामी विवेकानंद की सबसे विख्यात अनुयायी एक महिला, मार्गरेट एलिजाबेथ नोबेल (जिन्हें विवेकानंद ने निवेदिता नाम दिया और जो आगे चल कर सिस्टर निवेदिता के नाम से जानी गईं) थीं, जो स्कॉट-आयरिश सामाजिक कार्यकर्ता थीं जिनका रामकृष्ण मिशन के विकास और प्रभाव में अहम योगदान था। वह विशेष रूप से रामकृष्ण परमहंस की पत्नी, शारदा देवी के क़रीब थीं। निवेदिता ने न केवल स्वामी विवेकानंद से संयम की शपथ ली, उन्होंने *द मास्टर एज आई सॉ हिम* पुस्तक भी लिखी। निवेदिता, अमेरिकी सारा चैपमैन (जो विवेकानंद को अपना 'भारतीय बेटा' कहती थीं और शुरुआती वर्षों में लगातार मिशन को पैसे भेजे) और एक अन्य अमेरिकी जोसेफ़ीन मैकलियॉड न

केवल भारत में मिशन के बल्कि वेदांत सोसाइटी के भी सबसे बड़े संरक्षकों में शामिल थे, जिसकी शुरुआत विवेकानंद ने न्यू यॉर्क में की थी। यह कहना पूरी तरह से सही होगा कि इनके और अन्य कई समर्पित स्त्रियों के समर्थन के बिना, विवेकानंद के कई जोशपूर्ण कार्य सफल नहीं होते, और कुछ तो शुरू भी नहीं हो पाते।

इस कारण चाहे वह हिमालय में तिब्बती समुदाय के बीच रहने की यात्रा हो, या बाद में अमेरिका की यात्रा, विवेकानंद अपने पुराने बंधनों और मानसिक रुकावटों से मुक्त हो सके।

अमेरिका और पश्चिमी जगत के अन्य हिस्सों में उन्हें जिन बातों की जानकारी मिली, उनके विषय में हम इस पुस्तक में थोड़ा आगे चर्चा करेंगे, लेकिन इस अध्याय में मैं उन कई पत्रों का ज़िक्र करूँगा जिन्हें विवेकानंद ने भारत में अपनी यात्रा के दौरान लिखा। अपने भाषणों से कहीं अधिक, इन पत्रों में अपने ही देश को लेकर उनकी खोज की बेबाक स्वीकारोक्ति है और यह भी वे कैसे उनके भीतर बदलाव ला रहे थे। यह भी कि उन्हें कितना शारीरिक कष्ट हो रहा था।

फ़रवरी 1890 में, वह लिखते हैं:

मैं पीठ दर्द की असहनीय पीड़ा को झेल रहा हूँ जिसकी शुरुआत इलाहाबाद में हुई। मैं कुछ समय पहले इससे उबर गया था, लेकिन यह फिर से लौट आई। इस बार मैं किसी भी हाल में कमज़ोरी को हावी नहीं होने दूँगा। मैं यदि मर भी गया, तो अच्छा ही होगा। इस संसार से जितनी जल्दी चला जाऊँ उतना ही अच्छा है।

छोटी सी उम्र से ही उन्हें स्वास्थ्य संबंधी समस्याएँ थीं। शंकर कहते हैं :

यदि हमें एक चार्ट बनाना पड़े, तो हम कहेंगे कि विवेकानंद आनुवंशिक रूप से डायबिटीज और हृदय रोग के प्रति संवेदनशील थे, लेकिन कुल मिलाकर उनके परिवार के सदस्यों का शरीर मज़बूत था। स्वामी जी के मामले में, उनकी स्वास्थ्य समस्याएँ इस कारण बढ़ गईं क्योंकि वह शरीर पर बहुत ज़्यादा बोझ डाल दिया करते थे।

अपने जीवन के अधिकतर हिस्से में वह असाध्य अनिद्रा से पीड़ित रहे। अपने पिता की मृत्यु के बाद, उन्हें 'भयंकर सिरदर्द से जूझना पड़ा और ठंडक के लिए वह कपूर का खूब इस्तेमाल किया करते थे।' शंकर कहते हैं, 'कोई भी पूछ सकता है कि कहीं इस प्रकार का सिरदर्द हाई ब्लडप्रेशर को तो नहीं बताता।'

छात्र जीवन में उन्हें मलेरिया हो चुका था और अपने पिता की मृत्यु के सदमे ने उनके शरीर को और भी कमज़ोर कर दिया। भले ही वह नियमित रूप से व्यायाम किया करते थे, कभी-कभी डंबलों से भी, लेकिन भारत में ज़्यादातर बेहद सस्ते और कठिन तरीक़े से की गई उनकी यात्राओं ने उनके पहले से कमज़ोर शरीर को इतना ख़राब कर दिया कि वे कभी उससे उबर नहीं सके।

शंकर के पास उन बीमारियों की सूची है जिन्होंने जीवन भर विवेकानंद को परेशान किए रखा : माइग्रेन, टॉन्सिलाइटिस, डिप्थेरिया और इनफ़्लुएंजा/खाँसी, दमा, टायफ़ॉइड, मलेरिया, बार-बार होने वाला बुखार, लिवर रोग, अपच और पेट के रोग, पेट में पानी भरना, डिसेंटरी और दस्त, डिस्पीसिया और पेट दर्द, गैल्स्टोन, निचले हिस्से में दर्द, गर्दन का दर्द, तीव्र नेफ्राइटिस, गुर्दे की बीमारियाँ, जलशोथ, एल्बिनिन्यूरिया, लाल आँखें, दाहिनी आँख से न दिखना, अनिद्रा, समय से पहले बाल और दाढ़ी का सफ़ेद होना, यूरैथेनिया, रात के खाने के बाद शरीर का गर्म होना, गर्मी में समस्या, अत्यधिक थकान, जहाज की यात्रा में उल्टी, मधुमेह, हृदय की समस्याएँ।

1888 में विवेकानंद यह लिखा था :

मुझे फिर से बुखार आ गया था, इसलिए आपको तुरंत उत्तर नहीं दे सका। कृपा क्षमा कीजिएगा। मैं बहुत बीमार हूँ।

फ़रवरी 1889 में, वह लिखते हैं,

मुझे बहुत अधिक बुखार हुआ था, जिसके बाद उल्टी और दस्त हुई जैसा कॉलरा में होता है। एक बार फिर तीन या चार दिन बाद बुखार हुआ, और शरीर अब इतना कमज़ोर हो गया है कि मैं दो क़दम भी नहीं चल सकता हूँ... मैं नहीं जानता कि भगवान की इच्छा क्या है, लेकिन इस रास्ते पर आगे बढ़ने के लिए मेरा शरीर बिलकुल भी स्वस्थ नहीं है।

लेकिन अगली ही लाइन में वह हौसला दिखाते हैं : 'खैर, शरीर सबकुछ नहीं होता।' लेकिन मार्च में वह फिर परेशानी बताते हैं : 'अभी मैं काफ़ी बीमार हूँ। बार-बार बुखार आता और जाता है...'

1887 में अपनी यात्राओं पर निकलने से काफ़ी पहले, अक्सर खाना खाए बिना रहना (जबकि उन्हें अच्छा खाना पसंद था) और गहन यौगिक ध्यान का मतलब था कि वह टायफ़ॉइड और 'अपने मूत्र मार्ग में रोगों' से ग्रस्त थे। अपने परिव्राजक जीवन के लिए आश्रम छोड़ने से पहले ही, वह डायरिया से त्रस्त थे क्योंकि 'उन्हें मांस खाने की

आदत थी, जबकि संन्यासी के रूप में वह भिक्षा पर जी रहे थे। इसके अलावा कभी खाना खाने तो कभी भूखे पेट रहने से भी उनकी सेहत ख़राब हो गई।'

बीमारी जहाँ विवेकानंद के साथ लगातार जुड़ी रही, वहीं उनके जीवन के शुरुआती समय की चिट्ठियों में लिखी बातें कई रहस्य खोलती हैं, पढ़ने वाला पूछ ही लेता है : क्या वह कुछ ज़्यादा ही मेहनत कर रहे थे? क्या वह ऐसा बनना चाहते थे जैसा वह नहीं थे? क्या उनका असाधारण मस्तिष्क और कभी न थकने वाली इच्छ उनके शरीर पर वह थोप रही थी जिसे वह स्वीकार नहीं कर सकता था? आप टिप्पणी दर दिप्पणी, लेक्चर दर लेक्चर उन्हें पढ़ते जाते हैं, तो एक मोड़ आता है, जैसा कम से कम मेरे साथ हुआ, जब आप इन बातों के पीछे छिपी कमज़ोरी से दंग रह जाते हैं।

वह पल, जब मेरे मन में यह विचार आया, मेरे लिए विशेष रूप से मार्मिकता का पल था। बात ऐसी है कि विवेकानंद को एक ख़ास धर्म और संस्कृति में हमेशा से ही किसी नायक की तरह पेश किया जाता है, है ना? उन्हें हमेशा ही भव्य गेरुआ लबादे में, चमकती आँखों वाले ऐसे व्यक्ति के रूप में दिखाया जाता है जिन्हें देख कर गर्व हो और उनके जोश पैदा करने वाले शब्द समय के गलियारों में गूँजते हैं, जो एक साथ शाश्वत सत्य और समकालीन बातों को लेकर चलते हैं।

अगर आप इसे देवगाथा कहें, तो स्वामी विवेकानंद को लेकर यह धारणा शक्ति की सोच पर आधारित है। भारत में उन्हें उस ताक़तवर युवक के रूप में देखा जाता है जो संन्यासियों और धर्मगुरुओं को चुनौती देता है और उनसे भगवान की वास्तविकता को लेकर प्रश्न करता है। जब उसकी उम्र बढ़ती है, तब वह निर्भीक होकर घर छोड़ देता है, भले ही उसने कभी अपने उस भावनात्मक संपर्क को नहीं तोड़ा जिसने परिवार की चिंताओं से उन्हें जोड़े रखा, फिर भी, उनमें उन्हें अनदेखा करने, उससे बाहर निकलने का दमखम है, और यह जानने का विश्वास है कि भले ही इससे उनका कमज़ोर परिवार आर्थिक और भावनात्मक संकट की गहराई में चला जाएगा, उन्हें उस राह पर चलना होगा जिसके प्रति उनमें उत्कंठा और जोश है।

विवेकानंद की व्यक्तिगत टिप्पणियों और उनके पत्रों को गहराई से पढ़ना एक प्रकार से ध्यान लगाने जैसा है। अपने व्याख्यानों और भाषणों में वह हमेशा विश्वास जगाते हैं। इस बात में कहीं संदेह नहीं, हालाँकि, कभी-कभी कुछ विरोधाभास भी दिखता है। वह जब बोलते हैं, तब आत्मा को झकझोर देने वाली, उत्साह बढ़ा देने वाली, प्रफुल्लित करने वाली शांति का भाव पैदा करते हैं जो भावनात्मक रूप से महत्त्वपूर्ण, यहाँ तक कि मोहक भी हो सकती है। उदाहरण के लिए, उनके संबोधन 'द *फ़्यूचर ऑफ़ इंडिया*' की पहली कुछ पंक्तियों को ही देखिए :

यही वह प्राचीन देश है जिसे ज्ञान ने दूसरे देशों में जाने से पहला अपना ठिकाना बनाया, वही भारत जिसकी आध्यात्मिक धारा को उसी भौतिक धरातल पर समंदर की तरह बहती नदियों का प्रतिनिधित्व करते देखा जा सकता है, जहाँ अविनाशी हिमालय की एक के बाद एक दूसरी बर्फ़ से ढँकी चोटियाँ इस प्रकार दिखती हैं मानो वे स्वर्ग का रहस्यमय संसार हों। यहीं मनुष्य की प्रकृति और आंतरिक जगत में उसकी भूमिका पर प्रश्न पूछे जाते हैं। यहीं पर सबसे पहले आत्मा के अमरत्व, पालनहार भगवान के अस्तित्व, प्रकृति में रचे बसे भगवान के सिद्धांत सामने आए, और यही वह देश है जहाँ से कभी ऐसी लहरें उत्पन्न होनी चाहिए जो मानवता की समाप्त होती जातियों में जीवन और जोश का संचार कर दें। यह वही भारत है जिसने सदियों से सदमों को, सैकड़ों विदेशी हमलों को, रस्म-रिवाजों के सैकड़ों उतार-चढ़ावों को सहा है। यह वही देश है जो दुनिया में किसी भी चट्टान के मुक़ाबले अधिक ताक़त के साथ, अपने अंतर्निहित जोश, अविनाशी जीवन के साथ टिका है। इसका जीवन आत्मा की प्रकृति के समान है, जिसका न कोई आदि होता है न अंत, जो अमर है। और हम ऐसे ही देश की संतान हैं।

हरिदास देसाई को लिखे पत्र में विवेकानंद ने कुछ ऐसा कहा था :

अपने सारे आश्चर्यजनक ज्ञान के बाद भी यह हिंदू राष्ट्र और इससे जुड़ी चीज़ें टुकड़े-टुकड़े कैसे हो गईं? मैं कहूँगा, ईर्ष्या के कारण। आज से पहले कभी एक दूसरे इतनी भयंकर ईर्ष्या करने वाले लोग नहीं हुए, जो एक दूसरे की ख्याति और नाम से जलते हों जितना कि यह हिंदू जाति। और कभी आपको पश्चिम जाने का मौक़ा मिले, तो यह पहली चीज़ होगी जो आपको पश्चिमी देशों में देखने को नहीं मिलेगी। भारत में तीन लोग पाँच मिनट भी एक दूसरे के साथ मिलकर काम नहीं कर सकते हैं। हर एक सत्ता के लिए संघर्ष करता है, और कुछ समय बाद पूरा संगठन दुख में डूब जाता है। हे भगवान! हे भगवान! हम ईर्ष्या करना कब छोड़ेंगे!

वह फिर से आशावाद के साथ उठ खड़े होते हैं :

लेकिन कोई अच्छा कहे या ना कहे, मैंने इन युवाओं को संगठित करने के लिए जन्म लिया है। नहीं भी तो सैकड़ों और भी मेरे साथ आने को तैयार हैं, और मैं उन्हें पूरे भारत में आकर्षक लहरों की तरह भेजना चाहता हूँ, जो सबसे दरिद्र और सबसे दबे-कुचले लोगों के घर तक सुविधा, नैतिकता, धर्म, शिक्षा का प्रसार कर सकें। मैं इसे करूँगा या मरूँगा।

लेकिन अगली ही पंक्ति में :

हमारे लोग न जानते हैं, न समझते हैं। दूसरी तरफ़, वह भयंकर ईर्ष्या और संदेह करने वाला स्वभाव जो हज़ारों वर्षों की गुलामी का स्वाभाविक परिणाम है, उन्हें हर नई बात पर दुश्मनों की तरह आमने-सामने ले आता है।

स्वर और जोश की तुलना कीजिए। ऐसा लगता है जैसे विवेकानंद सीधे हमारे इस सनकी युग से बात कर रहे हैं। उनका जीवन उन संघर्षों का एक प्रमाण है जिसमें संभवतः आंतरिक शांति प्राप्त कर लेने के बाद भी वह ख़ामोशी को पाने का प्रयास कर रहे हैं। वह स्वयं को और अपनी कमियों को लेकर कठोर हैं। उन्हें जिस प्रकार गुस्सा दिलाया जा सकता है, उसी तरह कविता लिखने के लिए भी उकसाया जा सकता है।

उनके पत्र संन्यासी और व्यक्ति के बीच के संघर्ष को दिखाते हैं। यह ऐसा व्यक्ति है, जो महान योगी है, लेकिन एक आम आदमी भी है जिसने अपनी इच्छा से बेहद कठिन जीवन को चुना, जिसने अपने मार्ग की कठिनाइयों के बावजूद अपने दिल की बात सुनी और अपने इरादे पर टिका रहा। उनकी कहानी में तनाव है, और विफलता है। उनके जीवन में भी ऐसे पल आते हैं जब उन्हें भाग्य पर भरोसा हो जाता है :

इस बार मैं किसी भी तरह कमज़ोरी से हार नहीं मानूँगा। और मैं मर भी गया, तो मेरे लिए अच्छा ही होगा। इस संसार को जल्द छोड़ जाना भी अच्छा ही है।

कौन संन्यासी इस तरह लिख सकता है,

मैं जीवन को उसके स्वाभाविक रूप में सहजता से ले रहा हूँ। मेरी कहीं जाने की कोई इच्छा नहीं है... मैं बस जो होगा देखा जाएगा वाले मूड में हूँ। चाहे कुछ हो जाए, अच्छा या बुरा... दूसरों को जानकारी देने और अच्छी तरह किसी काम को करने की बात करते-करते मैं अपने आप को ही समझाना भूल गया कि सच में इस दुनिया को देने के लिए मेरे पास कुछ नहीं है। इसलिए मैं अब एकदम खुश हूँ और आराम से हूँ। इस विशाल घर में जहाँ कोई नहीं (वह अपने एक प्रशंसक के घर में डेट्रॉएट में हैं) और मेरे होंठों के बीच सिगार है, मैं बस सपने देख रहा हूँ और मेरे ऊपर काम की जो धुन सवार थी उस पर उपदेश दे रहा हूँ। सब बकवास है। मैं कुछ नहीं, यह संसार कुछ नहीं, सिर्फ़ भगवान ही एकमात्र कर्ता है। हम बस उसके हाथों के औज़ार हैं... वगैरह, वगैरह।

वह हैरानी जताने में संकोच नहीं करते :

जिस दिन मैं यहाँ (मिनीपोलिस) आया, इस मौसम की पहली बर्फ़बारी हुई, और दिन रात बर्फ़ पड़ती रही, और आर्कटिक का मैंने खूब लाभ उठाया। मैं जम चुके मिनेहाहा जलप्रपात को देखने गया। वह बेहद सुंदर है। आज का तापमान शून्य से 21 डिग्री कम है, लेकिन मैं स्लेज की सवारी कर रहा था और उसका जमकर लुत्फ़ उठाया। मैं बिलकुल भी नहीं डर रहा कि अपने कान या नाक की नोंक को कुछ हो जाएगा। यहाँ बर्फ़ के दृश्य ने मुझे इस देश की किसी भी दूसरी तसवीर की तुलना में प्रसन्न कर दिया है। मैंने कल जमी हुई झील पर लोगों को स्केटिंग करते देखा था।

यह ऐसा संन्यासी है जो पल भर में तड़पने लगता है, और अगले ही पल, जब मूड बदलता है, तो बस आराम से लेट जाता है और आराम करता है। वह यौगिक जीवन के कष्ट से निर्भीक और बीच-बीच में थोड़ा सुख और आराम भोग लेने पर शर्मसार नहीं होता। उन पलों में जब विवेकानंद थोड़ा सुख या आराम की तलाश करते हैं, तब वह कलकत्ता का वही लड़का बन जाते हैं जिसे अपने बचपन में पैसे को लेकर जरा भी चिंता नहीं करनी पड़ी थी।

विवेकानंद की चिंता और खुशी उनमें सामान्य जीवन के पल पैदा करती है जिससे उनका संदेश जीवंत हो उठता है। यह सच्चाई कि एक योगी भी दुख झेलता है हमें उसे और उसके संदेश को अच्छी तरह समझने में मदद करती है। उनकी मुश्किलें विवेकानंद की यात्रा को वह अनगढ़पन देती है जो एकदम स्थानिक और सामयिक है। एक प्रकार से विवेकानंद उतने ही सच्चे हैं जितना कि गाजीपुर के पवहारी बाबा, जिनसे वह मिले थे और काफ़ी प्रभावित हुए थे। ऐसा कहा जाता है कि बाबा ने अपना कोई सामान लेकर भागते चोर का पीछा किया था, उस चोर को भगवान कहा था और उसने जो कुछ चुराया था उसे उपहार के रूप में भेंट कर दिया था। जब बाबा को एक साँप ने डस लिया, तब बाबा ने अपने कष्ट और साँप को अपने प्रिय के आगमन के रूप में देखा।

ऐसा बताया जाता है कि जब विवेकानंद बाबा से मिलने पहुँचे तो उनके और पवहारी बाबा के बीच हुई बातचीत में विवेकानंद ने पूछा कि इतने सिद्ध और रहस्यवादी होने के बावजूद बाबा दुनिया-संसार के बीच जाकर समाज की मदद क्यों नहीं करते?

यह प्रश्न वह अपने आध्यात्मिक गुरु रामकृष्ण परमहंस से पूछ सकते थे जो दुनिया के बदलने के लिए बाहर नहीं गए। उसकी बजाए अपने मंदिर में रहस्यवादी समाधि में रहकर अपनी देवी की पूजा की जबकि पूरा संसार उनके पास आया। बाबा

तो रामकृष्ण से भी अधिक एकांतवासी थे, इस कारण विवेकानंद के मन में यह प्रश्न आया। इस पर बाबा ने उत्तर दिया – विवेकानंद को ऐसा क्यों लगता है कि यहाँ-वहाँ भागदौड़ के बिना दूसरों की मदद नहीं की जा सकती है? शरीर के बिना, क्या यह संभव नहीं कि एक शक्तिशाली दिमाग़ दूसरे दिमाग़ों की मदद नहीं कर सकता है?

विवेकानंद को यह शायद सबसे अच्छा उत्तर मिला था। एक प्रकार से, रहस्यवादियों और योगियों की परंपरा में, यह संन्यासी रामकृष्ण परमहंस के उत्साह और उस रमण महर्षि (1879-1950) के अलौकिक मौन के बीच खड़ा दिखता है जो विवेकानंद के बाद आए थे। महर्षि के तौर-तरीक़े पवहारी बाबा से भी अधिक वैरागी थे। भले ही उनके जीवन के बाद के वर्षों में कई लोग तमिलनाडु के उस अरुणाचल पहाड़ तक आए जहाँ वह ध्यान लगाया करते थे, लेकिन महर्षि कभी कहीं नहीं गए, और अक्सर मौन ही रहते थे। वास्तव में, उनका मौन ही था जिसने उनके अनुयायियों को अपने अंदर झाँकने, और अपने प्रश्नों का उत्तर स्वयं ढूँढ़ने और पाने की प्रेरणा दी। विवेकानंद इन दो आध्यात्मिक धाराओं के बीच फ़िट बैठते हैं। वह सामान्य व्यक्ति के रूप में एक योगी हैं। वह रामकृष्ण परमहंस की तरह आध्यात्मिक समाधि का अनुभव नहीं करते, ना ही अपने मौन में रमे रहते हैं। उन्होंने राज योग नाम के जिस गहन ध्यान का प्रचार किया, विवेकानंद उसके ध्यान के बलशाली पलों का अनुभव करते हैं, जबकि अधिकांश समय में वह धर्मप्रचारक, प्रवक्ता, प्रबुद्ध हिंदू धर्म, वेदों और उपनिषदों के शाश्वत सत्य के प्रचारक बने रहते हैं, जब वह दुनिया को बताते हैं कि कैसे इन्हीं सत्यों से हमारा दैनिक जीवन बुना गया है।

विवेकानंद इस संसार से नहीं भागते, ना ही संसार उनसे भागता है। उनका जीवन उस संघर्ष का प्रमाण है कि एक महान योगी भी दुनिया को बदलने के प्रयास में मुश्किलों का सामना करता है। रामकृष्ण परमहंस ने संक्षेप में विवेकानंद से कहा था कि निश्चित रूप से उन्हें इतना स्वार्थी नहीं होना चाहिए कि समाधि या मौन आनंद की स्थिति में ही रहना चाहें। सिर्फ़ ध्यान लगाने से कुछ नहीं होगा–उन्हें इस संसार को बदलना है!

उन्हें मिली यह ज़िम्मेदारी और उसके लिए उनकी यात्रा विवेकानंद को आज भी प्रासंगिक बनाती है। यदि वह सिर्फ़ एक एकांतप्रिय रहस्यवादी बन जाते, तो आज उनकी ज़रूरत उतनी नहीं रहती। लेकिन उन्होंने जीने का फ़ैसला किया जिसके कारण आज भी वह अंतर ला रहे हैं। असल में वह स्वयं भी इस बात को कहते हैं :

मेरे गुरु ने जब शरीर को त्यागा (जब रामकृष्ण परमहंस की मृत्यु हुई), हम दर्जनभर फक्कड़ और अनजाने युवक थे। हमारे ख़िलाफ़ सैकड़ों शक्तिशाली संगठन थे, जो हमें पनपने से पहले ही कुचलने की कोशिश कर रहे थे।

लेकिन रामकृष्ण से हमें एक बहुत बड़ा उपहार मिला था, वह इच्छा कि सिर्फ़ बात नहीं करनी है जीवन भर संघर्ष करना है और जीवन को जीना है... न संख्या न शक्ति न दौलत न शिक्षा न वाक्पटुता न कुछ और रह जाएगी, बस शुद्धता, जीवन को जीना, और एक शब्द में कहें तो अनुभूति रह जाएगी।

आपको अगर याद हो, तो इस पुस्तक की शुरुआत में विवेकानंद को लेकर मैंने कहा था कि हमें उन्हें उनके परिवेश में देखना चाहिए, और उनके जिस संघर्ष को ज़्यादा समझा नहीं गया वह था जो एक शहरी, समृद्ध जीवन को छोड़ कर जीवन भर घूमते और निरंतर भटकते रहने वाले जीवन का चुनाव था। विवेकानंद के जीवन में महानगर से छोटे शहरों और गाँवों में जाने का जो भौगोलिक परिवर्तन दिखता है, वह सिर्फ़ स्थान का ही परिवर्तन नहीं बल्कि चेतना का भी परिवर्तन है। और यह भौगोलिक खोज कोई कम महत्त्व नहीं रखती, बल्कि विवेकानंद के दिमाग़ और उनके विचार के आध्यात्मिक और बौद्धिक विस्तार से भी आंतरिक रूप से जुड़ा है।

यात्रा करने से उन्हें रामकृष्ण के उस सबक़ का महत्त्व समझ आया कि भूख धर्म से अधिक शक्तिशाली है। 'धर्म भूखे पेट वालों के लिए नहीं होता।'

अपनी यात्रा के दौरान, विवेकानंद ने सुना कि 'कलकत्ता में भूख से एक व्यक्ति की मौत हो गई है, तो अपनी छाती पीटते हुए उन्होंने अपने आप से पूछा कि हमने क्या किया है, हम जो तथाकथित भगवान के भक्त हैं, संन्यासी हैं, लोगों के लिए हमने क्या किया है?'

सारी बातों को समझने के कारण ही, विवेकानंद हठ भी करते हैं और मान-मनुहार भी करते हैं,

क्या आप लोगों में कोई भी ऐसा नहीं जो दूसरों की सेवा के लिए अपना जीवन दे सके? वेदांत और ध्यान पर अध्ययन को भविष्य के लिए छोड़ दें! इस शरीर को दूसरों की सेवा में लगा दें! और तब मैं समझूँगा कि आप मेरे पास व्यर्थ में नहीं आए हैं।

यहाँ तक कि भगवान को लेकर उनकी धारणा भी उनकी यात्रा के दौरान बदलती रहती है। उनकी भ्रांतियाँ (जाति, महिलाओं को लेकर) टूटती हैं, वह सही मायने में भगवान की सर्वज्ञता को समझते हैं। वह लिखते हैं,

काश मैं बार-बार जन्म लूँ और ऐसे हज़ारों दुखों को सहूँ यदि मैं उस भगवान को ही पूज सकूँ जिसमें मेरा विश्वास है, जो सारी आत्माओं का परमात्मा है,

और मेरा भगवान जो दुष्ट है, मेरा भगवान जो दुखी है, मेरा भगवान जो सारी जातियों में सबसे ग़रीब है।

यात्रा ने विवेकानंद के मध्यम वर्ग की आख़िरी परतों को भी समाप्त कर दिया, वास्तव में, उस उच्च-मध्यमवर्गीय सोच को, जिससे संन्यासी बनकर भी वह निकल नहीं सके थे। एक कहानी है, जिसे लेकर शंका भी है कि जब विवेकानंद भारत के सबसे दक्षिणी छोर कन्याकुमारी पहुँचे, और समंदर के उस हिस्से को देखा, जिसे आज विवेकानंद रॉक कहते हैं, तो यह ठाना कि उन्हें उस द्वीप तक पहुँचना ही होगा, जो मद्रास तट से 400 मीटर दूर था।

वह थके हुए थे, वहाँ तक नाव से जाने के लिए उनके पास पैसे भी नहीं थे, फिर भी अपनी तीर्थयात्रा के अंतिम पड़ाव तक पहुँचने के लिए वह ख़ुद ही समंदर में कूद पड़े और शार्क से भरी खाड़ी को तैर कर पार किया।

फिर उन्होंने उस 'चट्टान' पर ध्यान लगाया और इस निष्कर्ष पर पहुँचे कि उन्हें दुनिया तक अपने संदेश को पहुँचाना चाहिए :

समय उपयुक्त है। ऋषियों का धर्म गतिशील होना चाहिए। उसे बाहर निकलना ही होगा।

यात्री विवेकानंद को समझने और उनके अनुभवों से आज सीखने के लिए, जैसा कि एडुआर्डो एलेना चे ग्वेरा की यात्राओं के बारे में 2010 के एक लेख में कहते हैं, 'उनके प्रस्थान के बिंदु का अध्ययन करना चाहिए, दूसरे शब्दों में, उन संभावनाओं का जो उस समय उनके सामने थीं और जिन परिस्थितियों के अनुसार उन्होंने कार्रवाई की।' विवेकानंद के प्रस्थान का बिंदु हू-ब-हू वैसा ही हो सकता है जैसा कि हम में से कई लोगों का होता है, परिस्थितियाँ समान हो सकती हैं और देश जहाँ कई मायने में ऐसा हो गया है कि पुरानी स्थिति में लौट न सके, लेकिन कुछ मायने में यह वैसा ही है, और इस कारण ही बाहरी माध्यमों के उपयोग से आंतरिक खोज के साधन के रूप में यदि कहें तो यात्रा आज भी एक महत्त्वपूर्ण उपाय है।

ऐसा लगता है कि विवेकानंद आज हमें वही याद दिला रहे हैं, जैसा कि कभी आदि शंकराचार्य ने कहा था कि अपने आप को भीतर ढूँढ़ने के लिए इस संसार में अपने स्थान को इस संसार और अपने मन में ढूँढ़ोगे, तो तुम्हें भी अपना घर छोड़ना होगा।

विवेकानंद जिस समय अपनी यात्रा पर निकले वह भारतीय इतिहास का एक अनोखा युग था। महज तीन दशक पहले 1857 में अंग्रेज़ी शासन (उस समय ईस्ट इंडिया कंपनी का) के विरुद्ध स्वतंत्रता की पहली लड़ाई लड़ी गई थी, और अगर आप आँकड़े को देखें, तो भारत में ईस्ट इंडिया कंपनी के शासन (1757-1857) के दौरान औसत आय 17 प्रतिशत तक गिर गई। हालाँकि, इसके बाद ब्रिटिश क्राउन के अंतर्गत आगे की सरकार में यह 10 प्रतिशत तक बढ़ गई, लेकिन यह अठारहवीं सदी के भारत से कोसों दूर थी जब देश 'निर्माण क्षेत्र में दुनिया के प्रमुख देशों में शामिल था।' विश्व की जीडीपी में इसका हिस्सा 22.6 प्रतिशत था, जो 1820 में गिर कर 16 प्रतिशत पर आ गया, जो विश्व की आबादी में इसके हिस्से के क़रीब था। साल 1900 तक यह एक अंक पर आ गया। और 1896-97 में, भारत के इतिहास के सबसे भयंकर अकाल ने लगभग 50 लाख लोगों को मार डाला और लगभग 10 करोड़ लोगों का जीवन अस्त-व्यस्त हो गया। '1680 के दशक में भारत से ईस्ट इंडिया कंपनी का सूती कपड़ों का निर्यात 221,500 पीस से बढ़ कर 707,000 तक पहुँच गया।' इसके साथ ही, '18वीं सदी की शुरुआत में वस्त्र के वैश्विक कारोबार में भारत 25 प्रतिशत का हिस्सेदार था,' लेकिन वर्ष 1896 के आते-आते, भारतीय कपड़ा मिल भारत में उपयोग किए जाने वाले कपड़ों का महज 8 प्रतिशत उत्पादन ही कर पाते थे। तो भारतीयों के द्वारा इस्तेमाल किए जा रहे ज़्यादातर कपड़ों की आपूर्ति कौन कर रहा था? ब्रिटेन के मिल।

इस प्रकार, विवेकानंद देश के कई हिस्सों में घूम रहे थे और ग़रीबी को देख रहे थे। यात्रा पर उनके निकलने से बमुश्किल एक दशक पहले, 1875 के मई-जून में महाराष्ट्र के किसानों ने बढ़ती ग़रीबी, ऋणग्रस्तता और खेती से कमाई न होने के ख़िलाफ़ विद्रोह कर दिया। अगले कुछ पैराग्राफ़ में, हम देखेंगे कि इन हिंसक घटनाओं का कारण क्या था और उस परिदृश्य को समझने का और उसकी कल्पना करने का प्रयास करेंगे, क्योंकि उस समय यह देश प्रमुख रूप से ग्रामीण था जिसका भ्रमण विवेकानंद कर रहे थे। महाराष्ट्र में हिंसक घटनाएँ पुणे के कई हिस्सों के अलावा सतारा और नागर ज़िले तक फैल गईं। क़र्ज़ के दस्तावेज़ों को जीवन भर की बंधुआ मजदूरी में बदलने वाले साहूकारों के निरंतर शोषण से गुस्साए किसानों ने विद्रोह कर दिया और उन करारों और दस्तावेज़ों को लूटने और नष्ट करने का प्रयास किया। इन घटनाओं को दक्कन के दंगों के नाम से जाना जाता है।

संक्षेप में कहें तो 1875 के दंगों का मूल कारण कृषि क्षेत्र का संकट था। 1819 से 1821 के बीच यह क्षेत्र अंग्रेज़ों के क़ब्ज़े में आ गया, जिन्होंने रैयतों (किसानों) की वित्तीय क्षमताओं का "हद से अधिक" आकलन कर लिया, जिससे उन पर "20 वर्षों तक हद से अधिक मूल्यांकन" का बोझ पड़

गया जिसके "बर्बादी" लाने वाले नतीजे हुए। एक वरिष्ठ अंग्रेज़ अधिकारी ने बेझिझक स्वीकार किया कि अधिक-आकलन ने "देश की कृषि पूँजी को चूस लिया," जो उस ग़रीबी का "बहुत बड़ा कारण" था जिसमें उस समय के किसान डूबे थे।

जानकारों का कहना है कि अंग्रेज़ों के आने से जो हुआ उसका सार यही है कि खेती करने वाला स्थानीय समुदाय बर्बाद हुआ, और खेती तथा क़र्ज़ देने वालों के बीच का पुराना संबंध समाप्त हो गया। अपनी तमाम कमियों के बावजूद, भारतीय कृषि में एक प्रकार की सामाजिक एकजुटता की भावना थी जिससे क़र्ज़ की सारी संरचना बनती थी और क़र्ज़ मिलने का प्रवाह होता था। लेकिन अंग्रेज़ों के आने से भू राजस्व वसूली की रैयतवाड़ी व्यवस्था की शुरुआत हुई, जिसने खेती करने वाले कुनबियों और साहूकारों या गाँव के बनियों के बीच की सामाजिक एकजुटता को तोड़ दिया।

मैंने इसकी सबसे सारगर्भित व्याख्या एक शोध पत्र में पढ़ी है जिसे 1965 में प्रकाशित किया गया था। मैंने उस शोध पत्र से कुछ पैराग्राफ़ लिए हैं जिससे इस बात को समझाया जा सके :

गाँवों में पहले कुनबियों पर पट्टेदारी की सामूहिक ज़िम्मेदारी रहा करती थी। रैयतवाड़ी व्यवस्था ने उसे समाप्त कर गाँव की एकजुटता को कमज़ोर कर दिया। यह नई तर्ज़ पर ग्रामीण क़र्ज़ को पुनर्गठित करने की भी ज़िम्मेदार थी। स्थानीय नियम के अनुसार गाँव के वणि की भूमिका शहरी साहूकार से एकदम अलग थी। वणि ग्रामीण समुदाय का सदस्य था जो उसकी न्यायिक और प्रशासनिक सत्ता के अधीन था। वह दुकानदार के साथ ही साहूकार भी था, और उसकी बेहद मामूली पूँजी या तो कुनबियों को सीमित अग्रिम भुगतान में फँसी रहती थी या अनाज के क़र्ज़ में। उसके अलग-थलग रहने और कुनबियों पर अपने जीवन और संपत्ति की सुरक्षा के लिए निर्भर रहने के कारण, वणि ने कभी गाँव को कोई धमकी नहीं दी।

दूसरी तरफ, शहरी साहूकार थोड़ा अलग क़िस्म का व्यक्ति था। न केवल बड़े पैमाने पर अपने वित्तीय लेन-देन के कारण बल्कि ग्रामीण समुदाय की तुलना में अपनी स्थिति के कारण भी। सीधे तौर पर किसानों से लेन-देन के बजाए, वह एक समुदाय के रूप में प्रत्येक गाँव को क़र्ज़ उपलब्ध कराता था जिससे कि वह राजस्व के अपने दायित्व को पूरा कर सकें। इस कारण अक्सर साहूकार गाँव के अतिरिक्त उत्पाद पर नियंत्रण रखता था। हालाँकि, वह गाँव की अर्थव्यवस्था पर ज़्यादा गहरा नियंत्रण नहीं रखना चाहता था क्योंकि इससे वह अपनी जाति की सामाजिक शैली के विपरीत चला जाता।

इस कारण 1827 में बॉम्बे की सरकार ने ग्रामीण समुदाय को क़र्ज़ से मुक्ति दिलाने के लिए उसकी एवज में साहूकारों को भूमि-अनुदान देने का प्रयास किया, तो साहूकारों ने सीधे तौर पर कृषि उत्पादन में शामिल होने को लेकर अनिच्छा जता दी और इन भूमि-अनुदानों को ठुकरा दिया।

हालाँकि, रैयतवाड़ी व्यवस्था ने गाँव को क़र्ज़ देने वाली साहूकार की भूमिका को बदल दिया। चूँकि नई व्यवस्था का ज़ोर भूमि-कर के भुगतान में व्यक्तिगत ज़िम्मेदारी पर था, इसलिए क़र्ज़ की ज़रूरत अब ग्रामीण समुदाय को नहीं बल्कि किसान को थी। इस कारण, साहूकार का अब ग्रामीण समुदाय के पटेल यानी ग्राम प्रधान से कोई लेना-देना नहीं था। इसकी बजाए, वह एक-एक किसान से लेन-देन करने लगा। चूँकि साहूकार के लिए किसान से सीधा कारोबारी संबंध रखना कठिन था, इसलिए वह अपनी जाति के साथी, वणि के माध्यम से गाँव में काम-काज करने लगा। इसका तात्कालिक परिणाम यह हुआ कि वणि पहले की तुलना में गाँव के बाहर अपनी जाति के साथियों से अधिक एकजुट हो गया। साहूकार हर संभव तरीक़े से उसकी मदद करने लगा ताकि वह अपनी नई भूमिका को अच्छी तरह निभा सके जो उसे मिली थी। इन सबने न केवल कुनबी की तुलना में वणि की स्थिति को मज़बूत किया, बल्कि ग्रामीण समुदाय में संघर्ष के अवसरों को भी बढ़ा दिया। इसमें संदेह नहीं कि अंग्रेज़ों की जीत के बाद के दशकों में कुनबी और वणि के बीच की दुश्मनी ने दक्कन के गाँवों में बहुत बड़ी दरार पैदा कर दी।

अंग्रेज़ों की ओर से गठित नई अदालतों ने इस दुश्मनी को और भी बढ़ा दिया। इन अदालतों ने न केवल कुनबियों से न्यायिक अधिकार छीन लिए, बल्कि अदालतों की कार्यवाही सामाजिक समानता और अनुबंध की ज़िम्मेदारी की अवधारणाओं से भी जुड़ी थी जो कुनबी के मुक़ाबले वणि के पक्ष में थी।

असल में हो क्या रहा था? विवेकानंद अपने आसपास क्या देख रहे थे? कलकत्ता के अमीर लड़के की हैसियत के बाद वह एक ग़रीब संन्यासी बन गए थे और अपनी लंबी और कष्टकारी यात्राओं के दौरान उन्होंने विशेष रूप से ग्रामीण भारत में भयंकर ग़रीबी को देखा। वह एक ऐसे देश में घूम रहे थे जो एक बार फिर एक नए शासक, एक नई संस्कृति का सामना कर रहा था। इस बार सैकड़ों वर्षों के इस्लामी शासन के बाद अंग्रेज़ क़ब्ज़ा जमाते चले जा रहे थे। कोई भी यही कहेगा कि भारत की जिस आत्मा की खोज विवेकानंद कर रहे थे, उस आत्मा को ही बदला जा रहा था। यहाँ एक ऐसा देश था जहाँ आजीविका के लिए ज़्यादातर लोग खेती करते थे। ऐसी आजीविका जो एक नई दुनिया, नई ऋण-दाताओं, नए करों, नए क़ानूनों, नए करारों का सामना कर

रही थी, और इन सभी की निगरानी सांस्कृतिक रूप से नया विदेशी शासक कर रहा था, जो उतना ही अजनबी था, जितना कि शुरुआती इस्लामी सेनाएँ जो उत्तर दिशा से आई थीं।

खेती के लिए क़र्ज़ की व्यवस्था अंग्रेज़ों की नए तरीक़े की नीतियों पर आधारित थीं जिसमें साहूकार अंग्रेज़ समर्थित व्यापारियों की ओर से आने वाली पूँजी की मदद से ऐसी नई व्यवस्था बना सकता था जो ज़्यादा कठोर थी और जिसने भूमि और भूमि के मालिकों और मजदूरों पर उन्हें अधिक शक्ति दी। वास्तव में, इसने उन्हें 'क़र्ज़दार को पूरी तरह से बर्बाद करने और गुलाम बनाने की शक्ति' दे दी।

इस संदर्भ में, उन कुछ एक किरदारों की चर्चा अवश्य होनी चाहिए जो इस समय भारतीय सोच को स्वरूप दे रहे थे और उसे झकझोर रहे थे। वासुदेव बलवंत फड़के, जो किसानों की दुर्दशा से नाराज थे और उन्होंने 1878 में ब्रिटिश शासन के ख़िलाफ़ सैन्य संघर्ष का नेतृत्व किया था। फड़के ने सामाजिक कार्यकर्ता और आक्रामक पहलवान लहूजी वस्ताद साल्वे से पहलवानी सीखी थी जो 'अस्पृश्य' मंग समुदाय से आते थे। उन्होंने फड़के को शिक्षा दी कि कैसे पिछड़ी जातियों को स्वतंत्रता आंदोलन में शामिल किया जाए। फड़के ने अंग्रेज़ों पर कई हमलों का नेतृत्व किया और एक बार, जब उन्हें पकड़ने का इनाम घोषित किया गया, तब उन्होंने जवाब में न केवल बॉम्बे के तत्कालीन ब्रिटिश गवर्नर को पकड़ने के लिए बल्कि इसके विपरीत औपनिवेशिक सरकार में प्रत्येक ब्रिटिश कर्मचारी की हत्या के लिए भी इनाम का ऐलान किया। बंगाली लेखक बंकिम चंद्र चट्टोपाध्याय ने फड़के के अनेक कारनामों को कहानी का रूप दिया। आधुनिक बंगाली लेखन के जनक और विवेकानंद के समकालीन चट्टोपाध्याय ने अपने राष्ट्रवादी उपन्यास, *आनंदमठ* में औपनिवेशिक शासन से लोहा लेते लड़ाके संन्यासियों के एक समूह का वर्णन किया है। छले गए, गिरफ़्तार किए गए और यमन की अदन जेल भेजे गए फड़के ने भागने का प्रयास किया और उन्हें फिर से गिरफ़्तार किया गया। आख़िरकार भूख हड़ताल के दौरान उनकी मृत्यु हो गई।

यही वह समय भी था, जब समाज सुधारक और विचारक महादेव गोविंद रानाडे भारत में घूम-घूम कर व्याख्यान दे रहे थे कि किस प्रकार ब्रिटिश शासन से इस देश की संपत्ति छिनती चली जा रही है। आगे चल कर रानाडे भारतीय राष्ट्रीय काँग्रेस के संस्थापक सदस्यों में से एक बने, जो भारत की पहली राजनीतिक पार्टी थी।

इस प्रकार, देश में अपने भ्रमण के दौरान, विवेकानंद ने न केवल भयंकर रूप से एक ग़रीब देश और निरर्थक कर्मकांडों में निराशावाद की हद तक उलझे धर्म को देखा, बल्कि विदेशी शासन के विरुद्ध संघर्ष की शुरुआती सुगबुगाहट को भी देखा। वह बंगाली वकील, व्योमेश चंद्र बनर्जी थे जो भारतीय राष्ट्रीय काँग्रेस के पहले अध्यक्ष बने,

और आगे चलकर, पहले दो भारतीयों (दूसरे उनके साथी काँग्रेसी दादाभाई नौरोजी थे) में से एक थे जिन्होंने इंग्लैंड में चुनाव लड़ा।

यह भी दिलचस्प है कि एलन ओक्टावियो ह्यूम, जो आज काँग्रेस पार्टी के संस्थापक के रूप में विख्यात हैं, थियोसोफ़िकल सोसाइटी के एक प्रभावशाली सदस्य थे। थियोसोफ़िकल सोसाइटी एक भारी सनकी आध्यात्मिक सोसाइटी थी, जिसने दुनिया के सभी बड़े धर्मों के प्रभावों को एकजुट कर 'सत्य की खोज करने वाले असांप्रदायिक संगठन' के निर्माण का प्रयास किया।

आज भी, थियोसोफ़िकल सोसाइटी की वेबसाइट उसके लक्ष्यों को इस प्रकार बताती है :

> थियोसोफ़िकल सोसाइटी सच्चाइयों का एक निकाय है जो सभी धर्मों का आधार हैं, और जिस पर कोई सिर्फ़ अपना दावा नहीं कर सकता है। यह एक ऐसा दर्शन सामने रखता है जो जीवन को विवेकपूर्ण बनाता है, और उस न्याय तथा प्रेम को दर्शाता है जो उसके विकास को राह दिखाते हैं। यह मृत्यु को उसके सही स्थान पर रखता है, जो अंतहीन जीवन में बार–बार होने वाली घटना है, और जो एक पूर्ण तथा अधिक दीप्तिमान जीवन का प्रवेश द्वार है। यह दुनिया में आत्मा के विज्ञान को फिर से स्थापित करता है। मनुष्य को शिक्षा देता है कि वह स्वयं आत्मा है और शरीर उसका सेवक है। यह धर्मग्रंथों और धर्मों के सिद्धांतों को उनमें छिपे अर्थों को सामने लाकर आलोकित करता है। और उन्हें विवेक के आधार पर सही ठहराता है जैसा कि संस्थान की दृष्टि से उन्हें सही कहा जाता है।

अब आप यह सोचेंगे कि इसका विवेकानंद के शाश्वत सत्य के विचारों से कई प्रकार से संबंध होगा, जो वैदिक और उपनिषदीय ज्ञान पर आधारित थे। ऐसे सत्य जो पूरी मानवता के लिए समान हैं। लेकिन विवेकानंद और ब्रह्मविद्यावादियों के बीच अनेक मतभेद थे, भले ही उन्हें उस 'नव हिंदुत्व' के एक नए आंदोलन का हिस्सा कहा जा सकता है जो भारतीय समाज में चल रहा था। इसमें ब्रह्म समाज, आर्य समाज, थियोसोफ़िकल सोसाइटी और अन्य शामिल थे। आगे चलकर विवेकानंद इस आंदोलन के सबसे सशक्त प्रतिपादक बनने वाले थे, जिसका लक्ष्य इस धर्म के मौलिक सिद्धांतों की या उन बातों की फिर से खोज करना था, जो इसकी असंख्य और विविध धाराओं को एकजुट करते हैं।

हालाँकि, ब्रह्मविद्यावादियों और विवेकानंद के सभी को शामिल करने वाले वेदांत के विचारों में अनेक समानताएँ थीं, लेकिन ब्रह्मविद्यावादी हमेशा उनका विरोध करते थे।

अमेरिकी पुरुषों और महिलाओं ने जितने खुले दिल से स्वामी विवेकानंद और उनके जीवित वेदांत का स्वागत किया, उनके ख़िलाफ़ अमेरिकी ब्रह्मवादियों ने उतना ही दुष्प्रचार किया।

दरअसल, वह पहली बार जब अमेरिका पहुँचे और उनके पैसे ख़त्म होने लगे। ऐसा लगने लगा कि वह धर्म संसद तक नहीं पहुँच पाएँगे, तब उन्होंने मद्रास में अपने दोस्तों से मदद माँगते हुए एक पत्र लिखा। 'ब्रह्मवादियों को मालूम पड़ गया है, और मेरे पास एक ब्रह्मवादी की लिखी चिट्ठी है कि शैतान अब मरने वाला है। ईश्वर हम पर कृपा करें।'

विवेकानंद और अन्य नव-हिंदूवादी आंदोलनों में क्या-क्या अंतर थे? इसका उत्तर उस लेक्चर में मिलता है जो उन्होंने मद्रास में दिया था, जहाँ भारत में ब्रह्मवादी आंदोलन का मुख्यालय था, और जहाँ यह युवा संन्यासी उस समय तेज़ी से अपने अनुयायियों के आधार को तैयार कर रहा था। वह कहते हैं :

कहने की आवश्यकता नहीं कि इस सोसाइटी ने भारत में कुछ अच्छे काम किए हैं... लेकिन यह एक बात है, और ब्रह्मवादियों की सोसाइटी में शामिल होना दूसरी बात। आदर, सम्मान और प्रेम एक चीज़ है, और कोई भी जो कुछ कहता है उन सारी बातों को बिना सोचे-समझे और अच्छा-बुरा देखे, बिना विश्लेषण के हजम कर जाना एकदम दूसरी बात। इस तरह की बातें हो रही हैं कि ब्रह्मवादियों ने अमेरिका और इंग्लैंड में मेरी तुच्छ उपलब्धि में योगदान दिया। मैं आपको बस इतना कहूँगा कि इसका एक-एक शब्द ग़लत है, इसका एक-एक शब्द झूठ है। हम दुनिया भर में उदारवादी विचारों और विचारधारा से मतभेद में सहानुभूति को लेकर लंबी-चौड़ी बातें सुनते हैं। बड़ी अच्छी बात है, लेकिन सच यह है कि हम में से कोई किसी के साथ तब तक ही सहानुभूति रखता है। जब तक कि उसकी हर कही बात को मान लेता है, लेकिन जैसे ही वह अलग बात कहने की हिम्मत करता है, वह सहानुभूति समाप्त हो जाती है, वह प्रेम ग़ायब हो जाता है। कुछ और भी लोग हैं जो अपना उल्लू सीधा करते रहते हैं, और जब भी देश में कुछ ऐसा शुरू होता है जो इसके आड़े आता है, तो उन्हें जलन होने लगती है, किसी भी हद तक दुश्मनी पर उतर आते हैं, समझ नहीं पाते कि क्या करें। अगर हिंदू अपने घर को स्वच्छ कर रहे हैं तो इससे ईसाई धर्मप्रचारकों को क्या समस्या है? अगर हिंदू अपने अंदर सुधार लाने की पूरी कोशिश कर रहे हैं तो इससे ब्रह्म समाज और दूसरी सुधारक संस्थाओं को क्या नुक़सान होगा? वे क्यों विरोध कर रहे हैं? वे इन आंदोलनों के सबसे बड़े दुश्मन क्यों बने हैं? - मैं पूछता हूँ। मुझे

लगता है कि उनकी नफ़रत और उनकी ईर्ष्या इतनी तीखी है कि आप क्यों या क्या पूछ ही नहीं सकते। चार साल पहले, मैं बेचारा, अनजान, अकेला संन्यासी जब अमेरिका जा रहा था, जबकि वहाँ न कोई परिचित था ना कोई मित्र, तब मैं थियोसोफ़िकल सोसाइटी के मुखिया से मिलने गया। स्वाभाविक रूप से मैंने सोचा कि एक अमेरिकी और भारत को प्रेम करने वाले के नाते, शायद वह किसी से मेरा परिचय करवाने के लिए कोई पत्र देंगे। उन्होंने मुझ से पूछा, "क्या तुम मेरी सोसाइटी में शामिल होगे?" "नहीं," मैंने जवाब दिया, "कैसे शामिल हो जाऊँ? मैं आपके ज़्यादातर सिद्धांतों में विश्वास भी नहीं करता हूँ।" "तो फिर मैं माफ़ी चाहूँगा, मैं तुम्हारे लिए कुछ नहीं सकता," ये उनका उत्तर था।

वह जब देश में घूम रहे थे, तो विवेकानंद ने साफ़ तौर पर न केवल दोस्त बनाए बल्कि उनके कुछ कट्टर दुश्मन भी बन गए। सारे धार्मिक कट्टरता रखने वाले, हिंदू, ग़ैर-हिंदू, नव युगीनों (जैसे कि ब्रह्मवादी) को उनसे समस्या थी। अपनी यात्रा के दौरान, विवेकानंद को समझ में आ गया कि उनका देश किस तरह के भौतिक और भावनात्मक संकट से गुज़र रहा है। उन्होंने ग़रीबी और राजनीति को देखा। शायद उन्हें यह एहसास हो गया कि वह एक अशांत, अनोखे युग में जी रहे थे, और इस कारण अपने संदेश को लोगों तक पहुँचाने की ज़िम्मेदारी और भी महत्त्वपूर्ण थी। इस चुनौती ने विवेकानंद में नया जोश भर दिया होगा, और ऐसा लगता है कि उन्होंने ऐसी सारी आशंकाओं का भी सामना किया होगा जो इसका हिस्सा होंगी। इसमें जरा भी संदेह नहीं कि विवेकानंद अपने समय की एक उपज थे, वह एक ऐसे समय में पुनर्जागरण पुरुष थे, जब पुनर्जागरण का उदय और उत्कर्ष भारत में हो रहा था।

भारत में यात्रा के दौरान, उन्हें एक दिलचस्प तरीक़े से यह एहसास हुआ कि अपने प्रिय देश के भीतर भी काम करने के लिए उन्हें बाहर जाकर पश्चिम के लोगों का दिल जीतना होगा। वह समझते थे कि भारत स्वतंत्र नहीं है, लेकिन उन्होंने न केवल राजनीतिक स्वतंत्रता, बल्कि मन, इच्छा और आत्मा की स्वतंत्रता का भी प्रयास किया।

मुझे ज़बरदस्त शक्ति का अनुभव होता है! ऐसा लगता है, जैसे मेरे अंदर से शोले निकलने लगेंगे। मेरे अंदर कितनी ही शक्तियाँ हैं! ऐसा लगता है जैसे मैं इस संसार में क्रांति ला सकता हूँ।

उन्होंने जो कुछ जाना था, उसे इस संसार को बताने के लिए एक मंच की आवश्यकता थी। वह जानते थे कि इसके बात उनका अपना देश भी इसे सुनेगा। भारत में अपनी यात्राओं के समापन पर, विवेकानंद ने अपने साथी संन्यासियों से कहा :

मैं अब पूरे भारत का भ्रमण कर चुका हूँ... लेकिन अफ़सोस, इससे मुझे, मेरे भाइयों को कष्ट हुआ, जब हमने अपनी आँखों से लोगों की ग़रीबी और कष्ट को देखा, और मैं अपने आँसुओं को रोक नहीं पाया! अब यह मेरा दृढ़ विश्वास है कि उनकी ग़रीबी और उनके कष्ट को दूर किए बिना उन्हें धर्म का उपदेश देना व्यर्थ है। यही है कारण है कि भारत के लोगों के उद्धार के लिए मैं अमेरिका जा रहा हूँ।

5

अंतरराष्ट्रीयतावादी

अमेरिकी धार्मिक अध्ययन के विद्वान ह्यूस्टन स्मिथ ने लिखा था :

अपने पचहत्तरवें जन्मदिन पर, मैलकम मगरिज ने पीछे मुड़ कर *द मैनेचेस्टर गार्जियन* के संपादक के रूप में अपने लंबे सफ़र को देखा और इस नतीजे पर पहुँचे कि बीसवीं सदी का एकमात्र सबसे महत्त्वपूर्ण तथ्य यह है कि अपने पास मौजूद तमाम निरंकुश साधनों के बावजूद, सोवियत संघ रूसी रूढ़िवादी चर्च को नष्ट नहीं कर सका।

चीन में, माओ की सांस्कृतिक क्रांति के दौरान, हर दिन और निरंतर रूप से 'संस्कृति और आध्यात्मिक मूल्यों का नुक़सान, मान-सम्मान का नुक़सान, पेशे का नुक़सान, मर्यादा का नुक़सान हो रहा था।' लेकिन, रूस की तरह ही धर्म कभी लुप्त नहीं हुआ। स्मिथ ने कहा, 'यही बात चीनी जनवादी गणराज्य की ओर से अपने धर्मों के सम्मान को लेकर कही जा सकती है। नैतिकता को लेकर कनफ़्यूशियस की बातें स्कूलों में फिर से पढ़ाई जा रही हैं।'

धर्म संसद में विवेकानंद का संदेश ऐसा ही था :

आज इस संसार में तीन धर्म हैं जो प्रागैतिहासिक काल से ही चले आ रहे हैं-हिंदू धर्म, पारसी धर्म, यहूदी धर्म। उन सभी ने भयंकर आघातों को झेला है और बने रहकर उन्होंने अपनी आंतरिक शक्ति को साबित किया है। लेकिन पारसी धर्म जहाँ ईसाइयत को ग्रहण करने में विफल रहा और अपने जन्म स्थान से उसे सब पर विजय पाने वाली पुत्री ने खदेड़ दिया, और उनके महान धर्म की कहानी बताने के लिए कुछ मुट्ठी भर पारसी बचे हैं। भारत में एक के बाद एक संप्रदाय सामने आते गए और ऐसा लगा कि वे वेदों के धर्म की नींव हिला देंगे, लेकिन भयंकर भूकंप के बीच समुद्र तट की लहरों की तरह ही वे कुछ समय के लिए कम होने के बाद, पूरी ताक़त से बाढ़ लेकर लौटे,

और हज़ार गुना ताक़त के साथ सबको समान लेने की कोशिश की, लेकिन अचानक आई यह बाढ़ जब समाप्त हुई, तब सारे संप्रदाय मुख्य धर्म में समा गए और उसी में घुल-मिल गए।

स्वामी विवेकानंद उस बंगाल पुनर्जागरण से पैदा हुए, जिसने पश्चिमी तर्क और दर्शन को एक साथ सामने रखा और प्राचीन भारतीय मन, हिंदू मन ने जिन सबसे अच्छी बातों को दिया था उन्हें बाहर निकाला और उन्हें साफ़-सुथरा किया। यही बंगाल पुनर्जागरण का उद्देश्य था। आप कह सकते हैं कि अंतरराष्ट्रीयतावाद, संस्कृतियों और दर्शनों का मेल, बंगाल में ज्ञान के युग की मूल कहानी थी।

विवेकानंद पश्चिम में आए तो संसाधनों को लेकर थोड़ी घबराहट थी लेकिन असीम उत्साह भी था। वह वहाँ के दृश्य देख कर खुश थे,

यह (न्यू यॉर्क) काफ़ी साफ़ शहर है। यहाँ काला धुआँ नहीं जो किसी को भी पाँच मिनट में काला कर दे... मुझे लगता है मैं ओपेरा का संगीत पसंद करूँगा... उस दिन बारनम सर्कस देखने गया था। बेशक वह बहुत ज़बरदस्त था।

और इनके साथ ही उन्होंने कुछ अच्छी-अच्छी बातें भी कहीं,

न्यू यॉर्क के लोग बोस्टन वालों जितने बौद्धिक भले न हों, लेकिन मुझे लगता है ज़्यादा ईमानदार हैं। बोस्टन वाले जानते हैं कि दूसरों से लाभ कैसे उठाया जाए। और मुझे ऐसी आशंका है कि उनकी बंद मुट्ठी से पानी भी बाहर नहीं निकल सकता!!!

न्यू यॉर्क के मूल रूप से वैश्विक स्वभाव ने उन्हें यह हौसला दिया कि वह उस देश से अमेरिका आए जो अंग्रेज़ों का उपनिवेश था, जबकि अमेरिका ने औपनिवेशिक शासन से सफल संघर्ष किया था, और विवेकानंद ने जल्दी ही सारे कठिन विषयों से जूझना शुरू कर दिया।

हिंदू अमेरिकन फ़ाउंडेशन के तत्कालीन शिक्षा और पाठ्यक्रम सुधार निदेशक मुरली बालाजी ने लिखा है,

लेकिन विवेकानंद को अमेरिका में नस्ली अन्याय पर अपने विचारों के लिए पर्याप्त श्रेय कभी नहीं दिया गया। अमेरिका में ठहरने के दौरान, उन्होंने ईस्ट कोस्ट और मिडवेस्ट, दोनों में ही समय बिताया और प्रत्यक्ष रूप से भेदभाव

को देखा जिसके तहत गोरे-काले अलग-अलग रखे जाते थे। टेनेसी से होकर किए जाने वाले रेल सफ़र के दौरान, विवेकानंद ने 'केवल श्वेतों के लिए' वाली बोगी में सफ़र करने से इनकार कर दिया, और उसकी जगह उस बोगी में बैठे जो अफ़्रीकी-अमेरिकियों के लिए आरक्षित थी ताकि भेदभाव के अन्याय को दिखा सकें। एक विशेषाधिकार प्राप्त अतिथि (रंग के लिहाज से) के रूप में वह अपनी विडंबनात्मक स्थिति को समझते थे, जबकि वह स्वयं उस देश से आए थे जहाँ करोड़ों नागरिकों के पास मौलिक अधिकार तक नहीं थे।

बालाजी ने कहा कि वह जिस देश से आए थे, उसके कारण विवेकानंद ने किसी न किसी रूप में सदियों की दासता का अनुभव किया और उन्हें अमेरिका में काले लोगों की हैसियत का पहले से ही ज्ञान था, जब उन्होंने 1897 में कहा था कि वे 'गुलामी उन्मूलन से पहले की तुलना में आज सैकड़ों गुना बदतर स्थिति में आ गए हैं। आज उनसे किसी का कोई लेना-देना नहीं है।'

बालाजी लिखते हैं :

विवेकानंद यह देख रहे थे कि दक्षिण में काले लोगों के पास कोई क़ानूनी अधिकार नहीं थे और हक़ीक़त में वे बिना नागरिकता की आबादी थे, जो न तो मुक्त थे ना गुलाम।

उन्होंने यह भी लिखा कि जहाँ विवेकानंद को इस बिंदु पर लगातार ग़लत समझा गया, वहीं डब्लू. ई. बी. डू बोइस जैसे प्रमुख अफ़्रीकी-अमेरिकी नेता अच्छी तरह जानते थे कि विवेकानंद का मतलब क्या था – भले ही वे कभी नहीं मिले थे, और बाद में उन्होंने भारतीय राष्ट्रवादी नेता लाला लाजपत राय से अपने पत्राचार में उस हिंदू संन्यासी को लेकर अपनी व्याख्या पर बात की।

बालाजी कहते हैं :

डू बोइस ने विवेकानंद को लेकर जो समझा और राय तथा रवींद्रनाथ टैगोर जैसी हस्तियों से उनके पत्राचार ने हार्लेम पुनर्जागरण युग के समापन तथा द्वितीय विश्व युद्ध तक ले जाने वाले वर्षों में उनके वैश्विक दृष्टिकोण को आधार दिया।

विवेकानंद के सबसे शुरुआती संरक्षकों में अमेरिका तथा पश्चिमी जगत के अन्य हिस्से की महिलाएँ शामिल थीं। और भारतीय होकर भी उन्होंने उनकी आवाज़ उठाई। 1895 में वह इसाबेल मैकिंडले को लिखते हैं,

मेरे पिछले व्याख्यान को पुरुषों ने उतना पसंद नहीं किया जितना कि स्त्रियों ने, जो हैरान करता है। देखिए यह जो ब्रुकलिन है वह महिला विरोधी अधिकारों के आंदोलन का केंद्र है, और मैंने जब उनसे कहा कि महिलाओं को हक़ है और वे हर काम के लिए उपयुक्त हैं, तो स्वाभाविक रूप से उन्हें यह बात पसंद नहीं आई। कोई बात नहीं, महिलाएँ जोश में थीं।

इतिहासकार एमोरी डे राइनकोर्ट का कहना है कि यह सबकुछ दो कारणों से कारगर हुआ : विवेकानंद बेशक महानगरीय थे और अमेरिका उनके संदेश को सुनने के लिए तैयार था। यह संन्यासी अपने देश की आलोचना करने के लिए उतना ही तैयार था जितना कि अक्सर उसके उदार मेजबान किया करते थे।

विवेकानंद की कुशाग्रता ज़बरदस्त थी और भले ही वह पश्चिमी जगत और उसके चर्च के ढोंग पर हमला करते थे, लेकिन पश्चिमी देशों में सामाजिक एकता की ज़बरदस्त भावना का प्रमाण देकर भारत की खिंचाई भी करते थे।

इस संन्यासी ने यूरोप और ब्रिटेन का सफ़र भले ही किया और वहाँ के कई लोगों के दिलो-दिमाग़ को जीत लिया –

लेकिन यूरोप की यात्रा ने विवेकानंद को इस क़ाबिल बनाया कि वह अमेरिका और पुराने महादेश के बीच, आधुनिक रोम और आधुनिक यूनान के बीच भेद कर सकें। यूरोप में उसकी पुरानी संस्कृति, उच्चतर बुद्धि, जीवन को लेकर उसकी अधिक परिपक्व सोच, महान पूर्वी देशों के अपने जानकारों की वजह से जिनसे उनकी मुलाक़ात हुई... उन्हें अमेरिका की तुलना में वहाँ अधिक अपनापन का अनुभव हुआ और बौद्धिक रूप से, ब्रिटेन के अधिक आशावादियों के मुक़ाबले जर्मनी के कुछ महान लोगों के साथ अधिक सहजता महसूस हुई। उस समय पूर्वी देशों के सबसे महान जानकार मैक्स मूलर से उनकी ऐतिहासिक मुलाक़ात के बाद जोश भरी टिप्पणियाँ सामने आईं।

—यहीं पर उन्हें अपने जीवनकाल के सबसे अधिक समर्पित अनुयायी मिले।

उस समय अमेरिका में ऐसा क्या हो रहा था उसने इन विचारों को ग्रहण किया?

(धर्म) संसद के बाद, अमेरिका के धर्मस्थलों में एक उबाल पैदा हुआ। धर्म का पुनरुत्थान प्रमुख हो गया। चारों ओर पुरोहितों को अप्रत्याशित सफलता

मिली। हज़ारों लोगों के हाथ प्रार्थना के लिए उठे, और लाखों ने बेहतर जीवन जीने का वादा किया। 9 जनवरी 1894 को, *रिपब्लिक* ने अपने पहले पन्ने पर घोषित किया, 'न्यू यॉर्क और ब्रुकलिन में एक धार्मिक लहर चल रही है।' आर्थिक मंदी मँडरा रही थी और धर्म संसद के अप्रत्याशित परिणाम से ईसाई पादरियों को ईसाइयों में जोश भरने के लिए बुलाया जा रहा था। इसने इस लहर को बढ़ाया होगा लेकिन मेरी लुईस बर्क (संन्यासी की अनुयायी और पश्चिम में उनके कार्यों पर पुस्तकों की लेखिका) के अनुसार, उच्च स्तर की आध्यात्मिक शक्ति से संपन्न स्वामी विवेकानंद का भी इसमें कम योगदान नहीं था।

राइनकोर्ट सहमत हैं :

पश्चिम के किसी भी देश की तुलना में अमेरिका उनके संदेश के लिए तैयार दिख रहा था। अपने पुराने दिनों में रोम की तरह ही, अमेरिका प्राचीन यूनान और आधुनिक यूरोप जैसे पुराने सांस्कृतिक देशों की तुलना में धर्म और धार्मिक मामलों को लेकर अमेरिका मौलिक और महत्त्वपूर्ण रूप से अधिक जुड़ा हुआ था। एमरसन, थोरेयो, वाल्ट व्हिटमैन और विलियम जेम्स ने अमेरिका को नए धार्मिक विचारों को ग्रहण करने के लिए उत्सुक और धार्मिक व्यक्तियों के प्रति संवेदनशील बनाया था, जिस पर धार्मिक संशयवाद का इतना प्रभाव नहीं था जितना कि यूरोप पर जो अपने ऐतिहासिक पतन के कगार पर खड़ा था।

राइनकोर्ट ने पहले तो दलील दी थी कि विवेकानंद अपने श्रोताओं को इस कारण प्रभावित कर लिया करते थे, क्योंकि वह पश्चिम के ढोंग पर उतना ही वार करते थे जितना कि भारत की विफलताओं को लेकर सख़्त थे। यह बात उनके लेखों में साफ़ दिखती है, विशेष रूप से उस पत्र में जिसमें वह पश्चिम में महिलाओं के विषय में बताते हैं और फिर भारत की चर्चा करते हैं :

इस देश की महिलाएँ जैसी हैं वैसी दुनिया में कहीं की भी महिलाएँ नहीं हैं। इतनी निर्मल, स्वतंत्र, आत्म-निर्भर, और दयालु! महिलाएँ ही इस देश का प्राण और आत्मा हैं। सारी शिक्षा और संस्कृति के केंद्र में वही हैं। यह कहावत, "याश्रीः स्वयंसुकृतिनांभवनेषु मेधावियों के परिवारों में जो स्वयं भाग्य की देवी है" (चंडी)-इस देश पर चरितार्थ होती है, जबकि एक अन्य "अलक्ष्मीःपापात्मनां पापियों के घर में दुर्भाग्य की देवी" (पूर्वोक्त)-हमारे देश पर लागू होती है। तनिक इस पर विचार कीजिए। हे भगवान! अमेरिका की स्त्रियों को देख कर मैं

आश्चर्य से हक्का-बक्का रह जाता हूँ। "त्वंश्रीस्त्वमीश्वरीत्वंह्रीः आदि-आप ही भाग्य की देवी हैं, आप ही सबसे बड़ी देवी हैं, आप ही विनम्रता हैं" (पूर्वोक्त), "यादेवीसर्वभूतेषुशक्तिरूपेणसंस्थिता-देवी जो सभी में शक्ति रूप में वास करती है" (पूर्वोक्त)-सारी बातें यहाँ चरितार्थ होती हैं। यहाँ हज़ारों ऐसी स्त्रियाँ हैं जिनके मन इस देश की बर्फ़ के समान शुद्ध और श्वेत हैं। और हमारी लड़कियों को देखिए, किशोरावस्था में ही माँ बन जाती हैं!! हे भगवान! मैं अब सबकुछ देख पा रहा हूँ। बंधुओं, "यत्रनार्यस्तुपूज्यन्तेरमन्तेतत्रदेवताः- जहाँ भी नारी का सम्मान होता है वहाँ देवता रहते हैं" - प्राचीन काल के मनु कहते हैं। हम भयंकर पापी हैं, और हमारी थू-थू अपनी स्त्रियों को "नीच," "नर्क का द्वार" वगैरह, वगैरह कहने से हुई है। हे भगवान! स्वर्ग और नर्क में यही अंतर है!! "याथातथ्यतोऽर्थान्ब्यदधात्-वह व्यक्ति की योग्यता के अनुसार ही कृपा करता है" (ईशा, 8)। क्या भगवान को खोखली बातों से बहलाया जा सकता है? भगवान कहते हैं, "त्वंस्त्रित्वंपुमानसित्वंकुमार उतवाकुमारी-तुम ही स्त्री हो, तुम ही पुरुष। तुम ही बालक हो और बालिका भी तुम्हीं हो।" (श्वेताश्वतर उप.) और हम हैं जो रोते रहते हैं, "दूरमपसररेचण्डाल-दूर हट, तू चांडाल!" "केनैषानिर्मितानारीमोहिनि-मनमोहिनी स्त्री को किसने बनाया?" मेरे बंधु, दक्षिण में मैंने उच्च वर्गों द्वारा निम्न वर्ग को सताए जाने का ऐसा ही अनुभव किया है! मंदिरों में मदिरापान कर उत्सव के नाम पर क्या नंगा नाच होता है! यही धर्म है ना जो ग़रीबों का कष्ट दूर नहीं करता और लोगों को भगवान की तरफ़ मोड़ देता है! क्या आपको लगता है कि हमारा धर्म धर्म कहलाने के क़ाबिल है? हमारा धर्म बस मत छूना है, सिर्फ़ "मुझे मत छूना," "मुझे मत छूना।" इससे तो भगवान बचाए! एक ऐसा देश, जिसके बड़े बड़े लोग पिछले दो हज़ार वर्ष से सिर्फ़ यही चर्चा कर रह हैं कि भोजन दाहिने हाथ से ग्रहण करें या बाएँ हाथ से, पानी दाहिनी तरफ़ से लें या बाईं तरफ़ से, अगर ऐसा देश तबाह नहीं होगा तो फिर कौन सा देश होगा? "कालःसुप्तेषुजागर्तिकालोहिदुरति क्रमः-जब सबकुछ सोता है तब समय जागता रहता है। समय सच में अजेय है!" वह जानता है कि कौन उसकी आँखों में धूल झोंक रहा है, मेरे दोस्त?

इसी लहजे, इसी स्वर में, विवेकानंद भारत की विफलताओं को कोसते हैं और जिसे वह पश्चिम में महिलाओं को मिली अनुकरणीय स्वतंत्रता तथा स्वच्छंदता के रूप में देखते हैं, उसकी प्रशंसा करते हैं।

विवेकानंद एक आदर्शवादी थे, जिनकी भाषा कवित्वपूर्ण थी। स्त्रियों पर एक लेक्चर में, वह समझाते हैं कि कैसे भारत में स्त्री का आदर्श माँ है, जबकि उनके अनुसार, पश्चिम में पत्नी होती है। आज यह भले ही पुराने ज़माने की बात लगे लेकिन

उसी व्याख्यान में स्वयं विवेकानंद कहते हैं कि वह आपके सामने उस आदर्श को रखना चाहते हैं। प्रत्येक देश में, स्त्री या पुरुष अनजाने में या जानकारी में ही एक आदर्श का प्रतिनिधित्व करते हैं... व्यक्ति उस आदर्श की बाहरी झलक होता है जिसे अपने अंदर लाना होता है। ऐसे ही लोगों से मिलकर देश बनता है, जो उस महान आदर्श का प्रतिनिधित्व करता है, जिसकी दिशा में वह बढ़ रहा होता है। और, इस कारण, यह धारणा सही में बनाई जाती है कि किसी देश को समझने से पहले आप उसके आदर्श को समझिए क्योंकि प्रत्येक देश अपने मानक के अतिरिक्त किसी अन्य मानक के आधार पर मूल्यांकन के लिए राज़ी नहीं होता।'

एक आदर्शवादी के रूप में, विवेकानंद उसके पक्ष में हैं जिसे वह आदर्श मानते हैं। उदाहरण के लिए, भारत में देवियों को अक्सर 'माँ' कह कर पुकारा जाता है, जैसे रामकृष्ण काली माँ कहते थे। इतना ही नहीं, वह स्त्रियों की शिक्षा की आवश्यकता के विषय में भी बात करते हैं। वह कहते हैं कि वह 'उच्च शिक्षा पर ज़्यादा ज़ोर' देने को अच्छा मानते हैं लेकिन कहते हैं कि

यह विचित्र बात है कि आज ऑक्सफ़ोर्ड और कैंब्रिज के दरवाज़े महिलाओं के लिए बंद हैं, उसी तरह हार्वर्ड और येल के भी, लेकिन कलकत्ता यूनिवर्सिटी ने बीस वर्ष पहले ही (वह वर्ष 1900 में यह बात कह रहे थे स्त्रियों को 1920 तक मैट्रिक करने या ऑक्सफ़ोर्ड यूनिवर्सिटी जाने की अनुमति नहीं थी) अपने दरवाज़े महिलाओं के लिए खोल दिए। मुझे याद है वह साल जब मैंने ग्रैजुएशन किया था – वही स्तर, वही कोर्स, सबकुछ लड़कों जैसा ही और उन्होंने सच में काफ़ी अच्छा किया था।

डेट्रॉएट में 1894 में उनसे पूछा गया था, 'क्या भारत के लोग अपने बच्चों (लड़कियों) को मगरमच्छ के मुँह में डाल देते हैं?' – विवेकानंद ने कटुता के साथ उत्तर दिया कि, 'शायद इस कारण क्योंकि वे कोमल और ज़्यादा नाज़ुक होती हैं और नदी का वह वासी उन्हें ज़्यादा आसानी से चबा सकता है।'

मोक्ष के अपने विचारों के कारण उन्होंने रूस में अपने प्रशंसक बना लिए। रूसी भारतविद रोस्तीलाव रिबाकोव याद करते हुए कहते हैं कि लियो टॉलस्टॉय विवेकानंद के विचारों से प्रभावित थे। वह लिखते हैं :

मैं हाल ही में यासनाया पोलियाना गया था, जहाँ लियो टॉलस्टॉय का घर है... ब्रिटिश अख़बारों से छनकर कलकत्ता के उस संन्यासी की शक्तिशाली आवाज़ उस लेखक तक पहुँची थी। उसने लेखक को अंदर तक हिला

दिया और कुछ समय तक वह पढ़ भी नहीं पाए। वह बेडरूम में गए और पूरी रात विवेकानंद की किताबें पढ़ते रहे। उन्होंने अपनी डायरी में लिखा : 'मैं एक बार फिर विवेकानंद को पढ़ रहा था। उनके और मेरे विचारों में कितनी समानता है।'

विवेकानंद के धर्म का सार लोगों की सेवा करना है। उन्होंने कहा, 'मैं उस भगवान या धर्म को नहीं मानता जो विधवाओं के आँसुओं को नहीं पोंछ सकता या अनाथों को निवाला नहीं दे सकता।' इंसान उनके सिद्धांत के केंद्र में था। सबकुछ इंसान के भले के लिए, उनके विचार मैक्सिम गोर्की की बातों से कितना मेल खाते हैं जिन्होंने उस दौरान ही कहा था : 'मनुष्य का नाम ही सच है।'

पश्चिम में विवेकानंद के मिशन में समझने वाली बात यह है कि वह एक साथ कई काम करने का प्रयास कर रहे थे। पश्चिमी विज्ञान, तकनीक, अर्थव्यवस्था और राजनीतिक शक्ति की श्रेष्ठता को स्वीकार कर चुके विश्व में, वह जानते थे कि अपने देश की महानता पर उपदेश नहीं दे सकते, जो उस समय विदेशी शासन की बेड़ियों में जकड़ा था।

लेकिन वह मानते थे और कहना चाहते थे कि उस समय भारत में भौतिक दृष्टि से जो कमी थी, वह लगभग अप्रासंगिक थी, भले ही वह भारत में सामाजिक सुधार के लिए लगातार प्रयास कर रहे थे, लेकिन उनका दार्शनिक विचार यही था कि भारत अपना योगदान कर सकता था। वह पश्चिम में यही पक्ष रखने गए थे कि वह भारत जो उस समय बुरी तरह से पिछड़ा और ग़रीब माना जा रहा था, वह असल में आने वाले दिनों में बहुत बड़ा योगदान कर सकता है। भारत में एक अनुयायी को लिखे पत्र में वह कहते हैं :

मैं अकेला आदमी हूँ जिसने अपने देश का बचाव करने का साहस दिखाया और मैंने उन्हें वह दिया जिसकी अपेक्षा किसी हिंदू से कभी नहीं की गई थी। उन्हें सूद समेत ईंट का जवाब पत्थर से दिया।

द वंडर दैट इज इंडिया के लेखक और भारतविद, ए.एल. बाशम ने कहा कि 'पिछले एक हज़ार वर्षों में' विवेकानंद 'पहले भारतीय धार्मिक शिक्षक थे जिन्होंने भारत के बाहर प्रभाव जमाया।' अंग्रेज़ी दार्शनिक सी.ई.एम. जोड ने संन्यासी को 'पूरब का पलटवार' कहा।

विवेकानंद की मंशा महज राजनीतिक नहीं है। उन्होंने विभिन्न धर्मों के बीच बातचीत कराने के प्रयास भी किए थे। उनके गुरु रामकृष्ण परमहंस अनेक धर्मों और

मतों से प्रभावित थे और उन्हें अपनाते थे, जबकि विवेकानंद रामकृष्ण के इस अनुभव को दुनिया के साथ बाँटने का प्रयास करते हैं।

लंदन में 1896 में एक इंटरव्यू में वह कहते हैं :

सभी धर्मों में हम कमतर से उच्चतर सत्य की दिशा में सफ़र करते हैं। कभी त्रुटि से सत्य की ओर नहीं जाते। सारी सृष्टि के पीछे एकत्व है, जबकि मन कई हैं। "वह जो विद्यमान है एक है, ज्ञानी उसे अलग-अलग नाम से पुकारते हैं।" मेरे कहने का अर्थ है कि कोई भी छोटे से बड़े सत्य की ओर बढ़ता है। सबसे बुरे धर्म सत्य को ग़लत तरीक़े से समझने वाले धर्म हैं। कोई भी धीरे-धीरे समझ जाता है। यहाँ तक कि शैतान की पूजा भी चरम सत्य और अटल ब्रह्म की ग़लत व्याख्या है। अन्य चरणों में कमोबेश झूठ ही होता है। धर्म के किसी भी रूप में यह पूर्ण रूप में नहीं है।

यह विशेष क्यों है? क्योंकि वह जड़ें जमा चुके पूर्वाग्रहों को निडर होकर चुनौती देता है। वह द इमिटेशन ऑफ़ क्राइस्ट से प्रेम करता है, और यह भी स्वीकार करता है, 'अगर मैं नज़ारथ के यीशु के समय में फ़िलिस्तीन में होता, तो मैं उनके पैर धोता, अपने आँसुओं से नहीं बल्कि अपने हृदय के लहू से!' - इसके बावजूद वह अब भी कठोर रूप से हिंदुओं का धर्मांतरण करने वाली सामूहिक मिशनरी गतिविधि के पूरी तरह ख़िलाफ़ हैं। धर्म संसद में मिली प्रशंसा के बाद भी, वह कहने को तैयार हैं,

मुझे लगता है कि धर्म संसद का मक़सद दुनिया के सामने एक 'विधर्मी शो' करना था, लेकिन देखने को यह मिला कि विधर्मी हावी हो गए और इसे पूरी तरह से ईसाई शो बना दिया। इसलिए रोमन कैथोलिकों को देखें, जो धर्म संसद का आयोजन कर रहे थे, तो धर्म संसद ईसाइयों की दृष्टि से एक विफलता थी। जब ऐसी चर्चा शुरू हुई कि पेरिस में भी एक संसद होगी तो रोमन कैथोलिकों ने तुरंत इसका विरोध किया, लेकिन शिकागो की संसद भारत और भारतीय विचार के लिए ज़बरदस्त रूप से सफल रही। इसने वेदांत की लहर को मज़बूत किया, जिसके प्रभाव में पूरा विश्व है। उन्मादी पादरियों और चर्च की स्त्रियों को छोड़कर, अमेरिकी लोग बेशक इस संसद के परिणामों से काफ़ी खुश हैं।

एक अन्य प्रश्न के उत्तर में, विवेकानंद इंटरव्यू लेने वाले से कहते हैं :

यहाँ तक कि ईसाई भी वेदांत को समझे बिना अपने *न्यू टेस्टामेंट* को नहीं समझ सकते हैं। वेदांत सारे धर्मों का तार्किक आधार है। वेदांत के बिना हर धर्म अंधविश्वास है। इसके साथ सबकुछ धर्म बन जाता है।

क्या ये शब्द किसी 'श्रेष्ठतावादी' के शब्द हैं? इससे पहले कि कोई इसका उत्तर दे, एक और सवाल का जवाब मिलना चाहिए : वेदांत क्या है?

अंग्रेज़ी लेखक क्रिस्टोफ़र इशरवुड कहते हैं :

मूल तत्वों की बात करें, तो वेदांत का सिद्धांत तीन कथनों से बना है। पहला, मनुष्य का असल स्वभाव दैवी होता है। दूसरा, मनुष्य जीवन का लक्ष्य इसी दैवी स्वभाव को महसूस करना है। तीसरा, सारे धर्म मूल रूप से एक ही बात कहते हैं।

जिस पल यह समझ आ जाता है कि वेदांत क्या है, तो श्रेष्ठता की हर धारणा लुप्त हो जाती है क्योंकि जब 'जब सारे धर्म एक ही बात कहते हैं' तो फिर कोई श्रेष्ठ या हीन कैसे हो सकता है?

चूँकि वह इसमें आस्था रखते हैं इस कारण विवेकानंद धर्म परिवर्तन के इतने ख़िलाफ़ हैं। इस कारण ही जापान की यात्रा को लेकर जब उनसे पूछा गया, तो उन्होंने कहा, 'दुनिया ने जापानियों जितनी देशभक्त और कलात्मक जाति नहीं देखी,' लेकिन जब यह पूछा गया कि क्या भारत को जापान जैसा बनना चाहिए, तो वह ज़ोर देकर कहते हैं, 'बिलकुल भी नहीं। भारत को वैसा ही रहना चाहिए जैसा वह है... संगीत की तरह ही हर देश का एक स्वर होता है, एक मुख्य विषय होता है, जो सभी को आकर्षित करता है।' विवेकानंद ने कहा, भारत का संगीत आध्यात्मिकता है और उस आध्यात्मिकता का सार है वेदांत।

अन्य धर्मों, विशेष रूप से ईसाई धर्म और इस्लाम के साथ विवेकानंद की चर्चा अनोखी थी, जिसकी चर्चा हम अंतिम अध्याय में करेंगे, लेकिन यहाँ ग़ौर करने वाली बात यह है कि उस संन्यासी में धर्मांतरण की आलोचना करने के साथ ही बहुलतावाद की शिक्षा देने की भी क्षमता थी।

पश्चिम के धर्म ऐसा मानते हैं कि सृष्टि की रचना उस रचनाकार (भगवान) द्वारा 'कुछ भी नहीं' से की गई है जो ब्रह्मांड से अलग है। स्वामीजी बताते हैं कि वह ब्रह्मांड भगवान है, अपना स्वरूप लेते हैं...

हम अब देखते हैं कि ब्रह्मांडीय ऊर्जा के विभिन्न रूप, जैसे तत्व, विचार, बल, बुद्धि इत्यादि बस उसी ब्रह्मांडीय ज्ञान के स्वरूप हैं, या इसके बाद हम जिसे, परमात्मा कहेंगे। आप जिसे भी देखते, महसूस करते, या सुनते हैं, यह पूरा ब्रह्मांड, परमात्मा की रचना है, या थोड़ा और सटीक ढंग से कहें, तो परमात्मा का रूप है, या और भी सटीक ढंग से कहें तो स्वयं परमात्मा है। भगवान ही सूर्य और तारों के रूप में चमक रहे हैं, वही धरती माता हैं। स्वयं वही सागर हैं। वह ठंडी फुहार बन कर बरसते हैं, वही ठंडी हवा हैं जिन्हें हम साँसों में भरते हैं, और वही हैं जो शरीर में बल के रूप में कार्य कर रहे हैं। वह शब्द हैं जो बोले जाते हैं। वही पुरुष हैं जो बोल रहे हैं। वही यहाँ बैठे श्रोता हैं। वह मंच हैं जिस पर मैं खड़ा हूँ। वह प्रकाश हैं जिससे मैं आपके चेहरों को देख पाता हूँ। सबकुछ वही हैं। वही तत्व भी हैं और इस ब्रह्मांड के कुशल कारण भी, तथा वही हैं जो सूक्ष्म कोशिका में शामिल हो जाते हैं, और दूसरे सिरे पर विकसित होते हैं और फिर से भगवान बन जाते हैं। वही धरती पर आते हैं और निम्नतम परमाणु बन जाते हैं, तथा धीरे-धीरे अपनी प्रकृति को प्रकट करते हैं, फिर से अपने साथ शामिल हो जाते हैं। ब्रह्मांड का यही रहस्य है। आप ही पुरुष हैं, आप ही स्त्री हैं, आप ही वह शक्तिशाली पुरुष हैं जो युवावस्था के अभिमान में चलते हैं, आप ही छड़ी के सहारे लड़खड़ाकर चलने वाले बूढ़े व्यक्ति हैं, आप ही सबमें हैं। हे भगवान, आप ही सबकुछ हैं। ब्रह्मांड का यही समाधान है जो मानव बुद्धि को संतुष्ट करता है। एक शब्द में, हम उस परमात्मा से जन्मे हैं, हम परमात्मा में रहते हैं, और परमात्मा में ही हम लौट जाते हैं।

विवेकानंद स्वाभाविक रूप से न केवल विरोधी विचारों के सहअस्तित्व को लेकर सहज हैं, बल्कि उनके बीच आपस में संबंध जोड़ने और हर एक से दूसरे के विषय में बात करते हैं, तथा पूरब तथा पश्चिम, दोनों को ही संबोधित करते हैं।

अपने एकीकृत दार्शनिक विश्लेषण में, स्वामीजी रचनात्मक द्वंद्वात्मक पद्धति को लागू करते हैं। निम्नलिखित बातों में मान्यता और विपरीत मान्यता के उच्चतर पहलुओं को स्वीकार करते हैं : भारत-पश्चिम, परंपरा-आधुनिकता, अद्वैतवाद-द्वैतवाद, आध्यात्मिक ज्ञान-वैज्ञानिक ज्ञान, धार्मिक-धर्मनिरपेक्ष, ध्यान-कर्म (राज योग-कर्म योग), ज्ञान-भक्ति (ज्ञान योग - भक्ति योग), तथा कारण-भाव। प्रत्येक मामले में, विवेकानंद उच्च स्तर का सार देते हैं जिसमें मान्यता और विपरीत मान्यता की सबसे अच्छी विशेषताएँ एक साथ रहती हैं। विवेकानंद पारंपरिक विचारकों की आलोचना नहीं करते, बल्कि उनके विचारों

के पैमाने को विस्तार देते हैं जिससे आधुनिक मानवता के लिए उन्हें समझना आसान और सार्थक हो जाता है।

उनका तरीक़ा कार्ल मार्क्स के 'विनाशकारी संघर्ष उन्मुख द्वंद्वात्मक विधि' से अलग है, जिसमें मान्यता (पूँजीवाद) को विरोधी मान्यता (सर्वहारा वर्ग की तानाशाही) से समाप्त कर दिया जाता है।

और फिर, विवेकानंद को 'महान सिद्धांतवादी जो सूक्ष्म की तुलना में व्यापक स्तर पर कार्य करता है, जो जहाँ तक संभव हो उदार और समग्र बनने का प्रयास करता है' के रूप में देखा जाता है।

इस प्रकार, यह एक प्रकार से इस देश में अंग्रेज़ों की अधीनता पर हिंदू प्रतिक्रिया है, जिसने बंगाल में बौद्धिक आंदोलन के लिए ठोस आधार का काम किया।

इस संन्यासी को पश्चिम में मिली सफलता का महत्त्वपूर्ण कारण विज्ञान को उत्साह के साथ अपनाया जाना है। जैसा कि यूनिवर्सिटी ऑफ़ पेंसिलवेनिया के प्रोफ़ेसर विल्हेल्म हैल्बफास ने लिखा,

विवेकानंद और उनके उत्तराधिकारी इस बात को लेकर निश्चित थे कि न केवल वेदांत व्यावहारिक बन सकता है बल्कि इसे अपनी ज़िम्मेदारियाँ निभानी हैं तो इसे व्यावहारिक बनना होगा। उन्होंने यह मान लिया कि यही एक है जो सारे धर्मों, दर्शनों, और विचारधाराओं का मिलन स्थल और परम एकता का दर्शन है, जो ठोस आध्यात्मिक आधार दे सकता है और नैतिक आवश्यकताओं और व्यावहारिक लक्ष्यों के लिए प्रभावी प्रेरणा है।

वेदांत का चुनाव हैरान नहीं करता है। यदि एक हिंदू दर्शन होता जो सभी पर लागू होता और जिससे वह पश्चिम पर अपना प्रभाव जमा सकते थे, वह यही था। इसमें उम्र का लाभ भी जुड़ गया। विवेकानंद ने अपने विचारों से जिन सभ्यताओं की सवारी की वे ज़्यादा पुरानी नहीं थी, भले ही उस समय काफ़ी शक्तिशाली थीं। विवेकानंद को भगवान को ब्रह्म के रूप में एक और असंभव रूप से सर्वशक्तिमान मानने की दीक्षा मिली थी, जिनकी थाह लेना अपने निजी अनुभव के अलावा संभव नहीं था।

छह खंडों वाली विवेकानंद की जीवनी *स्वामी विवेकानंद इन द वेस्ट* की लेखिका मैरी लुईस बर्क लिखती हैं :

यदि मैंने पश्चिम को दी गई विवेकानंद की शिक्षा को अच्छी तरह समझा है, तो उनकी शिक्षा के केंद्र में वह स्वयं है, वह आत्मा है। उन्होंने मनुष्य की

परिभाषा को शरीर या मन नहीं बल्कि शुद्ध, अनंत आत्मा के रूप में फिर से दोहराया।

पश्चिमी जगत को पहली बार विवेकानंद ने ही समझाया था कि वेदांत का विज्ञान से कोई झगड़ा नहीं है, और वह विज्ञान के ही सिद्धांतों का पालन करता है :

'ऐसी धारणा है कि जब एक मनुष्य ने एक पत्थर फेंका और जब वह गिरा, तो ऐसा माना गया कि किसी शैतान ने उसे नीचे खींच लिया। ऐसी अनेक घटनाएँ, जो असल में प्राकृतिक घटना होती हैं, लोग उन्हें अप्राकृतिक चीज़ों से जोड़ देते हैं। किसी शैतान ने उस पत्थर को नीचे खींच लिया एक ऐसी व्याख्या थी जो उस चीज़ में नहीं थी, उसके बाहर की बात थी। गुरुत्वाकर्षण को लेकर जो दूसरी व्याख्या है वह उस पत्थर की प्रकृति से जुड़ी है, उसके अंदर की बात थी। आपको ऐसी प्रवृत्ति पूरे आधुनिक विचार में देखने को मिलेगी। एक शब्द में कहें तो विज्ञान का मतलब है कि चीज़ों की व्याख्या उनके अंदर की प्रकृति होती है, और किसी भी बाहरी चीज़ या अस्तित्व से ब्रह्मांड में होने वाली घटनाओं को बताया नहीं जा सकता है। केमिस्ट को अपने काम को बताने के लिए कभी राक्षस, या दैत्य, या वैसी किसी चीज़ की ज़रूरत नहीं पड़ती। भौतिक विज्ञानी या किसी भी अन्य वैज्ञानिक को जिन बातों की जानकारी होती है, उन्हें समझाने के लिए इनमें से किसी की आवश्यकता नहीं पड़ती। और यह विज्ञान की विशेषताओं में से एक है जिसे मैं धर्म पर लागू करना चाहता हूँ। कई धर्मों में इसकी कमी है और इस कारण ही वे धराशायी होकर बिखर रहे हैं।

विवेकानंद का तरीक़ा एकदम अलग है। वह उसे वेदांत की मौलिक बातों की अपनी समझ पर आधारित करते हैं :

मिट्टी की एक लोई से जिस प्रकार मिट्टी की प्रकृति को जाना जा सकता है... उसी प्रकार इस ब्रह्मांड में रेत के एक कण से, हम पूरे ब्रह्मांड के रहस्य को समझ सकते हैं... यही नहीं उन सारी चीज़ों को जो शुरुआत से अंत तक समान होती हैं... सारे तारों और ग्रहों के साथ यह ब्रह्मांड एक अनिश्चित दशा से सामने आया है और यह उसी में वापस लौट जाएगा। इससे हमें क्या सीखने को मिलता है? यह कि जो रूप सामने आता है या जो संपूर्ण दशा है वह प्रभाव है, और जो सूक्ष्म दशा है वह कारण है। हज़ारों वर्ष पहले, कपिल ने इसे दिखाया था, जो सारे दर्शनों के पितामह थे। उन्होंने दिखाया था कि विनाश का अर्थ कारण की ओर वापस लौट जाना होता है। यदि इस मेज़

को तोड़ दिया जाएगा, तो यह अपने कारण में चली जाएगी, जो सूक्ष्म रूप और कणों की स्थिति होती है जिनसे मिलकर यह मेज़ बनी थी। यदि किसी व्यक्ति की मृत्यु हो जाती है, तो वह उन तत्वों में लौट जाएगा जिनसे उसका शरीर बना है। यदि पृथ्वी की मृत्यु होती है, तो यह उन तत्वों में लौट जाएगी जिन्होंने इसे यह रूप दिया था। इसे ही विनाश कहा जाता है, यानी कारण में लौट जाना। इस कारण हम सीखते हैं कि परिणाम कारण जैसा ही होता है, अलग नहीं होता। बस उसका रूप अलग होता है। यह काँच परिणाम है और इसका कारण था, और कारण इसका वर्तमान रूप है। काँच कही जाने वाली सामग्री की निश्चित मात्रा और उसके साथ निर्माता के हाथ की शक्ति, यानी साधन और सामग्री, कारण हैं, जिन्होंने मिलकर इस रूप को बनाया जिसे काँच कहा जाता है। निर्माता के हाथ में जो ताक़त थी वह इस काँच में चिपकने की शक्ति के रूप में विद्यमान है, जिसके बिना कण बिखर जाएँगे, और उसके साथ ही काँच की सामग्री भी मौजूद है। यह काँच इन सूक्ष्म कारणों का एक नए आकार में प्रकटीकरण है, और इसे टुकड़े-टुकड़े किया जाता है, तो चिपकने के रूप में जो शक्ति मौजूद थी वह वापस लौट कर अपने तत्वों में मिल जाएगी, तथा काँच के टुकड़े तब तक उसी रूप में रहेंगे जबतक उन्हें नया रूप नहीं मिल जाता है।

इस प्रकार हम देखते हैं कि परिणाम कभी कारण से अलग नहीं होता। बात बस इतनी सी है कि यह परिणाम कारण की व्यापक रूप में पुनरुत्पत्ति होती है। फिर, हम जिन्हें पौधे, जानवर, या मनुष्य कहते हैं वे सारे रूप अनंत काल तक लगातार उठते, गिरते रहते हैं। बीज से वृक्ष बनता है। वृक्ष से बीज, जो फिर से वृक्ष का रूप लेता है, और इसी तरह चलता रहता है। इसका कोई अंत नहीं होता। पानी की बूँदें पर्वत से बहती हुई सागर तक जाती हैं, और फिर वाष्प बनकर ऊपर उठती हैं, लौट कर पर्वत पर जाती हैं और फिर से सागर में मिल जाती हैं। इसी प्रकार, उठने और गिरने का यह चक्र चलता रहता है। यही सारे जीवों के साथ होता है, यही सारी सृष्टि के साथ होता है जिसे हम देख, महसूस, सुन, या सोच सकते हैं। वह सबकुछ जो हमारे ज्ञान के दायरे में है वह इसी प्रकार से चल रहा है, जैसे मानव शरीर में साँस आती और जाती है। सृष्टि में सबकुछ इसी रूप में है, एक लहर उठती है, दूसरी गिरती है, फिर उठती है, फिर गिरती है। प्रत्येक लहर में एक शून्य होता है, और प्रत्येक शून्य में एक लहर होती है। यह नियम कुल मिलाकर ब्रह्मांड पर उसकी समानता के कारण भी लागू होता है। इस ब्रह्मांड को इसके कारणों, सूरज, चाँद, तारे, और पृथ्वी, शरीर और मन के रूप में देखना चाहिए, तथा इस ब्रह्मांड में सबकुछ अपने सूक्ष्म कारणों में लौट जाएगा, विलीन हो जाएगा,

नष्ट होकर उस रूप में चला जाएगा जिसमें वह था, लेकिन वे सूक्ष्म रूप में कारणों के रूप में रहेंगे। इन सूक्ष्म रूपों से वे एक बार फिर नई पृथ्वी, सूर्य, चंद्रमा, और तारों के रूप में प्रकट होंगे।

इस उठने और गिरने से एक और तथ्य को सीखना चाहिए। वृक्ष से बीज मिलता है, यह तत्काल वृक्ष नहीं बनता, बल्कि निष्क्रियता की एक अवधि होती है, बल्कि बेहद सूक्ष्म अव्यक्त कर्म की एक अवधि होती है। उस बीज को मिट्टी के नीचे कुछ समय तक कार्य करना होता है। यह टुकड़े-टुकड़े हो जाता है, अपघटित होकर अपने पुराने रूप में चला जाता है, और उस अपघटन से फिर से बाहर आता है। शुरुआत में, इस पूरे ब्रह्मांड को इसी तरह उस सूक्ष्म, अनदेखे और अव्यक्त रूप में कुछ समय तक काम करना होता है, जिसे अराजकता कहते हैं, और उससे एक नया प्रस्फुटन सामने आता है। इस ब्रह्मांड के एक प्रस्फुटित होने की पूरी अवधि, सूक्ष्म रूप में इसका जाना, कुछ समय तक वहीं रहना, और फिर से बाहर आना, संस्कृति में कल्प या चक्र कहा जाता है। इसके बाद एक बेहद महत्त्वपूर्ण सवाल उठता है विशेष रूप से आधुनिक समय को लेकर। हम देखते हैं कि सूक्ष्म रूप धीरे-धीरे आकार लेते हैं, और देखते ही देखते विशाल से विशाल हो जाते हैं। हमने देखा है कि कारण परिणाम जैसा ही होता है, और परिणाम दूसरे रूप में एकमात्र कारण होता है। इस कारण यह पूरा ब्रह्मांड शून्य से उत्पन्न नहीं हो सकता। कुछ भी कारण के बिना नहीं होता, और कारण परिणाम का दूसरा रूप होता है।

तो फिर यह ब्रह्मांड किससे बनाया है? इससे पहले के सूक्ष्म ब्रह्मांड से। मनुष्य किससे बना है? अपने पहले के सूक्ष्म रूप से। वृक्ष किससे बना है? बीज से, उसी बीज में वह पूरा वृक्ष था। यह बाहर आता है और रूप ले लेता है। इसलिए, यह पूरा ब्रह्मांड इसी ब्रह्मांड से बना है जो अपने सूक्ष्म रूप में था। अब यह अपने रूप में आया है। यह उसी सूक्ष्म रूप में लौट जाएगा, और फिर से प्रकट होगा। अब हम देखते हैं कि सूक्ष्म रूप धीरे-धीरे बाहर आता है और तब तक बड़े से बड़ा होता जाता है जब तक कि वह अपनी हद तक ना पहुँच जाए, और जब वह अपनी सीमा तक पहुँच जाता है तब वह फिर से वापस जाने लगता है, एक बार फिर सूक्ष्म से सूक्ष्म होने लगता है। सूक्ष्म से बाहर आना और बड़ा होना, इसके हिस्सों के क्रम का बदलना, जिस रूप में यह था, उसे ही आधुनिक युग में विकास कहा जाता है। यह एकदम सच है, बिलकुल सच है। हम इसे अपने जीवन में देखते हैं। कोई भी न्यायप्रिय व्यक्ति इन विकासवादियों से झगड़ा नहीं करेगा। लेकिन हमें और बात सीख लेनी चाहिए। हमें एक क़दम और आगे जाना है, और वह क्या है? यह कि हर विकास से पहले एक खोज होती है। बीज वृक्ष का जनक

होता है, लेकिन दूसरा वृक्ष अपने आप में बीज का जनक होता है। बीज वह सूक्ष्म रूप है जिससे बड़ा वृक्ष निकलता है, और दूसरा बड़ा वृक्ष वह रूप है जिसमें वह बीज शामिल रहता है। यह पूरा ब्रह्मांड सूक्ष्म लौकिक ब्रह्मांड में मौजूद था। वह छोटी सी कोशिका, जो आगे चलकर मनुष्य बनती है, बस साधारण तौर पर अंतर्ग्रस्त मनुष्य थी जो विकसित मनुष्य बन जाती है। यदि यह स्पष्ट है, तो विकासवादियों से हमारा कोई झगड़ा नहीं क्योंकि हम देखते हैं यदि वे अपने विनाशकारी धर्म की बजाए इस क़दम को स्वीकार करते हैं, तो वे इसके सबसे बड़े समर्थक बन जाएँगे।

तो हम देखते हैं कि शून्य से कुछ भी नहीं बन सकता है। सबकुछ अनंत काल से विद्यमान है, और अनंत काल तक रहेगा। लगातार आने वाली लहरों और ढलानों में गति होती है, जो स्पष्ट रूप में सामने आने के बाद सूक्ष्म रूप में लौट जाती हैं। पूरी प्रकृति में यह उद्भव और अवसान निरंतर जारी रहता है। जीवन के सबसे निम्नतम प्रकटीकरण से लेकर सबसे उपयुक्त मनुष्य के उच्चतम स्तर तक पहुँचने की उद्भव की यह पूरी शृंखला अवश्य किसी अन्य का अवसान होगी। सवाल यह है कि : यह किसका अवसान है? इसमें कौन शामिल था? भगवान। विकासवादी आपसे कहेगा कि आपका यह विचार कि वह भगवान थे ग़लत है। क्यों? क्योंकि आप देखते हैं कि भगवान बुद्धिमान हैं, लेकिन हम देखते हैं कि विकास के काफ़ी बाद बुद्धि विकसित होती है। बुद्धि हमें मनुष्य और उच्चतर जीवों में देखने को मिलती है, लेकिन इस संसार में बुद्धि के आने में लाखों वर्ष लग गए। विकासवादियों की इस आपत्ति में दम नहीं है, जैसा कि हम अपने सिद्धांत को लागू कर देखेंगे। वृक्ष बीज से बाहर आता है, बीज में ही लौट जाता है। शुरुआत और अंत एक ही है।

सरल शब्दों में कहें, तो इसका अर्थ है कि विवेकानंद विकास के सिद्धांत को इस कारण आसानी से स्वीकार कर लेते हैं, क्योंकि वह उस पैमाने का उपयोग नहीं करते जो कहता है कि भगवान ने ब्रह्मांड को बनाया और भगवान ने मनुष्य की रचना की। उनकी दलील है कि इस सृष्टि की रचना से पहले और इसके अंत के बाद, सबकुछ जो पहले से था, वह पहले ही भगवान है। चूँकि कुछ भी ऐसा नहीं जो भगवान नहीं है, जो सर्वत्र, सर्वशक्तिमान और सर्वज्ञ है, इसलिए सृष्टि सच में भगवान (या सत्य, यदि आप कहें) का प्रकटीकरण है,

विकास का मतलब बस इतना है कि किसी वस्तु की प्रकृति का पुनर्जन्म हुआ है, यह कि परिणाम कुछ और नहीं बल्कि दूसरे रूप में कारण है, यह कि

परिणाम की सारी संभावनाएँ कारण में मौजूद थीं, कि यह सारी सृष्टि रचना नहीं बल्कि एक विकास है।

क्वांटम भौतिकी के प्रयोगों के माध्यम से सारी चीज़ों के बीच अंतरसंबंध की नई खोजों, अंतर्निहित एकता, सारी चीज़ों की एकता से बहुत पहले ही, विवेकानंद कहते हैं,

ज्ञान का मतलब उस ज्ञान से नहीं जो हमारे पास है, बल्कि उसके सार से है, जो विकास के क्रम में अपने आप को मनुष्यों या अन्य जानवरों में ज्ञान के रूप में अभिव्यक्त करता है। यदि मुझे ऐसा कहने की अनुमति है, तो मैं कहूँगा कि उस ज्ञान का सार का मतलब, चरम सत्य से यहाँ तक कि चेतना से भी परे है। हम ब्रह्मांड में चीज़ों की जिस अनिवार्य एकता को देखते हैं वही ज्ञान है। मेरी समझ से आधुनिक विज्ञान हर बार यही साबित कर रहा है कि हम सब मानसिक, आध्यात्मिक और शारीरिक दृष्टि से एक हैं।

आप समझ सकते हैं कि क्यों इस व्यक्ति ने निकोला टेस्ला को प्रभावित किया था।

विद्वान सुकल्याण सेनगुप्ता और मकरंद परांजपे ने लिखा है कि ब्रह्मांड की रचना को लेकर विवेकानंद के अनेक लेख उल्लेखनीय रूप से 'जॉन व्हीलर और मार्टिन रीस जैसे आधुनिक दार्शनिक-ब्रह्मांडविज्ञानियों, विशेषरूप से "बिग क्रंच" (बड़ा संकट) और "मल्टीवर्स" की अवधारणा के' समान है। ज़रा सोचिए कि विवेकानंद ने इन विचारों को 1895 में, यानी अल्बर्ट आइंस्टीन की ओर से बेहद मशहूर दस्तावेज़ों के प्रकाशन से भौतिकी के नए युग की शुरुआत से 10 वर्ष पहले कहा था।

विवेकानंद और पश्चिमी जगत के बीच सबसे दिलचस्प मुलाक़ातों में से एक जर्मन भारतविद मैक्स मूलर के ज़रिए हुई थी। संन्यासी मूलर से मिलने गए और उन्हें उनका 'छोटा सा घर' और 'सुंदर फुलवारी' पसंद आई। वह इस बात से भी विशेष रूप से अनुरक्त हुए कि मूलर रामकृष्ण परमहंस ('आप जानते हैं कि प्रोफ़ेसर मैक्स मूलर ने पहले ही श्री रामकृष्ण पर *नाइनटीन्थ सेंचुरी* के लिए एक लेख लिखा है, और पर्याप्त सामग्री मिली तो उन्हें उनके जीवन तथा शिक्षा पर व्यापक और पूर्ण विस्तार से लिखने में खुशी होगी?') के प्रशंसक थे।

विवेकानंद ने मूलर को 'वेदांतियों का वेदांती' कहते हुए कहा, 'भारत के प्रति उनमें कितना प्यार है! काश मेरे मन में अपनी मातृभूमि के लिए इसके सौवें हिस्से का प्रेम होता!'

लेकिन संन्यासी के मूलर से उतने ही ज़बरदस्त मतभेद भी थे, विशेष रूप से तथाकथित आर्यों के आक्रमण के मत को लेकर जिसमें बताया गया था कि प्राचीन भारत

में इंडो-ईरानी मूल के घुड़सवार गोरे लोगों ने भारत पर 'आक्रमण' किया था जिन्होंने स्थानीय सिंधु घाटी सभ्यता पर अपना क़ब्ज़ा जमा लिया। आनुवंशिक शोध ने इस मत को ग़लत ('बीते 60,000 वर्षों में कोई भी विदेशी जीन या डीएनए ने भारतीय मुख्यधारा में प्रवेश नहीं किया है') करार दिया, जबकि उससे 120 वर्ष पहले ही विवेकानंद ने कह दिया था :

और आपके यूरोपीय पंडित आर्यों के किसी विदेशी ज़मीन से आने, मूल निवासियों की ज़मीन को छीनने और उन्हें ख़त्म कर भारत में बसने को लेकर जो कुछ कहते हैं, वह पूरी तरह से बकवास, मूर्खतापूर्ण है! आश्चर्य है कि हमारे भारतीय विद्धान भी उनके आगे सिर झुकाते हैं, और इस तरह के भयानक झूठ हमारे बच्चों को पढ़ाया जा रहा है! बेशक यह बहुत बुरी बात है।

भले ही वह जर्मन विद्धान की भारत के प्रति उनके प्रेम और उनके कार्य के लिए प्रशंसा करते थे, लेकिन विवेकानंद यह कहते नहीं डरे,

बेशक वह जो कुछ अपने अनेक लेखों में कहते हैं हमें उन सभी से सहमत होने की आवश्यकता नहीं है, निश्चित रूप से इस प्रकार की सहमति असंभव है। लेकिन सहमत हों या न हों, सच्चाई यही है कि इस एक व्यक्ति ने हमारे पूर्वजों के साहित्य को सहेजने, प्रसार करने, और उनकी प्रशंसा करने में किसी भी अन्य की तुलना में हज़ार गुना अधिक काम किया है, और उन्होंने यह सबकुछ ऐसे हृदय से किया है जो प्रेम और श्रद्धा के मीठे लेप से भरा है।

संक्षेप में कहूँ तो मेरे हिसाब से ये पश्चिम के विवेकानंद हैं, जो किसी भी चूक या आधिपत्य स्वीकार करने को लेकर बेधड़क और घृणा का भाव रखते हैं लेकिन इसके अलावा वह विनम्र और प्रेम से भरे हैं। आख़िर कैसे एक संन्यासी जिसने *मेमॉयर्स ऑफ़ यूरोपियन ट्रैवल* (यूरोपीय यात्रा के संस्मरण) नाम की विस्तृत डायरी लिखी जिसमें उन्होंने दुनिया भर से आने वाले कई यात्रियों विशेष रूप से जो पश्चिम से आए, उनके नज़रिए को बदला, जो भारत की 'खोज' करने के लिए आए, उसे एक अंतरराष्ट्रीयवादी न कहा जाए?

स्वामी के विषय में जो हँसाने वाली और प्रेम का भाव जगाने वाली बात है कि वह न केवल पूरब और पश्चिम के बीच गहरी बातचीत के प्रति गंभीर थे। वह उतने ही प्रभावित और चिंतित आए दिन के सवालों को लेकर भी रहते हैं, जैसे पश्चिम के लोग ढंग से नहाते क्यों नहीं :

दुनिया का कोई भी देश शरीर की दृष्टि से उतना स्वच्छ नहीं है जितना कि हिंदू हैं, जो पानी का इस्तेमाल खुलकर करते हैं। डुबकी लगाकर स्नान करना कुछ अपवादों को छोड़ कर, दूसरे देशों में विरले ही देखने को मिलता है। अंग्रेज़ों ने भारत में इसे देखने के बाद अपने देश में लागू किया... पश्चिम के लोग जब नहाते हैं, और जो हफ़्ते में एक बार होता है, तो वे कच्छे-बनियान बदलते हैं। बेशक आजकल जिनके पास साधन की कमी नहीं, वे रोज़ाना स्नान करते हैं और उनमें अमेरिकियों की बड़ी संख्या है। जर्मन हफ़्ते में एक बार ऐसा करते हैं जबकि दूसरे तो कभी-कभी ही ऐसा करते हैं! स्पेन और इटली गर्म देश हैं, लेकिन वहाँ भी यह आदत कम ही देखने को मिलती है! सोचिए वे लहसुन भी जी भरकर खाते हैं, दिन-रात उनका पसीना बहता है, फिर भी वे नहाते नहीं हैं! उनके डर से तो भूत भी भाग जाते होंगे, इंसानों का कहना ही क्या!

वह ग़ौर करते हैं कि लोग आपस में किस प्रकार बातचीत करते हैं :

अंग्रेज़ और अमेरिकी पुरुष महिलाओं के सामने बातचीत में काफ़ी संयम रखते हैं। आप 'पैर' के बारे में बात नहीं कर सकते। फ्रेंच हमारी तरह ही खुलकर बातचीत करते हैं। जर्मन और रूसी लोग किसी के भी सामने अभद्र भाषा का इस्तेमाल करते हैं।

और हाँ, बेजोड़ संन्यासी विवेकानंद को भी पेरिस से प्रेम हो गया, और उन्होंने कहा, 'दुनिया का कोई भी शहर आधुनिक पेरिस के आगे नहीं ठहरता।'

और फिर :

इस यूरोप को समझने के लिए किसी को इसे फ्रांस के ज़रिए समझना होगा, जो पश्चिम में जो कुछ है उसका सर्वोच्च शिखर है। दुनिया पर शासन करने वाली सर्वोच्च शक्ति यूरोप है, और इस यूरोप का महान केंद्र पेरिस है। पेरिस पश्चिमी सभ्यता का केंद्र है। पेरिस में ही पश्चिमी आचार, तौर-तरीक़े और रीति-रिवाज, प्रकाश या अंधकार, अच्छाई या बुराई की सारी बातें परिपक्व और पुष्ट होती हैं। यह पेरिस विशाल सागर के समान है, जिसमें अनेक क़ीमती रत्न, मूँगा और मोती हैं... चीन के कुछ हिस्सों के सिवाय, मैंने दुनिया कोई भी देश ऐसा नहीं देखा जो फ्रांस के जितना सुंदर है।

6

राष्ट्रवादी समाजवादी

स्वामी विवेकानंद के जीवन की सबसे बड़ी राजनीतिक सच्चाई यह थी कि वह एक ऐसे देश से आए थे जो औपनिवेशिक शासन के अधीन था। इसलिए राष्ट्रवाद को लेकर उनकी क्या सोच थी, जो लगातार उनके आसपास प्रस्फुटित हो रही थी? स्वतंत्र भारत के विचार को लेकर उनकी सोच क्या थी?

मुझे लगता है कि सबसे पहले इसका उत्तर काफ़ी मज़ाक़िया कहानी में मिलता है। यह मेरी लुईस बर्क के लेख में मिलती है, जिन्होंने अमेरिका में विवेकानंद की एक और प्रमुख अनुयायी तथा धर्म संसद में शामिल होने में विवेकानंद की मदद करने वाले प्रोफ़ेसर जॉन हेनरी राइट की पत्नी, मेरी टप्पन राइट के संक्षिप्त लेख से एक उद्धरण को लिया है। यह घटना तब हुई जब विवेकानंद न्यू इंग्लैंड के छोटे से गाँव, एनिसक्वाम में रह रहे थे। विवेकानंद ने रात के खाने के बाद एक कहानी सुनाई।

अपनी सुरीली आवाज़ में उन्होंने (विवेकानंद ने) कहा, "वह एक सामान्य दिन था, चार सौ साल पहले का वह सामान्य दिन... और, अंग्रेज़, जो कुछ समय पहले तक असभ्य थे... वे दरिंदे स्त्रियों की चोलियों से चिपक गए... और उन्होंने अपनी भयंकर दुर्गंध को छिपाने के लिए इत्र लगा रखा था... इससे भयंकर कुछ हो नहीं सकता! आज भी, वे जंगली तौर-तरीक़ों को छोड़ नहीं रहे हैं।"

यह सुनकर उनके कुछ श्रोता सन्न रह गए। उनमें से एक ने कहा, यह लगभग 500 साल पहले की बात है!

विवेकानंद ने कहा :

"क्या मैंने नहीं कहा 'कुछ समय पहले तक?' मनुष्य की आत्मा इतनी प्राचीन है, उसे देखते हुए कुछ सौ वर्ष होते ही कितने हैं? वे निहायत जंगली थे।

भयंकर ठंड, ग़रीबी और उत्तरी जलवायु की कठिनाई ने उन्हें जंगली बना दिया। वे बस मारने की सोचते हैं... उनका धर्म कहाँ है? वे उस पवित्र ईश्वर का नाम लेते हैं, अपने साथियों से प्रेम करने का दावा करते हैं, ईसाइयत से सभ्य होने की बात करते हैं!–नहीं! न तो उनकी भूख ने उन्हें सभ्य बनाया और ना ही उनके ईश्वर ने। उनके होंठों पर मनुष्य का प्रेम है, उनके हृदय में बुराई और हर तरह की हिंसा के सिवाय और कुछ नहीं है। मैं तुमसे प्यार करता हूँ भाई, मैं तुमसे प्रेम करता हूँ... और इसी दौरान वे उसका गला रेत डालते हैं! उनके हाथ ख़ून से लाल हैं।"

अलसाए न्यू इंग्लैंड के दर्शकों के लिए बड़ा अनोखा पल था!

विवेकानंद से जुड़े घटनाक्रम में इस कहानी को ज़्यादा लोग नहीं जानते। लेकिन राष्ट्रवाद पर उनके अभिभाषणों और चर्चा से कहीं अधिक, उनकी गंभीर किताबों से भी कहीं ज़्यादा, यह कुछ हद तक मज़ाक़िया, लगभग खिल्ली उड़ाने वाली, हद से भी अधिक नाटकीय कहानी विवेकानंद के राष्ट्रवादी मन को लेकर एक हल्की से लेकिन ज़बरदस्त झलक दिखाती है, झट से हमें बताती है कि वह व्यक्ति क्या सोचता था। मैंने इसे बार-बार पढ़ा। मुझे ऐसा लगा कि मिसेज राइट के आधे-अधूरे गद्य में, स्वामी के कटाक्ष और उनके अभिनय में ज़रूर अपने देश की दशा को लेकर उनके मन का भयंकर दुख छिपा होगा। विवेकानंद जब स्वतंत्र देशों का भ्रमण कर रहे थे, उस दौरान भी उनकी समृद्ध सोच में यह बात अवश्य रही होगी कि उनका अपना देश वास्तव में कितना विपन्न है। मैंने इस घटना को स्वामी की राष्ट्रवादी भावनाओं के मूल स्वभाव की ऐसी घटना के रूप में देखा जो सबसे प्रभावी ढंग से दर्ज की गई है, भले ही उसे आधे मज़ाक़िया ढंग से बताया गया है।

लेकिन उस दिन वह वहीं नहीं रुके।

"लेकिन ईश्वर का फ़ैसला उन पर भारी पड़ेगा," (स्वामी ने कहा)। "बदला मेरा है। मैं भुगतान करूँगा, भगवान ने कहा और विनाश होने वाला है। हमारे ईसाई क्या हैं? दुनिया के एक तिहाई भी नहीं। उन चीनियों को देखो, करोड़ों में हैं। वे भगवान का प्रतिशोध हैं जिससे आपका सामना होगा। हूणों का एक और आक्रमण होगा," और हल्की हँसी के साथ कहा, "वे यूरोप पर छा जाएँगे, वे ईंट से ईंट बजा देंगे। पुरुष, स्त्रियाँ, बच्चे, सब मारे जाएँगे और फिर से अंधकार युग आ जाएगा।"

मिसेज राइट ने लिखा है कि इस मोड़ पर विवेकानंद की आवाज़ अविश्वसनीय रूप से उदास और करुणामय हो जाती है, और फिर अचानक और वाचालता के

साथ... "मैं, मुझे परवाह नहीं! यह दुनिया यहाँ से और अच्छी होगी, लेकिन यह होने वाला है। भगवान का प्रतिशोध, जल्दी ही होने वाला है।"

यहाँ उनसे पूछा गया कि जल्दी का मतलब कितनी जल्दी है?

उन्होंने कहा, शायद एक हज़ार साल। इससे थोड़ी राहत मिली।

संभवतः, मिसेज राइट ने व्यंग्य को नहीं समझा जब उन्होंने लिखा : 'उन्होंने राहत की साँस ली। यह तुरंत होता नहीं दिखा।'

"और ईश्वर बदला लेगा," (स्वामी ने कहा।) "तुम्हें यह धर्म में न दिखे, राजनीति में तुम इसे नहीं देखोगे, लेकिन इतिहास में यह अवश्य दिखाई देगा, और जैसा होता रहा है, यह गुज़र जाएगा। अगर तुम लोगों को कुचलोगे, तो तुम्हें भुगतना होगा। भारत में हम लोग भगवान के कोप को झेल रहे हैं। इन बातों पर ग़ौर करो। वे ग़रीबों को अपनी दौलत के लिए कुचल देते हैं, उन्हें कष्ट की आवाज़ सुनाई नहीं देती, जब लोग रोटी माँग रहे थे तब वे सोने-चाँदी के बर्तनों में खा रहे थे। और मुसलमानों ने उन पर हमला किया और उनका नरसंहार किया : क़त्लेआम करते हुए उन्होंने उन्हें रौंद डाला। भारत बार–बार अनेक वर्षों के लिए पराजित हुआ, और आख़िर में तथा सबसे बुरा तब हुआ जब अंग्रेज़ आए। आप भारत को देखो, हिंदुओं ने क्या छोड़ा? हर तरफ़ शानदार मंदिर। मुसलमानों ने क्या छोड़ा? सुंदर महल। अंग्रेज़ों ने क्या छोड़ा? कुछ और नहीं बस ब्रांडी की बोतलों का ढेर! और भगवान को मेरे लोगों पर तरस नहीं आया क्योंकि उनमें दयालुता नहीं थी। अपनी निर्दयता से उन्होंने लोगों को अपमानित किया, और जब उन्हें उनकी ज़रूरत थी, तब आम लोगों में उनकी मदद करने की शक्ति नहीं थी। यदि मनुष्य भगवान के प्रतिशोध को नहीं मानता तो, वह इतिहास के प्रतिशोध को भी नहीं मान सकता। और इसे अंग्रेज़ों को भुगतना होगा। उनके पैर हमारी गर्दनों पर होंगे, अपने सुख के लिए वे हमारे खून की आख़िरी बूँद भी चूस चुके होंगे, वे हमारे करोड़ों रुपये ले गए, जबकि गाँवों और सूबों में हमारे लोग भूख से मर गए।"

लेकिन संन्यासी जिस 'प्रतिशोध' की बात कर रहे हैं, वह आकर कैसे निकल जाएगा? इसे आगे कौन लाएगा? कौन लड़ेगा? अंग्रेज़ों को कौन हराएगा? भगवान अपना बदला कैसे लेंगे? एक बार फिर यहाँ विवेकानंद की शिक्षा और लेख का एक अंश प्रस्तुत है, जो एक प्रकार से इतने हाल का लगता है कि उसे आज भी लिखा जा सकता है। वह कहते हैं :

और अब चीन के लोग बदला लेंगे जिनका सामना उन्हें करना पड़ेगा : अगर चीनी आज उठ खड़े हैं और अंग्रेज़ों को समुद्र में खदेड़ दें, क्योंकि वे इसी के लायक़ हैं, तो इसे और कुछ नहीं न्याय ही कहेंगे।

मैं यह नहीं कह रहा कि विवेकानंद ने नोस्त्रादमस की तरह चीन के उत्कर्ष की भविष्यवाणी की थी। मैं बस इतना कह रहा हूँ कि अपनी यात्रा के दौरान वह इतिहास की नब्ज़ पहचान चुके थे, वह विश्व के इतिहास की बारीकियों को समझ गए थे और भारत को आज़ादी मिलने से काफ़ी पहले ही, विश्व में बदलाव का आभास कर चुके थे। वह अपने माहौल की यथास्थिति को, अगर कहें तो समसामयिक घटनाओं को काफ़ी आगे जाकर देख सके थे, और भविष्य को लेकर मिलने वाले संकेतों को समझते थे। इतिहास में अनेक देशों का उदय और पतन हुआ, लेकिन एक योगी को उनसे क्या लेना-देना? काफ़ी कुछ, और यह कहानी यही बताती है, वह भी जब आप उपनिवेशवाद का दंश झेल रहे हों। तो भी इसमें कोई आश्चर्य नहीं कि ऐसे मतों के कारण ही, '1896 में उनके इंग्लैंड में रहने के दौरान अंग्रेज़ी सरकार ने उन पर कड़ी नज़र रखी थी,' और 'विवेकानंद जब अल्मोड़ा (भारत में) थे, तब पुलिस उनकी हर गतिविधि पर नज़रें गड़ाए हुए थी।'

यह कहानी राष्ट्रवाद पर विवेकानंद के विचारों को समझने के लिए शुरुआत का दिलचस्प बिंदु है। एक संन्यासी के रूप में विवेकानंद ने किसी अन्य बात के अलावा आध्यात्मिकता से भारत के गहरे संबंध को देखा। देश को लेकर उनकी भावना धर्म से आती है। देश को लेकर गौरव, सम्मान और अपने अस्तित्व की सहेजने की उनकी भावना भी आध्यात्मिकता से आती है। विवेकानंद जो कुछ भी करते हैं उसमें दिव्यता की भावना प्रबल होती है। इस कारण राष्ट्र को लेकर उनकी कल्पना भगवान की आभा से भरी है।

5 अप्रैल 1894 में, *बोस्टन ईवनिंग ट्रांसक्रिप्ट* ने ख़बर छापी कि स्वामी विवेकानंद ने 'यहाँ गहरा प्रभाव छोड़ा है।'

'भाई विवेकानंद भारत को दुनिया का सबसे नैतिक देश मानते हैं। यह भले ही ग़ुलाम है, लेकिन इसकी आध्यात्मिकता आज भी जीवित है।'इसे उनकी राष्ट्रवादी भावना का सार भी कहा जा सकता है, और यह बात भारत के लोगों से बार-बार की गई उनकी अपील में भी दिखती है जब वह कहते हैं कि वे अपने आलस्य को छोड़ अपनी सच्ची क्षमता और अपने ऐश्वर्य को पहचानें।

'उठो, जागो'-उनके ये शब्द अनगिनत कैलेंडरों में छपे जिनमें वह अपने देश से आह्वान कर रहे हैं। यह साथी भारतीयों को उनकी ओर से कंधे पकड़ कर ज़ोर-ज़ोर से हिलाने का तरीक़ा है। भारत के विषय में उनके भाषणों और लेखों के नामों पर

नज़र डालिए – 'भारत के लिए कार्य योजना,''आधुनिक भारत की समस्या और उसके समाधान,' 'शिक्षा जो भारत को चाहिए,' 'हमारी वर्तमान सामाजिक समस्याएँ,' 'हमारे समक्ष कार्य।' यह लगभग ऐसा है जैसे उन्होंने देश का जितना भ्रमण किया और, बाद में विदेश में घूमे, उतना ही विवेकानंद इस बात से सहमत थे कि दुनिया को बदलने के लिए, भारत को बदलना ही होगा। हिंदुओं के अमर संदेश को दुनिया तक ले जाने के लिए, उन्हें उस आलस्य और दुर्भाग्य को उखाड़ फेंकना होगा जिसे उन्होंने अपने आसपास हिंदुओं में देखा।

वह आधुनिक भारतीय की पहली आध्यात्मिक हस्ती हैं जिन्होंने 'शक्ति' शब्द पर ज़ोर दिया। विवेकानंद हम से कह रहे हैं कि शरीर और मन में शक्ति के बिना कोई भी देश महान नहीं बन सकता, तथा शक्ति के बिना भगवान की खोज भी एकदम अधूरी है।

पिछले 10 वर्षों से (1894 में एक चिट्ठी में वह लिखते हैं) मेरा एक ही मूल मंत्र था, संघर्ष, संघर्ष। मैं आज भी कहता हूँ, संघर्ष। जब चारों ओर अंधेरा था, मैं कहा करता था, संघर्ष। जब रोशनी निकली, तब भी मैंने कहा, संघर्ष। डरो मत, मेरे बच्चे। तारों से भरे उस अनंत गुंबद की तरफ़ इस डर से मत देखो कि वह तुम्हें कुचल देगा। ठहरो! कुछ ही घंटे बाद, यह पूरा का पूरा तुम्हारे क़दमों के नीचे होगा।

आज विवेकानंद समृद्ध और यथार्थवादी हैं क्योंकि उनका दर्शन भौतिकतावादी, और उसके साथ ही तप से भी जुड़ा है। भले ही वह लगातार अपील करते हैं कि 'न पैसा काम आता है, न नाम, न शोहरत से कुछ मिलता है, न सीखने से। प्यार से ही काम चलता है,' सांसारिकता से उनके संबंधों के बिना इस प्रकार के दिव्य उपदेशों का कोई मतलब नहीं रह जाता। वह लिखते हैं :

हम भौतिक सभ्यता के बारे में मूर्खतापूर्ण बातें करते हैं। अंगूर खट्टे हैं... भौतिकतावादी सभ्यता ही नहीं, विलासिता भी ग़रीबों के लिए काम के सृजन के लिए आवश्यक है। रोटी! रोटी! मैं उस भगवान को नहीं मानता जो यहाँ मुझे रोटी न दे सके, और स्वर्ग में अनंत सुख दे। छिः छिः! अगर भारत को आगे बढ़ना है, तो ग़रीबों को भोजन देना होगा, शिक्षा का प्रसार करना होगा, और पुरोहिती की बुराई को दूर करना होगा। न पुरोहिती चाहिए, न सामाजिक उत्पीड़न! सबके लिए अधिक भोजन, और अधिक अवसर!

उन्होंने आह्वान किया : 'जोश में आओ और हर तरफ़ फैल जाओ। काम करो, काम करो।'

विवेकानंद की राष्ट्रवादिता भी किसी पहेली से कम नहीं क्योंकि वह राजनीति से जहाँ सीधे तौर पर कभी नहीं जुड़े, वहीं इस बात से भलीभाँति परिचित थे कि उनका काम निश्चित रूप से एक राजनीतिक चेतना का, एक नई भावना के साथ राष्ट्र को लेकर चिंतन का काम कर सकता था और करेगा। 1897 में वह जब भारत लौटे, तब उन्होंने ऐलान किया :

अगले 50 वर्षों तक, यही हमारा मुख्य मुद्दा होगा – यह जो हमारी भारत माता है। इस समय हमें अपने मन से अन्य सारे व्यर्थ के देवी-देवताओं को निकाल देना चाहिए।

इतिहासकार जयश्री मुखर्जी ने कहा, 'शायद वह इतिहास के एकमात्र संन्यासी थे जो अपने देश की भलाई के लिए अपने धर्म के भगवान को इतनी मुखरता से पृष्ठभूमि में भेजने की बात कर सकते थे।' उन्हें लगता है कि इस विचार के तीन आधुनिक प्रतिपादक हैं कि भारत को भारत माता के रूप में देखा जाना चाहिए – बंकिम चंद्र चट्टोपाध्याय, *आनंद मठ* के लेखक (जिसमें 'वंदे मातरम' का गीत था), अरविंदो और विवेकानंद। अरविंदो ने विवेकानंद को 'पुरुषों के बीच शेर' कहा था। मुखर्जी कहती हैं कि 'औपनिवेशिक युग के क्रांतिकारियों और महान भारतीय राष्ट्रवादियों की श्रद्धांजलि तथा विभिन्न राजनीतिक कार्यकर्ताओं के कथनों के साथ ही टेगार्ट रिपोर्ट (1914), टिंडल रिपोर्ट (1917), और रॉलेट रिपोर्ट (1918) जैसी अनेक सरकारी रिपोर्ट' बताती हैं कि भारतीय राष्ट्रवाद के प्रति उस समय विवेकानंद का प्रभाव और उनसे मिली प्रेरणा महत्त्वपूर्ण थी।

विवेकानंद मौलिक व्यक्ति थे। वह ऐसे व्यक्ति थे जिन्होंने खुद को एक 'समाजवादी' कहा भले ही उनका दृष्टिकोण और उनका तरीक़ा लोगों से अर्थशास्त्र की बजाए भगवान को जानने की बात करता था। लेकिन मार्क्स ने भगवान को ख़ारिज किया था और विवेकानंद मार्क्सवादी नहीं थे। सामाजिक विज्ञानी जी. बिनय कुमार सरकार का कहना है कि विवेकानंद एक समाजवादी थे लेकिन 'मार्क्सवादी सरीखे नहीं, बल्कि यूटोपियन ब्रांड के।' वास्तव में विवेकानंद समझते थे कि मुक्त बाज़ार कितना उपयोगी था। आज जिस प्रकार दलित सामाजिक विज्ञानी चंद्रभान प्रसाद कहते हैं, उसी प्रकार उन्होंने कहा कि 'भारत में जाति व्यवस्था को केवल मुक्त बाज़ार से ही समाप्त किया जा सकता है।' विवेकानंद ने कहा :

आधुनिक प्रतिस्पर्धा की शुरुआत के साथ, देखो जाति कितनी तेज़ी से लुप्त हो रही है! इसे ख़त्म के लिए किसी धर्म की आवश्यकता नहीं है। अब उत्तर भारत में ब्राह्मण दुकानदार, मोची और शराब बनाने वाले आम हो गए हैं।

और ऐसा क्यों? क्योंकि स्पर्धा है। वर्तमान सरकार के अंतर्गत किसी भी मनुष्य को उस काम से रोका नहीं जाता जिसे वह करना चाहता है, और इसका परिणाम गलाकाट प्रतिस्पर्धा है, और इस प्रकार हज़ारों लोग निम्नतम स्तर पर घिसटने की बजाए उस उच्चतम स्तर को ढूँढ़ने और प्राप्त करने का प्रयास कर रहे हैं जिसके लिए उन्होंने जन्म लिया था।

विवेकानंद राष्ट्रवाद के तीखे, ताक़तवर रूपों के भी हिमायती थे। उन्हें बाल गंगाधर तिलक का शिवाजी महोत्सव काफ़ी आकर्षित करता था और एक बार तो वह इसके बंगाल संस्करण की अध्यक्षता के लिए भी सहमत हुए थे। विवेकानंद ने तिलक से मुलाक़ात की और एक बार तो पुणे के उनके घर पर ठहरे भी थे। ऐसा कहा जाता है कि उन्होंने इस विचार का समर्थन किया था कि अमेरिका से प्रेरित होकर भारतीय राष्ट्रवादी काँग्रेस को स्वतंत्रता की घोषणा कर देनी चाहिए। मुखर्जी लिखते हैं कि विवेकानंद के सबसे छोटे भाई भूपेंद्रनाथ दत्त, जो उग्रवादी राष्ट्रवाद की ओर मुड़ गए, 'विवेकानंद को उग्रवादी राष्ट्रवाद के प्रत्यक्ष प्रायोजकों में से एक मानते थे' जो ब्रिटिश राज के विरुद्ध थे।

ऐसा कहा जाता है कि विवेकानंद ने स्वयं कहा था कि बंगाल को 'सिर्फ़ और सिर्फ़ बम की ज़रूरत है।' इस बात के भी कुछ प्रमाण हैं कि विवेकानंद चाहते थे कि रियासतें एकजुट होकर अंग्रेज़ी हुकूमत के ख़िलाफ़ संघर्ष करें। इसके लिए वह 'बम बनाने वाले, हीरम मैक्सिम' से भी मिले, लेकिन उन्हें यह एहसास हुआ कि देश उस समय औपनिवेशिक शासन के विरुद्ध ऐसे सशस्त्र विद्रोह के लिए तैयार नहीं था। उन्होंने क्रांतिकारी ज्योतिंद्रनाथ मुखर्जी, उर्फ़ बाघा जतिन से कहा था, 'मानवता की आध्यात्मिक संतुष्टि के लिए भारत की राजनीतिक स्वतंत्रता अनिवार्य है।'

इसके साथ ही, विवेकानंद इस बात को लेकर सजग थे कि राजनीति में ख़ुद को या रामकृष्ण मिशन को शामिल किया जाए या नहीं। आज भी मिशन इसी विचार का पालन कठोरता से कर रहा है। बाद में, ऐसा कहा जाता है कि उन्होंने सिस्टर निवेदिता को राजनीतिक दल शुरू करने से रोका था, भले ही काँग्रेस में उनकी सक्रियता बढ़ती जा रही थी। उनकी एक प्रमुख शिष्या ने भारतीय राष्ट्रवाद में इतनी गहरी दिलचस्पी दिखाई जो इस बात का संभवतः एक और सूचक है कि स्वामी की शिक्षा में कितनी शक्ति थी।

अंग्रेज़ी शासन से भारत को आज़ाद देखने की उनकी इच्छा के अलावा, विवेकानंद की मुख्य इच्छा, जिसने उनके जीवन में अधिकांश कार्यों को दिशा दी, यह थी कि वह हिंदुओं के बीच आध्यात्मिकता के पुनर्जागरण को देखें। उनका मानना था कि इसका प्रभाव न केवल पूरे भारतीय समाज पर पड़ेगा, जिसमें उन ग़ैर-हिंदुओं का उत्थान शामिल था जो धार्मिक नहीं तो समान दार्शनिक विरासत के साझीदार थे, बल्कि भारत की स्वतंत्रता का रास्ता भी निकलेगा। ऐसा लगता है कि उनकी दलील थी कि

अगर लोग आत्मा की स्वतंत्रता के महत्त्व को समझ लें, तो फिर वह देश ग़ुलाम कैसे रह सकता है?

विवेकानंद ने लिखा था, 'एशिया में धार्मिक आदर्शों से राष्ट्रीय एकता का निर्माण होता है।'

विक्रमजीत बनर्जी के शब्दों में, विवेकानंद एक 'कट्टर परंपरावादी हैं।' वह निरंतर उन संस्थानों में सुधार का प्रयास करते हैं जिन्हें वे अपने आसपास देखते हैं। और न केवल संस्थानों को, बल्कि सच कहें तो उन लोगों को भी क्योंकि उन्हें लगता है कि अगर लोग बदल जाएँ, तो संस्थान बेहतर हो जाएँगे। और लोग कैसे बदलेंगे? अपने दर्शनों और मत के मौलिक सिद्धांतों की खोज फिर से करके।

हर किसी के शरीर से करोड़ों रोगाणु गुज़र रहे हैं, लेकिन वह जब तक ताक़तवर रहता है, तब तक उनकी तरफ़ उसका ध्यान नहीं जाता। जब शरीर कमज़ोर पड़ जाता है तभी ये रोगाणु उस पर अपना क़ब्ज़ा जमा लेते हैं और बीमारी पैदा करते हैं। ऐसा ही राष्ट्रीय जीवन के साथ भी है। जब देश का शरीर कमज़ोर होता है तो बीमारी पैदा करने वाले हर तरह के रोगाणु, नस्ल की राजनीतिक दशा (स्पष्ट संकेत औपनिवेशिक शासन को लेकर है) या इसकी सामाजिक दशा, इसकी शैक्षणिक या आध्यात्मिक स्थिति को संक्रमित कर देते हैं और बीमारियाँ पैदा करते हैं। इस कारण, इसके इलाज के लिए हमें इस बीमारी की जड़ तक जाना होगा और रक्त से सारी अशुद्धियों को दूर करना होगा। एक तरीक़ा होगा कि मनुष्य को ताक़तवर बनाएँ, उसके रक्त को शुद्ध करें, शरीर को ऊर्जावान बनाएँ ताकि यह बाहर के सारे विष से लड़ने और उन्हें हराने में सक्षम हो।

विवेकानंद एक संन्यासी हैं, धार्मिक व्यक्ति हैं, और इस कारण वह देखते हैं कि 'न तो हमारी ऊर्जा, न हमारी ताक़त बल्कि हमारा राष्ट्रीय जीवन ही हमारे धर्म में है।' वह देश को, इसकी स्वतंत्रता, और इसकी राजनीति को आध्यात्मिकता के चश्मे से देखते हैं। इस प्रक्रिया में, अपनी आध्यात्मिकता को नए सिरे से परिभाषित करना चाहते हैं।

यह भारतीय जीवन-कर्म का विषय है, उसके शाश्वत गीतों का भार, उसके अस्तित्व की रीढ़, उसकी बुनियाद, उसके होने का सबसे बड़ा कारण – मानव जाति का आध्यात्मिकीकरण।

शायद यह बात सबसे महत्त्व रखती है कि विवेकानंद वह सबसे अच्छा रास्ता दिखाते हैं, या जो उन्हें अपने संदर्भ में सबसे अच्छा लगा, जिसे हम पश्चिम से सीख सकते

हैं और फिर इन सिद्धांतों को उन परम सत्यों पर लागू करें या मिला दें जिन्हें उन्होंने भारतीय दर्शनों में देखा। दुनिया के इन दो हिस्सों को साथ लाने की उनकी क्षमता ही राष्ट्र को लेकर विवेकानंद की दृष्टि को आज भी इतना आधुनिक और महत्त्वपूर्ण बनाती है। उनकी राष्ट्रवादिता संसार को त्याग करना नहीं, संसार को अपनाना सिखाती है। वह दुनिया भर से स्वतंत्रता और राजनीति के विचारों को ग्रहण करते हैं, और फिर एक ऐसे राष्ट्रवाद की रचना करते हैं जो दुनिया के सबसे शक्तिशाली विचारों को शामिल करता है और उसे एक गहरे, पुराने भारतीय लोकाचार से जोड़ता है। विवेकानंद के राष्ट्रवाद ने हमें सिखाया कि हम संसार से अपनी ही शर्तों पर संबंध रखें और उसे स्वीकार करें तथा इसी में इसका मूल्य निहित है।

जैसा कि उन्होंने कहा था,

अज्ञानी भारतीय, ग़रीब और बेसहारा भारतीय, ब्राह्मण भारतीय, परित्यक्त भारतीय, मेरा भाई है... भारत की मिट्टी मेरा सबसे बड़ा स्वर्ग है, भारत की भलाई में मेरी भलाई है।

उपसंहार

संदेशवाहक

इस पुस्तक को लिखने की प्रक्रिया जब समाप्त हुई, तब मुझे लगा जैसे मेरे निजी इतिहास का एक हिस्सा समाप्त हो रहा है। मेरी माँ को हमेशा यही चिंता सताया करती थी कि उन्होंने मुझे रामकृष्ण मिशन की विशुद्ध बौद्धिक परंपरा के विषय में बताने का प्रयास किया था, लेकिन पता नहीं क्यों, मैं उसे पूरी तरह से समझने में नाकाम रहा। उन्हें लगता था कि मुझ में इतनी श्रद्धा नहीं थी। मेरी भक्ति में पूरा सम्मान नहीं था। उनमें जितना भक्ति-भाव था, पता नहीं क्यों मुझ में नहीं था। वह जानती थीं मैं उनकी तरह महसूस नहीं करता था। मिशन में अन्य श्रद्धालुओं की मदद से उन्होंने मेरे लिए एक अच्छी लड़की ढूँढ़ने का भी प्रयास किया। एक लड़की मिली भी जो रामकृष्ण मिशन से जुड़े मिशन के प्रति उतने ही समर्पित परिवार से थी।

लेकिन मेरी सोच अलग थी। मैं मिशन के साथ केवल अपने परिवार की विरासत के ज़रिए ही नहीं जुड़ा था बल्कि मेरी अपनी भी समझ थी - क्या इसकी कोई भी बात मेरे और मेरे दैनिक जीवन के लिए मायने रखती है? मैंने अपनी दीक्षा में मिले मंत्र का जाप करना छोड़ दिया था। दरअसल, मुझे वह मंत्र भी याद नहीं था। शायद कुछ समय के लिए मैंने मिशन से बचना भी चाहा क्योंकि मेरे माता-पिता उससे कुछ ज़्यादा ही जुड़ गए थे।

लेकिन वह बगावती तेवर जल्दी ही ढीले पड़ गए। और मैंने भले ही रामकृष्ण मिशन के प्रति समर्पित परिवार की किसी अच्छी लड़की से विवाह नहीं किया, लेकिन मैंने जब सुना कि मिशन के एक गणितज्ञ संन्यासी, मोहन एमजे (मिशन के लोगों के बीच 'मोहन महाराज' के नाम से जाने जाते थे) को गणित में उनके कार्य के लिए इन्फ़ोसिस पुरस्कार मिला है, तो मैं समारोह में उनकी स्पीच सुनने चला गया। मोहन महाराज ने इंडियन इंस्टीट्यूट ऑफ़ टेक्नोलॉजी, कानपुर से गणित की पढ़ाई की थी और यूनिवर्सिटी ऑफ़ कैलिफ़ोर्निया से उन्होंने गणित में पीएचडी की जहाँ उन्हें स्लोअन फ़ेलोशिप मिली। इस फ़ेलोशिप के तैंतालीस विजेताओं को आगे जाकर नोबेल पुरस्कार मिला। उन्होंने अतिपरवलय ज्यामिति, ज्यामितीय समूह सिद्धांत, निम्न-आयामी टोपोलॉजी और जटिल

ज्यामिति पर काम किया है। वह मुंबई स्थित टाटा इंस्टीट्यूट ऑफ़ फ़ंडामेंटल रिसर्च में गणित के प्रोफ़ेसर हैं। उन्होंने जब भगवा धारण किया, तो उन्हें स्वामी विद्यानाथानंद नाम दिया गया।

मोहन महाराज ने जब एक इंटरव्यू में कहा 'विज्ञान मेरा धर्म है,' तो मैं इससे आकर्षित हुआ, और सोचने लगा : आज हमें अपने संन्यासियों से क्या उम्मीद है? आधुनिक संन्यासी को कैसा होना चाहिए? वह संसार जिसे विवेकानंद जानते थे अब बेहिसाब ढंग से जटिल हो गया है, तब हम उन लोगों से क्या चाहते हैं या क्या अपेक्षा रखते हैं जिन्होंने संसार को त्याग दिया है?

मैं अपने आप से पूछता रहा कि आज हमें एक संन्यासी की क्या ज़रूरत है या ऐसे समय में एक तपस्वी की क्या ज़रूरत है जब वैराग्य इतना ज़रूरी भी दिखता है, और दिखावा भी लगता है क्योंकि कोई भी हमें अपने बारे में क्या सिखा सकता है जब वह शिक्षा ही विवादित, उलटी हो जाती है?

मुझे ऐसा लगा कि इतिहास में सबसे महान वैरागी ऐसे लोग थे जिन्होंने दैनिक जीवन में त्याग कर दुनिया को उस नज़रिए से देखने की क्षमता पाई जैसी कि वह सच में है। उनमें परदे के उस पार देखने की, माया के पार देखने की क्षमता होती है। तब शायद आधुनिक संन्यासी को वैसा होना चाहिए जो जटिलता और विरोधाभास से निडर हो, क्योंकि हमारी दुनिया विरोधाभासों से भरी नहीं तो और क्या है? हम जो कुछ भी कहते हैं या देखते हैं वह सच होने के साथ ही झूठ भी लगता है।

मैं जब इस पुस्तक के आख़िर में आया, तो संयोग से मुझे यूरोप में विवेकानंद की यात्रा पर उनके लेख का एक हिस्सा पढ़ने का मौक़ा मिला। यहाँ संन्यासी अपने धर्म या समाज या फिर चेतना के बारे में भी बात नहीं कर रहा है। वह जंगी जहाजों की बात करते हैं जिन्होंने उनके हमेशा से जिज्ञासु मन को आकर्षित किया है। यह हिस्सा एक डायरी में मिला जिसे उन्होंने *यूरोपीय यात्रा का संस्मरण* नाम दिया है। वह अमेरिका में जंगी जहाजों का एक संक्षिप्त इतिहास बताते हैं :

अमेरिकी गृहयुद्ध के दौरान, यूनियनिस्ट पार्टी ने लकड़ी के जहाजों की बाहरी दीवारों पर लोहे का घेरा लगवा लिया था ताकि उनसे अपने आप को सुरक्षित रख सकें। दुश्मन के तोप के गोले उनसे टकरा कर दूर चले जाते थे और जहाज को कोई नुक़सान नहीं होता था। इसके बाद, नियम के तौर पर, जहाज के किनारे पर लोहा लगाया जाने लगा ताकि दुश्मनों के गोले लकड़ी को भेद न सकें। जहाज की तोपें भी बेहतर होने लगीं, बड़ी से बड़ी तोपें बनाई जाने लगीं और उन्हें लाने, लोड करने और फ़ायर करने का काम हाथ की बजाए मशीन से होने लगा। एक तोप जिसे पाँच सौ लोग मिलकर भी एक इंच हिला

नहीं सकते थे, उसे अब एक छोटा सा बच्चा भी बटन दबाकर लंबवत या क्षैतिज रूप से घुमाकर, लोड कर फ़ायर कर सकता था। और सबकुछ एक सेकेंड में हो जाता था! जहाजों की लोहे की दीवारें जैसे-जैसे मोटी होने लगीं, वैसे-वैसे बिजली की ताक़त रखने वाली तोपें बनाई जाने लगीं। वर्तमान समय में, एक जंगी जहाज ऐसा किला होता है जिसकी दीवारें स्टील की होती हैं, और तोपें ऐसी मानो साक्षात मौत हों। एक गोला ही बड़े से बड़े जहाज के चीथड़े उड़ाने के लिए काफ़ी होता है। लेकिन यह जो 'लोहे का दुल्हन का कमरा' था जिसके बारे में नकिंदर के पिता (लोकप्रिय बंगाली कहानी से) ने भी कभी सपने में नहीं सोचा था, और जो 'सताली पहाड़' की चोटी पर खड़ा होने की बजाए सत्तर हज़ार पहाड़ों के समान लहरों पर झूमता हुआ चलता है, उसे भी टारपीडो से अपनी मौत का डर सताता रहता है! टारपीडो एक ट्यूब होता है जो कुछ हद तक सिगार जैसा होता है, और अगर उसे किसी पर फ़ायर किया जाए तो पानी के भीतर मछली की तरह तैर कर पहुँचता है। फिर जैसे ही वह उस चीज़ से टकराता है, तो इसके भीतर की विस्फोटक सामग्री भयंकर आवाज़ से फट जाती है, और वह जहाज जिसके नीचे यह होता है वह अपनी पहले की दशा में, यानी लोहे और लकड़ी के टुकड़ों के साथ ही, धुएँ और आग में बदल जाता है! और टारपीडो के विस्फोट में जो लोग फँस जाते हैं उनका नामो-निशान नहीं बचता, जो कुछ बचता भी है, वह पिसे हुए मांस की हालत में होता है! ऐसे टारपीडो के आविष्कार के बाद से ही, नौसैनिक युद्ध ज़्यादा दिनों तक नहीं खिंचते। एक या दो लड़ाई, और एक बड़ी जीत होती है या फिर करारी हार। लेकिन युद्ध लड़ने वाले सैनिकों की शुरुआत से पहले के तथ्य नौसैनिक लड़ाई में दोनों पक्षों के लोगों के बहुत बड़ी संख्या में हताहत होने को काफ़ी हद तक झुठलाते हैं।'

किसी संन्यासी की जंगी जहाजों और तोप से लैस नावों में दिलचस्पी अपने आप में चकित करती है, जबकि कुछ इसे विडंबनात्मक मानते हैं। इसी खंड में वह तोपों की दक्षता के बारे में बात करते हैं :

मैदानी युद्ध में तोपों और राइफ़लों से की जाने वाली गोलीबारी के दौरान प्रतिद्वंद्वी सेनाएँ एक-दूसरे के सैनिकों को लक्ष्य बना कर निशाने पर लेती हैं और उन्हें दो मिनट में मार डालती हैं। इसी तरह यदि किसी जंगी जहाज से चलाए गए पाँच सौ गोलों में से एक भी अपने निशाने पर लग जाए, तो दोनों ही तरफ़ के जहाजों का नामो-निशान मिट जाता है। लेकिन आश्चर्य इस बात का है कि जैसे-जैसे तोपों और राइफ़लों की गुणवत्ता बेहतर हो रही है, जैसे-जैसे राइफ़लें हल्की हो रही हैं, और उनकी बैरलों की राइफ़लिंग में सुधार

हो रहा है, जैसे-जैसे उसकी रेंज बढ़ रही है, लोड करने वाली मशीनरी बढ़ रही है, और फ़ायरिंग की रफ़्तार तेज़ हो रही है, वे अपने लक्ष्य को भेदने में उतनी ही चूक करती दिख रही हैं! आम तौर पर लंबी नली वाली पुराने ज़माने की तोपों को फ़ायर करते समय दो पाए वाले लकड़ी के स्टैंड की मदद से फ़ायर किया जाता था, और फ़ायर करने के लिए आग जलाकर उसमें चिंगारी भड़काई जाती थी, लेकिन इस तरह की तोपों से अचूक फ़ायरिंग की जाती थी, जबकि आधुनिक युग के सैनिक बेहद जटिल मशीन गनों से एक मिनट में 150 राउंड दाग़ देते हैं जिससे मौसम की गर्मी बढ़ाने का ही काम होता है!'

मुझे लगा कि इस प्रकार का स्पष्ट रूप से दो तरह का दिखने वाला स्वभाव, कम से कम मेरे विचार से, विवेकानंद को समझने का अनोखा तरीक़ा हो सकता है। एक ऐसे संन्यासी जो अपने युग के प्रति समर्पित होने के साथ ही साथ अपनी सामाजिक वास्तविकता से दार्शनिक रूप से अनासक्त भी था। वह एक ही साथ सांसारिक और धर्म संबंधी बातों पर विचार करने के साथ ही उनमें शामिल भी हुआ करते थे। हमारी तरह ही, उनकी कई बातों में दिलचस्पी थी, जैसे फ़्रेंच पाक कला की किताबें, बंदूक, वास्तुकला में। हम से अलग, वह इन सारी बातों से काफ़ी आसानी से और अपनी इच्छा से ऊपर उठ जाते थे।

वह निरंतर दो स्तरों पर इन विषयों की चर्चा करते हैं। यह कि आदर्श स्थिति में उन्हें कैसा होना चाहिए, और वर्तमान की अपनी अपूर्ण स्थिति में उनसे कैसा संबंध रखना चाहिए। चूँकि उनके गुरु ने उनसे कहा था कि संसार से मुँह मोड़ लेने के वैराग्य के आदर्श को छोड़ दें और इस संसार को उसकी सारी बुराइयों के साथ स्वीकार करें ताकि उसमें सुधार किया जा सके, विवेकानंद हम से दो विभिन्न स्तरों पर, दो स्तरों से बात करते हैं। वह कहते हैं कि क्या होना चाहिए। इसके पीछे वह उच्चतम आदर्श है जिसे उन्होंने अपने लिए, और सारी मानवता के लिए निर्धारित किया है। यह संन्यासी विवेकानंद है जो बात कर रहा है। लेकिन एक व्यक्ति के रूप में भी विवेकानंद है, जो अन्याय का जवाब देता है, इतिहास को ध्यान में रखता है, और गुस्सा या प्रतिक्रिया से निडर है।

उनमें दोनों ही प्रकार का व्यक्ति बन पाने की क्षमता है जिसके कारण विवेकानंद हमारे ज़माने के संन्यासी हैं। उनमें पीछा छुड़ाने की भावना नहीं है, संसार और इसके झमेलों को किनारे करने की प्रवृत्ति नहीं है। कमल की तलाश में वह सीधे कीचड़ में उतरने के लिए तैयार रहते हैं।

विवेकानंद स्वयं इस विरोधाभास को समझते हैं और उसके बारे में बात भी करते हैं :

मनुष्य के लिए भगवान से मिलने वाले प्रकाश से अधिक प्रिय खोज और कोई नहीं रही है। अतीत की बात करें या वर्तमान की, मनुष्य की इतनी ऊर्जा अन्य किसी अध्ययन पर ख़र्च नहीं ही हुई है, जितनी आत्मा, भगवान, और मनुष्य के प्रारब्ध पर अध्ययन करने में हुई है। हम अपने दैनिक जीवन की गतिविधियों में, अपनी आकांक्षाओं में, अपने काम में चाहे कितना ही व्यस्त क्यों न हो, हमारे सबसे बड़े संघर्षों के बीच भी एक ठहराव आएगा। उस समय मन ठहर जाता है और इस संसार से आगे के बारे में कुछ जानना चाहता है। कभी-कभी उसे इंद्रियों से परे के क्षेत्र की झलक मिल जाती है, और उसे जानने का प्रयास नतीजे तक ले जाता है। सारे ही देशों में, हर युग में इसी तरह की बात देखने को मिली है। मनुष्य इससे परे जाकर देखना चाहता है, अपना विस्तार करना चाहता है। हम जिसे तरक़्क़ी, विकास कहते हैं, उसका पैमाना सिर्फ़ एक खोज है, मानव नियति की खोज, भगवान की खोज।

विवेकानंद को हर धर्म में वही दैवी शक्ति दिखती है। यहाँ तक कि जिस लेख से मैं इस अंश को उद्धृत कर रहा हूँ उसे 'सार्वभौमिक धर्म : इसकी अनुभूति' कहा गया है। लेकिन उन्हें यह एहसास है कि ज़मीनी सच्चाई अब भी उनके आदर्श से कोसों दूर है। इस कारण, वह जिस संसार में जी रहे हैं वहाँ चारों ओर धार्मिक ढोंग और विवाद को देखते हैं। वह लिखते भी हैं :

जिस प्रकार विभिन्न सामाजिक संगठनों की ओर से किए जाने वाले हमारे सामाजिक संघर्ष भिन्न-भिन्न देशों में दिखते हैं, उसी प्रकार मनुष्य का आध्यात्मिक संघर्ष विभिन्न धर्मों में दिखता है। जिस प्रकार विभिन्न सामाजिक संगठन लगातार झगड़ते रहते हैं, एक दूसरे से जूझते रहते हैं, उसी प्रकार आध्यात्मिक संगठनों में भी एक-दूसरे से लगातार ठनी रहती है, वे लगातार लड़ते रहते हैं। किसी विशेष सामाजिक संगठन के लोग दावा करते हैं कि जीने का अधिकार केवल उन्हें है, और वे जब तक चाहें किसी कमज़ोर की क़ीमत पर उस अधिकार का इस्तेमाल कर सकते हैं। हम जानते हैं कि ठीक इसी समय दक्षिण अफ्रीका में इसी तरह का भीषण संघर्ष चल रहा है। इसी प्रकार, प्रत्येक धार्मिक संप्रदाय ने जीने के विशेष अधिकार का दावा किया है। इस कारण हम देखते हैं कि जहाँ धर्म ही है जिससे मनुष्य को कृपा मिली है, वहीं धर्म से अधिक भय भी किसी और से नहीं हुआ है। शांति और प्रेम के लिए धर्म से अधिक किसी ने कुछ नहीं किया है, वहीं धर्म से ज़्यादा ख़तरनाक नफ़रत भी किसी ने पैदा नहीं की है। धर्म से अधिक किसी ने भी मनुष्य के बीच भाईचारा नहीं बढ़ाया है, वहीं इंसानों के बीच कट्टर शत्रुता भी धर्म से

अधिक किसी ने नहीं बढ़ाई है। धर्म से अधिक किसी ने भी धर्मार्थ संस्थाओं, मनुष्यों, यहाँ तक कि जानवरों के लिए भी अधिक अस्पतालों का निर्माण किसी ने नहीं करवाया है, वहीं इस संसार में धर्म से ज़्यादा खून भी किसी ने नहीं बहाया है। इसके साथ ही, हम जानते हैं कि हमेशा से ही विचार की एक अंतर्धारा रही है, हमेशा से ही लोगों, दार्शनिकों, तुलनात्मक धर्म के छात्रों के दल रहे हैं जिन्होंने पहले भी विवादों और झगड़ों में उलझे संप्रदायों के बीच सौहार्द बढ़ाने का प्रयास किया है और आज भी कर रहे हैं। जहाँ तक कुछ देशों की बात है, तो ऐसे प्रयास सफल हुए, लेकिन जहाँ तक पूरे विश्व की बात है, तो वे विफल हो गए हैं। कुछ ऐसे धर्म हैं जो हमें अत्यंत प्राचीन काल से मिले हैं, जो इस विचार से ओतप्रोत हैं कि सारे मतों को जीने का अधिकार है, सारे संप्रदायों का अर्थ होता है, और वे अपने आप में अच्छे हैं। यह एक ज़बरदस्त सोच है, इस कारण संसार की भलाई के लिए इसे बढ़ाने की आवश्यकता है। आधुनिक युग में यही विचार बना हुआ है और समय-समय पर इसे अमल में लाने की कोशिश की जाती है। इस प्रकार के प्रयास हमेशा हमारी उम्मीद पर खरा नहीं उतरते, ना ही उतने प्रभावी होते हैं। यही नहीं, कभी-कभी यह देख कर घोर निराशा होती है कि हम आपस में और ज़्यादा लड़ने लग जाते हैं।

विवेकानंद राजनीति (ऊपर दक्षिण अफ्रीका को लेकर की गई टिप्पणी को देखिए) की चर्चा भी करते हैं, और इसके बावजूद चिंतन के स्तर को लगातार बढ़ाने का प्रयास करते हैं। वह अलग-अलग छोर की सोच से भागने का प्रयास नहीं करते। वह चर्चा के स्तर को बढ़ाने का प्रयास करते हैं।

हमेशा की तरह ही, विवेकानंद के तर्क सांप्रदायिक तर्कों से बहुत आगे होते हैं। वह कहते हैं कि हर जीवन में दैवी शक्ति है, और एक बार उसे समझ लिया जाए, तो प्रतिद्वंद्वी उपदेशकों, पैगंबरों और मार्गों को लेकर होने वाली यह कर्कश बहस बेमानी हो जाएगी। यह सच है कि उनका मानना है कि वेदांत एक प्रकार से भगवान के विषय में चिंतन-मनन के सारे दर्शनों का जनक है। उनके विचार में बस इतना फ़र्क है कि वह वेदांत को किसी अन्य धर्म या दर्शन से होड़ लगाते नहीं देखते हैं। उनका मानना है कि वेदांत के तर्क सारे दर्शनों को समाहित करते हैं और उन्हें स्वीकार करते हैं क्योंकि वे अपनी श्रेष्ठता स्थापित नहीं करना चाहते। इसके अनुसार, मनुष्य में निहित दैवी शक्ति ही प्रत्येक दर्शन का अंतिम पड़ाव है। भगवान को पाने का एकमात्र सत्य धार्मिक दर्शन के हर पहलू और तर्क में शामिल है। विवेकानंद कहते हैं कि इसका मतलब है कि सारे झगड़ों का निष्कर्ष एक ही होगा, एक ही सहमति होगी।

क्षुद्र रूप से श्रेष्ठता स्थापित करना विवेकानंद का तरीक़ा नहीं है। वह बस इतना कहते हैं कि चाहे मनुष्य कितना ही लड़ ले, ब्रह्मांड और भगवान के बारे में सत्य अपरिवर्तनीय है और इन सारे झगड़ों से ऊपर है।

विवेकानंद धर्म को लेकर लगातार बात करते रहे और इस विषय पर उनके व्याख्यानों से सैकड़ों पन्ने भर गए। न केवल हिंदू धर्म बल्कि उनके विचार दुनिया भर के धर्मों की तुलना करते हैं। मत को लेकर उनके विचारों समझना होगा जो एकदम आसान और गहरा अर्थ रखते हैं। उनके विचारों में उस राजनीतिक पर चर्चा भी शामिल है जिसे वह अपने चारों ओर, यहाँ तक कि धर्म में भी देखते हैं। वह हिंदू धर्म या जिसे सनातन धर्म कहना अधिक उचित होगा, जिसका अर्थ है जीवन को दिशा दिखाने वाले सार्वभौमिक नियम, उसे पुनर्जीवित करने और उसमें सुधार लाने का लक्ष्य रखते हैं। वह उसे विश्व के पूर्वी हिस्से, विशेष रूप से भारत को सबसे बड़ी देन मानते हैं।

इस पर एक बहस होती है कि क्या विवेकानंद एक 'हिंदू श्रेष्ठतावादी' थे। यह मुद्दा वास्तव में कहीं अधिक गहरा है। प्राचीन वैदिक और उपनिषदीय ग्रंथों का उन्होंने जो अध्ययन किया और उसे जिस प्रकार समझा उसके बाद विवेकानंद को उस मौलिक नियम पर विश्वास हो गया कि प्रत्येक आत्मा में दैवी शक्ति होती है। अब, आप यदि इस तर्क को आधार बनाकर शुरुआत करते हैं, तो 'श्रेष्ठतावादी' होने की बात अपने आप में ही विरोधाभासी हो जाती है।

चूँकि वह दो विरोधी मतों से आसानी से निपट लेते हैं और इसमें विवेकानंद को निरंतर ईसा मसीह से प्रेरणा मिलती है लेकिन वह मिशनरी धर्मपरिवर्तन को लेकर आक्रामक हैं। वह कहते हैं कि अक्सर भूख और ग़रीबी के कारण ही भारी संख्या में इस प्रकार के धर्मपरिवर्तन होते हैं। उनकी ओर से जो बात अक्सर कही जाती है कि भारत को एक इस्लामी शरीर और वेदांत का दिमाग़ चाहिए, कहीं से भी इस्लाम को छोटा दिखाने का प्रयास नहीं है। वह धर्मों के बीच प्रतिस्पर्धा को स्थान नहीं देते। पैगंबर मोहम्मद पर एक व्याख्यान में, वह पूरे ज़ोर-शोर से पूछते हैं, ईसा मसीह या मोहम्मद के जीवन और मंशा पर सवाल करने वाले हम ('हम' में वह अपने आप को भी शामिल करते हैं) होते कौन हैं। वास्तव में वह मोहम्मद के उपदेश की प्रशंसा करते हैं –

आप पूछते हैं, "उनके धर्म में अच्छा क्या है?" अगर कुछ अच्छा नहीं था, तो यह कैसे जीवित रहा? सिर्फ़ अच्छाई ही जीवित रहती है, वही बच पाती है... अगर इसकी शिक्षा में कुछ भी अच्छा नहीं होता तो मुसलमानियत कैसे ज़िंदा रही? इसमें कई सारी अच्छाइयाँ हैं... मोहम्मद ने अपने जीवन से दिखाया कि मुसलमानों के बीच पूरी समानता और भाईचारा होना चाहिए। नस्ल, जाति, रंग या लिंग का कोई प्रश्न नहीं था। टर्की का सुल्तान अफ़्रीका

की मंडी से भले ही एक नीग्रो को ख़रीदे, और जंज़ीर में बाँध कर उसे ले आए, लेकिन वह मुसलमान बन जाए, और उसमें पर्याप्त गुण तथा क्षमता हो, तो वह सुल्तान की बेटी से निकाह भी कर सकता है। इसकी तुलना इस देश (अमेरिका) में नीग्रो लोगों और अमेरिकी भारतीयों से होने वाले सलूक से कीजिए! और हिंदू क्या करते हैं? अगर आपका कोई धर्म प्रचारक किसी रूढ़िवादी व्यक्ति के भोजन को छू ले, तो वह उसे फेंक देगा।

इसके साथ ही, उन्हें आलोचना करने में भी डर नहीं लगता :

मुसलमान सार्वभौमिक भाईचारे की बात करते हैं, लेकिन असलियत में क्या दिखता है? आख़िर क्यों, जो मुसलमान नहीं है उसे इस भाईचारे में शामिल नहीं किया जाता है। उसका गला तक रेता जा सकता है...

उनका मूल मंत्र है : एक भगवान (अल्लाह) है, और मोहम्मद उसके पैगंबर हैं। उसके अलावा कुछ भी न केवल बुरा है, बल्कि उसे नज़र पड़ते ही, तुरंत बर्बाद कर देना चाहिए। प्रत्येक पुरुष या स्त्री जो उसे नहीं मानता उसकी हत्या कर दी जानी चाहिए। जो कुछ इस प्रार्थना का हिस्सा नहीं उसे तुरंत तोड़ देना चाहिए। हर उस किताब को जला देना चाहिए जो कोई दूसरी शिक्षा देती है।

आज विवेकानंद की अहमियत हद से ज़्यादा बढ़ गई है, क्योंकि वह लगभग संप्रदायवाद से आगे की बात करते हैं। वह इस्लाम में मनुष्यों के बीच बराबरी के संदेश में पवित्रता को देखते हैं। उनके वैश्विक दृष्टिकोण में, जहाँ प्रत्येक आत्मा दैवी शक्ति संपन्न है, पुरुषों और स्त्रियों के बीच समानता महत्त्व रखती है। वह हिंदू धर्म में भेदभाव को देखते हैं और उसे बताने तथा इस्लाम के संदेश के साथ उसकी तुलना करने से पीछे नहीं हटते।

इसके साथ ही, एक वेदांती के रूप में, वह इस विचार को नहीं मानते कि एक ही मार्ग, एक ही पैगंबर सबसे महान, और असल में, एक ही तरीक़ा है। वह मुसलमानों और काफ़िरों में इस संसार के बँटवारे को क्रूर और विनाशकारी मानते हैं, और ऐसा कहने में डरते नहीं हैं।

विवेकानंद आज इतने सच्चे सुनाई पड़ते हैं क्योंकि वह सच्चे और विश्वसनीय हैं। उनके शब्दों में कोई दिखावा नहीं, कोई राजनीति नहीं है। वह जो देखते हैं वही कहते हैं। दुनिया को लेकर अपनी सोच में वह अडिग रहते हैं चाहे सुनने वाले कोई भी हों या कुछ भी दाँव पर क्यों न लगा हो। वह ईसाइयों के द्वारा धर्मपरिवर्तन की आलोचना करते हैं और ईसा मसीह को स्वीकार करते हैं। वह मोहम्मद की प्रशंसा

करते हैं लेकिन इस्लाम के कुछ पहलुओं पर प्रश्न खड़ा करते हैं। वह उस धार्मिक विचारधारा को अस्वीकार कर देते हैं जो भगवान पर अपने एकाधिकार का दावा करती है। विवेकानंद के गुरु ने कहा था कि उन्होंने भगवान को देखा है, असल में, यह लगभग ऐसा ही था जैसे उन्होंने कुछ और नहीं बस भगवान को देखा, या सबकुछ में भगवान को देखा। तो फिर, विवेकानंद यह कैसे मान लेते कि केवल एक धर्म या एक ही दूत का भगवान को पाने के मार्ग पर अधिकार है?

अब, जाति को लेकर उनके विचारों पर ग़ौर कीजिए। कुछ का कहना है कि विवेकानंद ने सूक्ष्म रूप से जाति का बचाव किया। इसमें कोई शक नहीं कि उन्होंने दावा किया था कि जाति ने ही सैकड़ों वर्षों के दौरान होने वाले धर्मांतरण के हमलों के बीच हिंदू धर्म को जीवित रखा। ऐसे हमले अक्सर हिंसक होते थे और इस्लाम तथा ईसाई धर्म, दोनों की ओर से किए गए। वह धर्मांतरण के विरुद्ध थे। लेकिन ऐसा करने वाले वह अकेले नहीं थे। गाँधी भी धर्म परिवर्तन के ख़िलाफ़ थे :

किसी भी देश का धर्म दूसरे के जितना ही अच्छा है। निश्चित रूप से भारत के धर्म उसके लोगों के लिए पर्याप्त हैं। हमें आध्यात्मिकता में परिवर्तन नहीं चाहिए।

विवेकानंद, जो भूख से पीड़ित विद्वान थे, अपने आसपास की सारी सामग्री पर प्रतिक्रिया दिया करते थे। अठारहवीं सदी की शुरुआत में, लूथरन मिशनरी बार्थोलोमस जीजेनबल्ग ने 'घृणित मूर्तिपूजा' नाम का एक पर्चा तैयार किया, जिसमें धर्म परिवर्तन के कारणों को स्पष्ट रूप से लिखा गया था। मूल रूप से तमिल भाषा में लिखे इस पर्चे को तमिलनाडु में स्थानीय हिंदुओं को इस बात को स्वीकार करने के लिए बँटवाया गया था कि वे ग़लत तरीक़े से जीवन जी रहे हैं। पाप या ग़लती को बताने के लिए अ-ज्ञान शब्द का इस्तेमाल करते हुए, जीजेनबल्ग ने इन हिंदुओं से कहा :

हम आपको अ-ज्ञान से बचाने आए हैं... ईसाई नियमों को पढ़ो और धर्म के रूप में उन्हें स्वीकार करो, और ईश्वर के लोग हो जाओ।

1545 में, पुर्तगाल के किंग जॉन तृतीय ने गोवा के गवर्नर को अनेक विस्तृत निर्देश दिए कि भारतीय मूर्तिपूजकों से कैसे निपटना है :

इस संक्षिप्त निर्देश में राजा आदेश देता है कि गोवा द्वीप में न तो सार्वजनिक ना ही निजी "मूर्तियों" को बर्दाश्त किया जाएगा और उन लोगों को कठोर सज़ा दी जाए जो उन्हें रखने पर अड़े रहते हैं। जिन लोगों पर संदेह है कि उन्होंने

घरों में मूर्तियों को छिपाकर रखा है उनके घरों की तलाशी ली जाए। मूर्तिपूजा के त्योहारों को बर्दाश्त न किया जाए और प्रत्येक ब्राह्मण को गोवा, बेसिन और दीव से निकाल दिया जाए। सरकारी दफ़्तरों की ज़िम्मेदारी मूर्तिपूजकों को नहीं बल्कि हमारे धर्म में आए नए लोगों को सौंपी जाए।

हिंदू संन्यासी के रूप में विवेकानंद ने हिंदू धर्म को सबसे बहुलवादी और हिंदू धर्म की आत्मा के लिए सबको शामिल करने वाला और सबके प्रति करुणा रखने वाला माना, लेकिन वह जाति का इस्तेमाल धर्म परिवर्तन के लिए करने के ख़िलाफ़ थे। इसके साथ ही वह अक्सर स्वीकार करते थे कि उनके धर्म की कमियों और भेदभाव के कारण ही कभी-कभी धर्मांतरण हो जाता है।

विवेकानंद ने अपने आसपास गुलाम देश को देखा जिसे वह मुक्त कराना चाहते थे। संन्यासी के रूप में, देश को आज़ाद कराने का उनका तरीक़ा और रास्ता भगवान को प्राप्त करने के माध्यम से था। वह कहते हैं कि स्वतंत्रता भगवान को पाने से मिल सकती है, वैसे भी एक बार जब आप यह जान लेते हैं कि सभी का जीवन समान रूप से पवित्र है तो फिर अपने ही देश में दूसरे दर्जे की नागरिकता को कैसे स्वीकार कर सकते हैं? भले ही वह अपने आसपास इस समझ को नहीं देखते, विवेकानंद अपने आदर्श की शिक्षा देने का भरसक प्रयास करते हैं। वह इस बात को ज़ोर देकर कहते हैं कि अपने आसपास जाति को जिस रूप में देखते हैं उससे केवल उनके देश का नुक़सान होता है :

क्या मैं जाति में यक़ीन करता हूँ? जाति एक सामाजिक परंपरा है, धर्म का उससे कोई लेना-देना नहीं है।

आधुनिक जाति विभेद भारत की तरक्क़ी में बाधा है। यह संकीर्ण बनाता है, बाधित करता है, बँटवारा कराता है। विचारों की तरक्क़ी से यह टूट जाएगा।

किसी भी सामाजिक (या धार्मिक) प्रथा से लड़ने और उसमें सुधार के संभवतः दो तरीक़े हैं। एक होता है उस परंपरा के भीतर से सुधार, और दूसरा बाहर से। जर्मन पादरी और धर्मशास्त्री मार्टिन लूथर, जो प्रोटेस्टेंट सुधार का प्रमुख चेहरा थे, उन्होंने ईसाई धर्म को उसके अंदर की परंपरा से बदला। यह ऐसी प्रक्रिया थी जिसका परिणाम यूरोप में रोमन कैथोलिकों और प्रोटेस्टेंट धर्म के अनुयायियों के बीच तीस वर्ष के युद्ध के रूप में सामने आया। विवेकानंद अपने धर्म को अंदर से बदलने का प्रयास कर रहे थे, जिसमें वह अपने जीवन के दौरान भी ख्यातिप्राप्त संन्यासी होने का लाभ

ले रहे थे। उनका तरीक़ा हिंदू धर्म की आस्था के सार को परिभाषित करने और यह स्पष्ट करने का था कि जाति भेद हिंदू धर्म के मौलिक सिद्धांतों का हनन है। विवेकानंद अपने पाठकों, श्रोताओं और अनुयायियों को यह समझाने का प्रयास कर रहे थे कि इस संदर्भ में जाति को समझना होगा, इसके भेद-भाव को छोड़ना होगा। यह सामने क्यों आया? यदि कोई उद्देश्य था भी तो कौन सा उद्देश्य पूरा हो रहा था? और क्यों इसकी आए दिन की घृणात्मक प्रथाओं को उखाड़ फेंकना चाहिए?

जाति व्यवस्था वेदांत के धर्म के विरुद्ध है। जाति एक सामाजिक प्रथा है, और हमारे सारे महान उपदेशकों ने इसे तोड़ने का प्रयास किया है। बौद्ध धर्म के बाद से ही, प्रत्येक संप्रदाय ने जाति के ख़िलाफ़ उपदेश दिए, और हर बार इसने जंज़ीरों को बस कील से जोड़ा है। जाति भारत में राजनीतिक संस्थाओं के साथ-साथ पनपती चली गई। यह वंशानुगत व्यापार संगठन है। यूरोप के साथ व्यापार की स्पर्धा ने किसी भी अन्य उपदेश की तुलना में जाति को कहीं अधिक तोड़ा है।

विवेकानंद जाति को धर्म से अलग करने का प्रयास कर रहे हैं। इस संबध को बार-बार तोड़ कर, वह यही कहते दिखते हैं कि जाति की समस्या से एक नए, प्रगतिशील तरीक़े से निपटा जा सकता है। उनका कहना है कि जाति अपनी उपयोगिता को कब का पूरा कर चुकी है। अब यह उसका प्रतीक नहीं रह गई है जैसा कि किसी ज़माने में थी, यानी पेशे, व्यापार के आधार पर समाज का विभाजन, और इस कारण इसके विभेद करने के तरीक़े को अब समाप्त कर देना चाहिए।

जाति कोई धार्मिक नहीं बल्कि सामाजिक संगठन है। यह हमारे समाज के स्वाभाविक विकास का परिणाम थी। एक समय था जब इसे आवश्यक और सुविधाजनक माना गया था। यह अपना काम कर चुकी है। यदि यह नहीं होती, तो हम कब के मुसलमान बन चुके थे। अब यह किसी काम की नहीं है। इसे समाप्त कर देना चाहिए। हिंदू धर्म को जाति व्यवस्था के सहारे की ज़रूरत नहीं है। एक ब्राह्मण किसी के साथ भी, यहाँ तक कि सबसे नीच के साथ भी बैठ कर भोजन कर सकता है। इससे उसकी आध्यात्मिकता नष्ट नहीं होगी।

संन्यासी के रूप में, विवेकानंद में इतना अंतर्ज्ञान था कि धर्म के चिंतनशील मूल्यों को कर्मकांडों से अलग किया जाना चाहिए, भले ही वे शक्तिशाली हैं, लेकिन संन्यासी का कहना है कि कर्मकांडों से ही धर्म नहीं बनता। संन्यासी के रूप में, वह पुरजोर ढंग से, बार-बार जाति-आधारित भेदभाव और नफ़रत को ख़ारिज करते हैं। यह विवेकानंद के

संदेश के सबसे ऊर्जावान बना देने वाले पहलुओं में से एक है, जो विशेष रूप से आज प्रासंगिक है क्योंकि जाति आज भले ही कमज़ोर पड़ गई हो, फिर भी भारतीय समाज में एक प्रभावी दरार बनी हुई है।

हिंदुओं के धर्म को दो भागों में बाँटा गया है : रीति-रिवाज संबंधी और आध्यात्मिक। आध्यात्मिक भाग का अध्ययन विशेष रूप से संन्यासियों द्वारा किया जाता है। उसमें कोई जाति नहीं होती। भारत में किसी सर्वोच्च जाति का और किसी निम्नतम जाति का व्यक्ति संन्यासी बन सकता है और दोनों जातियाँ एक हो जाती हैं। धर्म में कोई जाति नहीं होती। जाति बस एक सामाजिक संस्थान है।

असल में, विवेकानंद एक क़दम आगे बढ़ गए। उन्होंने सभी निचली जातियों के उत्थान के लिए अधिक संसाधनों की माँग की। उनका आदर्श प्रत्येक मनुष्य में व्यापक, अधिक दैवी मानवता की खोज करना था। उन्होंने अपने अनुयायियों और निस्संदेह रूप से हर एक से मानव जीवन के गहरे अर्थ और उद्देश्य का पता लगाने के लिए अपने सामाजिक दायरे से बाहर जाकर देखने की अपील की। विवेकानंद का लक्ष्य औसत नहीं था, उनका प्रमुख लक्ष्य भगवान की अनुभूति करना था और वह लगातार प्रत्येक मनुष्य में उस आदर्श को प्राप्त करने के लिए प्रयास करते रहे।

हाँ, यदि ब्राह्मण में जन्मजात आधार पर सीखने की अधिक प्रवृत्ति है तो निम्न जाति को ब्राह्मण की शिक्षा पर कोई धन ख़र्च नहीं करना चाहिए, बल्कि सबकुछ निम्न जाति पर ख़र्च करना चाहिए। कमज़ोर को दो क्योंकि उपहारों की ज़रूरत वहीं है। यदि ब्राह्मण जन्म से ही चालाक है, तो वह बिना किसी मदद के शिक्षा प्राप्त कर लेगा। यदि दूसरे लोग चालाक पैदा नहीं हुए हैं, तो उन्हें पूरी शिक्षा और ऐसे शिक्षक दो जिनकी उन्हें आवश्यकता है। यही न्याय और कारण है जैसा कि मैं समझता हूँ। इस कारण, हमारे ग़रीब लोग, भारत की इस दबी-कुचली जनता को इससे सुनने और जानने की आवश्यकता है कि वे वास्तव में क्या हैं। हाँ, प्रत्येक स्त्री-पुरुष और बच्चे को, जाति या जन्म के सम्मान के बिना, कमज़ोरी या ताक़त से हटकर, यह सुनने और जानने दो कि उस शक्तिशाली और कमज़ोर के पीछे, उच्च और निम्न के पीछे, हर किसी के पीछे, एक अनंत आत्मा है, जो अनंत संभावनाओं को लेकर आश्वस्त करती है और सभी को असीम क्षमता देती है कि वह महान और अच्छा बने। चलिए हर आत्मा के लिए घोषित करें : उत्तिष्ठतजाग्रतप्राप्यवरान्निबोधत-उठो, जागो, और तब तक न रुको जब

तक लक्ष्य की प्राप्ति न हो जाए। उठो, जागो! कमज़ोरी के इस सम्मोहन से जागो। कोई कमज़ोर नहीं होता, आत्मा अनंत, सर्वज्ञ, और सर्वत्र होती है। खड़े हो, अपनी शक्ति दिखाओ, अपने भीतर भगवान की घोषणा करो, परमात्मा से इनकार मत करो! बहुत आलस्य हो गया, बहुत कमज़ोरी हो गई, बहुत सम्मोहन हो चुका और हमारी नस्ल पर होता आया है। और हाँ, आधुनिक हिंदुओं, अपने आप को सम्मोहन से मुक्त करो। ऐसा करने का तरीक़ा तुम्हारे धर्म ग्रंथों में ही मिल जाएगा। ख़ुद जानो, दूसरों को भी उनकी वास्तविक प्रकृति बताओ, सोई हुई आत्मा को आवाज़ दो और देखो वह कैसे जागती है। शक्ति आएगी, ऐश्वर्य आएगा, अच्छाई आएगी, शुद्धता आएगी, और वह सबकुछ जो उत्कृष्ट है वह आएगा जब इस सोई हुई आत्मा को आत्म-चेतना की सक्रियता के लिए जगाया जाएगा। हाँ, अगर *गीता* में कुछ है जो मुझे अच्छा लगता है, तो वह इन्हीं दो श्लोकों में है, जिनमें कृष्ण की शिक्षा एकदम संक्षेप में, पूरे सार के साथ सामने आती है : "वह जो परमात्मा को सारे जीवों में समान रूप से देखता है, नष्ट होने वाली चीज़ों में उस अविनाशी को देखता है, वही सही मायने में देखता है। क्योंकि भगवान को उसी रूप में देखने से, सर्वत्र देखने से, वह आत्मा से आत्मा को नष्ट नहीं करता, और इस प्रकार वह सर्वोच्च लक्ष्य तक पहुँच जाता है।"

विवेकानंद ने जाति की परिभाषा को खुलकर पूरी तरह से बदला। वह जब 'ब्राह्मण' कहते हैं तो विवेकानंद उन लोगों के बारे में बात नहीं करते जो जन्म से जाति के क्रम में सबसे ऊपर हैं। वह आदर्श चेतना के बारे में बात कर रहे हैं, भगवान की एक उच्च स्तर की, अधिक गुंजायमान समझ की चर्चा कर रहे हैं और वह ऐसे साधनों को सुनिश्चित करना चाहते हैं, उन्हें पाना चाहते हैं जो प्रत्येक व्यक्ति को अपने अंदर दैवी शक्ति का एहसास कराए। हिंदू संन्यासी के रूप में, विवेकानंद अपनी इस बात को रखने के लिए अक्सर उदाहरण दिया करते थे कि अपनी बुराइयों के साथ जाति ऐसी प्रथाओं में से एक थी जिन्हें लगातार विकसित करने, बदलने, पुराने को छोड़ने और नए को अपनाने की ज़रूरत है। उन्होंने सभी के लिए उच्च शिक्षा को लेकर संघर्ष किया ताकि लोग अपने धर्म और काम से जुड़ी गहरी बातों को समझ कर उनमें सुधार ला सकें। विवेकानंद सर्वोत्कृष्ट सुधारक थे। वह तुरंत उसे समाप्त नहीं करना चाहते थे क्योंकि वह जानते थे कि समाज रातों-रात नहीं बदल सकता और ऐसा हुआ तो वह अंदर से कमज़ोर हो जाएगा। इसलिए, उन्होंने शिक्षा के व्यापक प्रसार और एक निर्बाध, निरंतर सुधार की प्रक्रिया के लिए अपील की जो 'बुराई की जड़' पर प्रहार करे और उसे धराशायी कर दे।

यहाँ जाति विभेद को परिभाषित करने के लिए 'बुराई की जड़' शब्द का उपयोग महत्त्वपूर्ण है। यह एक ऐसा संन्यासी है जो जाति की नफ़रत पर खुलकर बोलने से पीछे नहीं हटता, और उसके लिए कठोरतम शब्द बुराई को चुनता है। वह इस बात को दृढ़ता के साथ बताते हैं कि शिक्षा और उत्थान से जाति के ख़िलाफ़ संघर्ष हिंदू धर्म में सुधार के लिए सबसे महत्त्वपूर्ण संघर्षों में से एक है।

मैं जातियों को समाप्त करने की बात नहीं करता। जाति बड़ी अच्छी चीज़ है। जाति वह योजना है जिस पर हम चलना चाहते हैं। जाति क्या है, इसे लाखों लोगों में से एक भी सही मायने में नहीं समझता। दुनिया में ऐसा कोई देश नहीं जहाँ जाति न हो। भारत में, हम जाति से उस बिंदु तक पहुँचते हैं जहाँ कोई जाति नहीं है। जाति पूरी तरह से उसी सिद्धांत पर आधारित है। भारत में यह योजना है कि सभी को ब्राह्मण बना दिया जाए, जिसमें ब्राह्मण मानवता का आदर्श है। यदि आप भारत के इतिहास को पढ़ेंगे तो देखेंगे कि निम्न वर्गों के उत्थान का प्रयास सदैव किया गया है। अनेक वर्गों को ऊपर लाया गया है। और भी कई आगे आएँगे जब तक कि सभी ब्राह्मण न बन जाएँ। यही योजना है। हमें बस किसी को नीचे गिराए बिना उन्हें उठाना है। और यह काम काफ़ी हद तक स्वयं ब्राह्मणों को करना होगा...

जाति लगातार बदल रही है, रीति-रिवाज बदल रहे हैं, इसी तरह रूप भी बदल रहे हैं। इसका मूल तत्व, सिद्धांत नहीं बदलता। वेदों में बताया गया है कि हमें अपने धर्म का अध्ययन करना चाहिए। वेदों के सिवाय, हर पुस्तक को बदलना होगा। वेदों की सत्ता आने वाले हर समय के लिए रहेगी। हमारे अन्य सभी ग्रंथों की सत्ता कुछ समय के लिए ही रहेगी।

उदाहरण के लिए, एक स्मृति एक युग के लिए प्रभावशाली रहती है, दूसरी दूसरे युग में। महान दूत हमेशा आते हैं और काम करने के तरीक़े को बताते हैं। कुछ संदेशवाहकों ने निम्न जातियों के लिए काम किया, जबकि माधव जैसे अन्य लोगों ने महिलाओं को वेदों के अध्ययन का अधिकार दिया। जाति समाप्त नहीं होनी चाहिए, बल्कि उसे समय-समय पर फिर से समायोजित किया जाना चाहिए। पुरानी संरचना में ही दो लाख नई इमारतों के निर्माण की क्षमता होनी चाहिए। जाति के उन्मूलन की इच्छा सरासर बकवास है। नया तरीक़ा पुराने को विकसित करना है...

आदर्श सुधार जो कभी व्यावहारिक नहीं हो जाएँगे, उन पर अपनी ऊर्जा बर्बाद करने की बजाए अच्छा होगा कि हम बुराई की जड़ तक जाएँ और एक विधायी निकाय बनाएँ, मतलब, अपने लोगों को शिक्षित करें ताकि

वे अपनी समस्याएँ सुलझा सकें। जब तक ऐसा नहीं होता, इस तरह के सारे आदर्श सुधार आदर्श ही रहेंगे।

ऐसा लगता है कि विवेकानंद का तर्क है कि जाति पेशेवर आयामों को दिखाती है, और आध्यात्मिक स्तर पर इसका संबंध मनुष्य के सर्वोत्तम बनने, पूरी तरह से भगवान को प्राप्त करने वाला बनने की दिशा में बढ़ने से है। वह जन्म या कुचक्री कर्मकांडों के आधार पर भेदभाव का बचाव नहीं कर रहे हैं। विवेकानंद कहते हैं कि हर किसी में उसके भीतर ही सर्वोच्च सत्य को जानने की क्षमता है, और उस प्रयास में उसकी हर संभव सहायता की जानी चाहिए। यही कारण है कि वह कहते हैं,

यदि ब्राह्मण में निम्नतम जाति वालों की तुलना में वंशानुगत आधार पर सीखने की ललक अधिक है, तो ब्राह्मण की शिक्षा पर कोई धन ख़र्च न किया जाए, बल्कि सारा कुछ निम्नतम जाति पर ख़र्च हो। कमज़ोर को दो, वहीं सारे उपहारों की आवश्यकता है।

विवेकानंद के शब्दों में सुधार को लेकर और खोखले कर्मकांडों से संघर्ष करने की आवश्यकता को लेकर लगातार आवाज़ उठती रहती है। उनके लेखों में ढोंग-ढकोसले, अंधविश्वास, स्पर्श के आधार पर भेदभाव को लेकर लगातार चेतावनी दी जाती है। उन्होंने बार-बार प्रश्न किया कि जब प्रत्येक आत्मा में दैवी शक्ति है, तो किसी चीज़ को या किसी व्यक्ति को छूने से कोई अपवित्र ('हमारा "छूना मत" की भावना से कहीं कोई संबंध नहीं है। यह हिंदू धर्म नहीं : ऐसा हमारे किसी ग्रंथ में नहीं लिखा गया है। यह रूढ़िवादी अंधविश्वास है जिसने हमेशा से ही राष्ट्रीय तरक़्क़ी में रोड़े अटकाए हैं।') हो जाएगा? एक ऐसे संसार में जहाँ सबकुछ भगवान है और कोई भी चीज़ भगवान के सिवाय कुछ और नहीं है, तो फिर किसी के अपवित्र होने का प्रश्न कहाँ है?

चलो, इंसान बनो! (वह लिखते हैं) उन पुजारियों को लात मारो जो तरक़्क़ी के विरुद्ध हैं क्योंकि वे कभी नहीं सुधरेंगे, उनका दिल कभी बड़ा नहीं होगा। वे सदियों के अंधविश्वास और उत्पीड़न की पैदाइश हैं। सबसे पहले पुरोहिती को समाप्त करो। चलो, इंसान बनो! अपने छोटे-छोटे बिलों से निकलो और दुनिया पर नज़र डालो। देखो सारे देश कैसे आगे बढ़ रहे हैं! क्या तुम्हें मनुष्यों से प्रेम है? क्या तुम अपने देश से प्रेम करते हो? तो फिर आओ, ऊँची और अच्छी चीज़ों के लिए संघर्ष करें। पीछे मुड़कर मत देखो, नहीं, तब भी नहीं जब प्रियतम और निकटतम को रोता देखो। पीछे नहीं, आगे देखो!

बाहर निकलो और जाओ और अपने आप को साफ़ करो। तब तक बार-बार साफ़ करो जब तक कि सारे अंधविश्वासों के दाग़ न हट जाएँ जो सदियों से तुमसे चिपके थे।

सारे अंधविश्वास छोड़ दो! न गुरु, न ग्रंथ, न भगवान (हैं)। मंदिरों, पुजारियों, देवताओं, अवतारों, स्वयं भगवान को भी भूल जाओ! मैं ही वह भगवान हूँ जिसका कभी अस्तित्व था! वहाँ, खड़े हैं दार्शनिक! निडर! भगवान और दुनिया के अंधविश्वास की बात मत करो। केवल सत्य विजयी होता है, और यही सत्य है।

विवेकानंद के पास ऐसी दृष्टि है जो न केवल पूरे हिंदू धर्म बल्कि सारी मानवता पर लागू होती है। वह किसी भी प्रकार के बँटवारे या भेदभाव की उग्र और तत्काल निंदा करते हैं। वह तरक़्क़ी की ख़ूबियों की प्रशंसा करते हैं और विश्व की खोज करने तथा पक्षपात की निंदा करने की लड़ाई लड़ते हैं। विवेकानंद ने हिंदू धर्म के ढोंग-ढकोसले और जाति के आधार पर अस्पृश्यता जैसी बुराई के ख़िलाफ़ सबसे कठोर और फटकार लगाने वाले शब्दों का इस्तेमाल किया।

प्रत्येक जनजाति या देश का अपना ही विशेष भगवान हो और वह सोचे कि बाक़ी सब ग़लत हैं और वह एक अंधविश्वास है जो बीते ज़माने की बात है, तो इस तरह के सारे विचारों को छोड़ देना चाहिए।

आओ, इन लोगों को देखो, और फिर अपना मुँह शर्म से छिपा लो। निहायत निकृष्ट जाति वालों, तुम विदेश गए तो तुम्हारी जाति भ्रष्ट हो जाएगी! अपने दिमाग़ में एक से एक अंधविश्वासों को भर कर सैकड़ों वर्षों से बैठे हो, और इन सैकड़ों वर्षों के दौरान अपनी ऊर्जा को छूने या उस भोजन को न छूने पर ख़र्च कर दी, जब युगों-युगों के निरंतर सामाजिक उत्पीड़न से तुम्हारे भीतर की सारी मानवता को कुचल कर बाहर निकाल दिया गया, तो फिर तुम रह क्या गए? और अब तुम क्या कर रहे हो?... अपने हाथों में किताबें लिए टहल रहे हो, यूरोपीय दिमाग़ से मिले अधकचरे ज्ञान की रट लगा रहे हो, और अपना सर्वस्व तीस रुपये की क्लर्की में लगा दिया है, या बहुत हुआ तो वकील बन गए, जो युवा भारत की आकांक्षा की पराकाष्ठा है, जबकि हर छात्र भूखे बच्चों के साथ रो रहा है और रोटी माँग रहा है! क्या समुद्र में चुल्लू भर पानी नहीं जिसमें तुम्हें, तुम्हारी किताबों, तुम्हारे लबादों, यूनिवर्सिटी के डिप्लोमा वगैरह को डुबाया जा सके?

अगर तुम चाहते हो कि तुम्हारा देश जिए, तो तुम इन सारी चीज़ों से दूर रहो। अच्छी चीज़ों की पहचान यही है कि वे हमें ताक़तवर बनाती

हैं। अच्छाई जीवन है, बुराई मौत। तुम्हारे देश में इस तरह के अंधविश्वास कुकुरमुत्ते की तरह फैल रहे हैं, और जिन स्त्रियों में तार्किक विश्लेषण की कमी है वे उन पर विश्वास कर लेती हैं। चूँकि महिलाएँ स्वच्छंदता के लिए संघर्ष कर रही हैं, और उन्होंने अब तक अपने आप को बौद्धिक रूप से स्थापित नहीं किया है। कोई किसी उपन्यास में लिखी कविता की चंद लाइनें रट लेती है और कहती है कि उसे ब्राउनिंग के बारे में सबकुछ मालूम है। दूसरी तीन लेक्चर्स का एक कोर्स करती है और सोचती है कि दुनिया की हर बात उसे पता है। मुश्किल यह है कि वे महिलाओं के स्वाभाविक अंधविश्वास को उतार फेंकने में सक्षम नहीं हैं। उनके पास ढेर सारा पैसा है और थोड़ी बौद्धिक शिक्षा भी है, लेकिन वे परिवर्तन के इस चरण को पार कर लेंगी और सच्चाई से उनका सामना होगा, तब वे बिलकुल ठीक हो जाएँगी। लेकिन ढोंगी उन्हें मूर्ख बना देते हैं। दुखी मत हो, मैं किसी को चोट नहीं पहुँचाना चाहता, लेकिन मुझे सच बताना है। क्या आप नहीं देखते कि इन चीज़ों का आप पर कितना असर है? क्या आप नहीं देखते ही ऐसी महिलाएँ कितनी सच्ची हैं, कैसे सभी के भीतर मौजूद वह दैवी शक्ति कभी समाप्त नहीं होती? बस यह पता होना चाहिए कि उस दैवी शक्ति से प्रार्थना कैसे करें।

हिंदू धर्म से कर्मकांडों को समाप्त करने और भेदभाव को दूर करने के दो तरीक़े हैं – एक है धर्मपरिवर्तन और बड़े पैमाने पर धर्मांतरण जो हिंदू धर्म को ही नष्ट करता है, और दूसरा है निरंतर सुधार, लगातार संघर्ष, हिंदू धर्म को दिन-रात उसके मौलिक मूल्यों और सिद्धांतों की ओर ले जाना, जैसा कि वह उन्हें देखते हैं। यही कारण है कि वह लिखते हैं :

बरसों से हिंदू जाति के इतिहास में विनाश का नहीं बल्कि हमेशा निर्माण का ही प्रयास किया गया। एक संप्रदाय ने नष्ट करना चाहा और उसे भारत से निकाल बाहर कर दिया गया : वे थे बौद्ध। हमारे पास अनेक सुधारक हैं : शंकर, रामानुज, माधव और चैतन्य। वे महान सुधारक थे, जो सदैव सकारात्मक रहे और अपने ज़माने के हिसाब से बने थे। यही हमारे काम करने का विशेष तरीक़ा है। सारे आधुनिक सुधारक यूरोपीय विनाशी सुधार का रास्ता अपनाते हैं, जिससे कभी किसी का न भला हुआ है ना होगा।

बौद्धों का संदर्भ इतिहास का संदर्भ है। यह शंकर जैसे हिंदू सुधारकों के बारे में है, जिन्होंने बौद्ध तर्कों का जवाब दिया ताकि यह सुनिश्चित हो सके कि जो हिंदू धर्म आपस में हमेशा झगड़ने वाले हिस्सों में बँटा था, जैसे उनके समय में शिव के उपासकों की विष्णु के पूजकों से ठनी थी, वही संघर्ष आज भी चल रहा है। इस कारण यह अपने

मूल दर्शन को याद कर सकता है जिसे शंकर ने 'अहं ब्रह्मास्मि' (मैं ही ब्रह्म हूँ) के रूप में परिभाषित किया, जिसे बौद्ध धर्म न तो झुका सका ना ही हटा सका।

विवेकानंद ने बुद्ध के विषय में और क्या कहा उन पर ग़ौर कीजिए :

मैं जीवन भर बुद्ध का प्रशंसक रहा। उस किरदार के प्रति मेरे मन में किसी भी अन्य की तुलना में अधिक सम्मान है – वैसा साहस, वैसी निडरता, और उस प्रकार का असीम प्रेम! उन्होंने लोगों की भलाई के लिए ही जन्म लिया था। अन्य लोगों ने भगवान को, सत्य को केवल अपने लिए ढूँढ़ा होगा, लेकिन उन्हें अपने लिए सत्य की परवाह तक नहीं थी। उन्होंने सत्य की तलाश की क्योंकि लोग दुख में थे। उनकी मदद कैसे की जाए, यही उनकी एकमात्र चिंता थी। अपने पूरे जीवन में उन्हें अपने बारे में कभी नहीं सोचा।

बुद्ध ने किसी के आगे कभी घुटने नहीं टेके, न वेद, न जाति, न पुजारी, न परंपरा। उन्होंने जहाँ तक संभव हो सका बिना डरे सवाल उठाए। सत्य की इतनी निर्भीक खोज और सारे जीवों के प्रति इतना प्रेम इस संसार में कभी नहीं देखा गया था।

बुद्ध ने कहा था : 'सारे रीति रिवाज ग़लत हैं। इस संसार में एक ही आदर्श है। सारी भ्रांतियों को मिटा दो, और फिर सत्य ही रह जाएगा। जैसे ही बादल छँटेंगे, सूरज चमकने लगेगा।' अहं को कैसे मारें? पूरी तरह से निस्वार्थ बन जाओ, किसी चींटी के लिए भी अपने प्राण त्यागने के लिए तैयार रहो। किसी अंधविश्वास को बढ़ावा देने के लिए, किसी भगवान को खुश करने के लिए, कोई इनाम पाने के लिए काम मत करो, बल्कि इसके लिए काम करो कि अपने अहं को मार कर तुम मुक्त कैसे हो सकते हो। पूजा-पाठ और सारी बातें, सब बकवास हैं। तुम सभी कहते हो, 'भगवान का धन्यवाद,' लेकिन वह कहाँ रहता है? तुम नहीं जानते, और इसके बावजूद तुम सब भगवान के लिए पागल हुए जा रहे हो।"

विवेकानंद के साथ हम इस बात को बार-बार देखते हैं। ईसा मसीह से लेकर मोहम्मद तक और फिर बुद्ध तक, वह उनमें से प्रत्येक में उस दैवी शक्ति को स्वीकार करते हैं और अपनाते हैं। लेकिन उन्हें यह मंज़ूर नहीं कि हिंदू धर्म और वेदांत किसी में गुम हो जाए या कोई उसे नष्ट कर दे। वह सहर्ष स्वीकार करते हैं कि भगवान को पाने के कई रास्ते हैं, लेकिन वह सुनिश्चित करना चाहते हैं कि उनका भी रास्ता और उसका खुलापन बचा रहे, और यह भी कि इसके अपने भेदभाव और इसके कर्मकांडों की क्षुद्रता इसकी बर्बादी का रास्ता न बन जाए।

मैंने दिल्ली में प्रचंड गर्मी के बीच जब इस पुस्तक को लिखना शुरू किया, तब मैंने सोचा, जैसा कि लेखक अक्सर सोचते हैं कि जब तक मैं इसे पूरा करूँगा, तो आख़िरी अध्याय में मैं यह बताऊँगा कि आज हम अपने बारे में और अपने मन के बारे में पहले से कितना अधिक जानने लगे हैं, लेकिन पहले की तुलना में शायद दोनों पर ही हमारा नियंत्रण कितना कम हो गया है। मैंने सोचा कि मैं इस बात को रखूँगा कि भारत में एक बार फिर कुछ संन्यासी, कुछ बाबा, कुछ साधु हैं जो सार्वजनिक जीवन के केंद्र में हैं, और पूछना चाहूँगा : भारतीय समाज से धर्म-गुरु (और गुरुवाइन) कभी गए नहीं तो यह हमारे बारे में क्या बताता है? क्या यह सब झाँसा है, जैसा कि कुछ लोग कहते हैं जिसे भोली-भाली जनता को लूटा जा सके? मैं यह बताने वाला था कि कैसे यह एकदम एकतरफ़ा दलील है।

मैं इस बात को दो किताबों के दौरान लिखना चाहता था - मेरी हाल की किताब, *बीइंग हिंदू*, और इस किताब के ज़रिए भी। मैं हैरान था कि आख़िर ऐसा क्या है कि न केवल हिंदू बल्कि इतने सारे भारतीय धर्म की भावना से जुड़े हैं, उन्हें इससे क्या मिल जाता है। क्या यह सब अंधविश्वास है? मुझे लगता है कि इसमें से कुछ बातें ऐसी हो सकती हैं, लेकिन कभी-कभी, सारी शंका और सवाल-जवाब के बीच, कुछ और भी सामने आया। क्षण भर के लिए ही सही, लेकिन शांति और संकल्प के कुछ पल थे जो शोरगुल से ऊपर उठ गए (या मुझे कहना चाहिए कि बैठ गए?)। वे ऐसे पल थे जब मैंने विवेकानंद के इन शब्दों को - 'याचक का मौन सबसे ऊँचे स्वर की गई प्रार्थना होती है,' मैंने बार-बार पढ़ा और उनके मायने को क़रीब-क़रीब समझ लिया। लंदन की विशेष रूप से एक शांत सड़क पर जब मैं इस किताब को अंतिम रूप दे रहा था, तब सारे राजनीतिक, विवादित तर्क मुझे निरर्थक और बेवजह दोहराए जाने वाले प्रतीत हुए। मैंने इस पुस्तक को मानसिक बेचैनी के बीच अंधाधुंध पढ़ने के साथ लिखा क्योंकि मेरे माता-पिता और अन्य कई लोग रामकृष्ण मिशन के साथ इतनी श्रद्धा से जुड़े हैं कि शायद ही कभी ऐसा हुआ कि कोई न कोई इस पुस्तक के विषय में मुझ से कोई प्रश्न नहीं करे या अपनी बात को जोड़ने के लिए फ़ोन नहीं करे। किसी ने कहा कि मुझे इस पुस्तक को गुरुदक्षिणा समझना चाहिए, गुरु के प्रति एक भेंट। लेकिन मैं इस भेंट को किसी गुरु को समर्पित करूँ? मुझे पक्का यक़ीन है कि इस तरह की चापलूसी के संकेत पर ही विवेकानंद दाँत निपोरकर हँसने लगते। वह बिना सोचे-समझे मत प्रकट किए जाने पर और भी सवाल किए जाने, अनुमानों को और भी चुनौती देने, और उनका जवाब तर्क से देने की उम्मीद करते। वह जवाब के नाम पर श्रद्धा को स्वीकार करने वाले नहीं थे। विवेकानंद अंधश्रद्धा की तुलना में प्रश्न करने वाले अवज्ञान को पसंद करते।

मेरे फ़्लैट की खिड़की के बाहर, गर्मियों की बारिश इत्मीनान से बरस रही थी और काली टैक्सी वाली कारें ऊँघते हुए चल रही थीं। बारिश से पहले दूर से

कहीं किसी गड़गड़ाहट या बिजली चमकने जैसी चीज़ नहीं हुई।

आदर्श व्यक्ति (विवेकानंद ने लिखा) वह है, जो सबसे गहरी ख़ामोशी और अकेलेपन में भी सबसे सघनतम गतिविधि करता है, और सबसे गहनतम गतिविधि के बीच भी किसी रेगिस्तान के जैसी शांति और अकेलेपन का अनुभव करता है।

मैं एक बार फिर से 'संन्यासी' शब्द की ओर गया। यहीं से मैंने शुरुआत की थी। मैंने पढ़ा था कि यह शब्द ग्रीक मोनोस (अकेला) और मोनाखोस (निर्जन) से बना है। मुझे याद आया कि मैंने इस पुस्तक की शुरुआत अपने आसपास ज़बरदस्त गतिविधियों के बीच की थी, लेकिन मैं जब इसे समाप्त कर रहा था, तब मैं अकेला हूँ।

लेकिन यह शांति ख़ुद को अकेला करने के लिए नहीं थी। मुझे बस यही महसूस हुआ कि मैं शांति के बीच मुक्त हो गया हूँ। इस पुस्तक को लिखकर, एक प्रकार से मैं अपने अंदर की बेचैनी से मुक्त हो गया था। मेरे अंदर घुमड़ रही दलीलें कम से कम कुछ समय के लिए शांत हो गई थीं। मेरे भारत छोड़ने से पहले, एक मित्र का मैसेज आया था, 'तुम एक नए और शायद बेहतर लंदन में आओगे। हमारे बँटे हुए संसार में निश्चित रूप से यह आशा की बात है कि लंदन में एक मुस्लिम मेयर है।' मैंने अपने फ़्लैट में अकेले बैठे-बैठे उस मैसेज को फिर से पढ़ा। लंदन में एक मुस्लिम मेयर को लेकर इतनी उम्मीद, और इतना डर भी था। कोई नहीं जानता था कि इनमें से कौन सी भावना सही साबित होगी, लेकिन उस समय लोकतंत्र की जीत दिख रही थी।

अपनी खिड़की से मैंने उस शाम लंदन की शांत सड़क को देखा और सोच रहा था कि कुछ बँटे हुए शहर भी शांति और एकजुटता का एहसास दिला सकते थे। हमारे फ़ेसबुक पोस्ट के जैसा एहसास, जो एक नई सच्चाई थी। हर दिन हम वास्तविकता को जितने ध्यान से गढ़ते हैं उसने वास्तविकता को तो लगभग पीछे ही छोड़ दिया है। हमारे भीतर इतना विश्वास नहीं है कि हम सच्चाई को पोस्ट कर सकें। हम अपनी ही छवि को चुनौती देना भूल गए हैं। लंदन में मेयर के लिए हुए चुनाव के दौरान सहिष्णुता को लेकर ढेर सारी बातें हुईं, और यहाँ भारत में, असहिष्णुता पर कई हफ़्ते तक बहस होती रही। लेकिन विवेकानंद ने सहिष्णुता के विचार को ख़ारिज कर दिया था। उन्होंने कहा था कि यह पर्याप्त नहीं, क्षुद्र भावना है, यहाँ तक कि घिनौना भी है।

तो फिर हमारे लिए सही शब्द बहिष्कार नहीं, स्वीकृति होगा। केवल सहनशीलता ही नहीं, क्योंकि तथाकथित सहनशीलता अक्सर ईश-निंदा होती है, और मैं उसमें यक़ीन नहीं करता। मैं स्वीकृति को मानता हूँ। मैं क्यों सहूँ? सहनशीलता

का मतलब है कि मैं सोचता हूँ कि तुम ग़लत हो और मैं तुम्हें जीने दे रहा हूँ। क्या यह सोचना ईश-निंदा नहीं है कि तुम और मैं एक दूसरे को जीने दे रहे हैं? मैं अतीत के सारे धर्मों को स्वीकार करता हूँ, और उन सभी की पूजा करता हूँ। मैं उनमें से हर एक के साथ भगवान को पूजता हूँ, चाहे वे उसकी पूजा किसी भी रूप में करते हों। मैं मुसलमानों की मस्जिद जाऊँगा। मैं ईसाइयों के चर्च जाऊँगा और सलीब में ईसा मसीह की तसवीर के आगे सिर झुकाऊँगा। मैं बौद्धों के मंदिर में जाऊँगा, जहाँ मैं बुद्ध और उनके नियमों की शरण लूँगा। मैं जंगल में जाऊँगा और उस हिंदू के साथ ध्यान लगाकर बैठूँगा, जो उस प्रकाश को देखने का प्रयास कर रहा है जो हर किसी के हृदय को आलोकित कर देता है। न केवल मैं इन सारी चीज़ों को करूँगा, बल्कि मैं अपने हृदय को भविष्य में होने वाली सारी बातों के लिए भी खुला रखूँगा। क्या भगवान का ग्रंथ समाप्त हो गया? या उसका रहस्योद्घाटन अब भी जारी है? यह शानदार किताब है – संसार के ये आध्यात्मिक खुलासे। *बाइबल*, *वेद*, *कुरान* और सारे धार्मिक ग्रंथों में न जाने कितने पन्ने हैं, और अनगिनत पन्नों का पता लगना अभी बाक़ी है। हम वर्तमान में खड़े हैं, लेकिन अपने आप को अनंत भविष्य के प्रति खुला रखते हैं। हम सारी बातों को स्वीकार करते हैं जो अतीत में थीं, वर्तमान के प्रकाश का आनंद लेते हैं, और हृदय की हर खिड़की को भविष्य में आने वाली बातों के लिए खुला रखते हैं। अतीत के सारे पैगंबरों को, वर्तमान की सारी महान हस्तियों को, और जो भविष्य में आने वाले हैं, उन सभी को सलाम!

क्या किसी संन्यासी के शब्द इससे अधिक आधुनिक, आज छिड़ी बहस के अधिक अनुकूल हो सकते हैं? हमें किसी संन्यासी की ज़रूरत क्यों है? शायद इस कारण कि हमें बता सके कि सहनशीलता बेशक, कायरता और ईश-निंदा से भरा एक तुच्छ विचार है। हम जब भय से भरी सहनशीलता पर आधारित क्षणभंगुर शांति से संतुष्ट हो सकते हैं, तो शायद हमें किसी ऐसे संन्यासी की ज़रूरत है जो हमारे आधे-अधूरे मन से दिखाई जाने वाली विनम्रता को ठोकर मार कर चूर-चूर करने की हिम्मत रखता हो, हमारी बेतुकी कल्पना की बेड़ियों को तोड़ सके, और सर्वोच्च स्तर की सोच की अपेक्षा करता हो। हमें एक संन्यासी की आवश्यकता है जो हमें पूरे मन से, व्यापक स्वीकृति को स्वीकार करने की शिक्षा दे सके।

    हमारा संसार ऐसा हो जो युद्ध, दुख, प्राकृतिक आपदा और हमारी अपनी क्रूरता से मुक्ति चाहता है। लेकिन विवेकानंद मुक्ति को तिरस्कार के साथ दूर फेंक देते हैं। वह हमसे कहते हैं,

हाँ, इस संसार में सारे ग्रंथों में से एक ऐसा है जो मुक्ति नहीं, बल्कि स्वतंत्रता की बात करता है। प्रकृति के बंधनों से मुक्त रहो, कमज़ोरी से मुक्त रहो! और यह तुम्हें दिखाता है कि तुम्हारे भीतर यह स्वतंत्रता पहले से ही है।

इससे अधिक आधुनिक और क्या हो सकता है? यही कारण है कि हमें इस संन्यासी की ज़रूरत है।

अनुलेख :

यह किताब जब प्रेस में गई, उसी दौरान भारत में सबसे जाने-माने कारोबारी समूह टाटा घराने में घातक युद्ध छिड़ गया।

ऐसा लगा कि इस समूह के लंबे इतिहास में एक अलग, अधिक सकारात्मक पल को याद करने का सही समय है। ऐसा समय जब इस समूह के संस्थापक, जमशेदजी टाटा को विवेकानंद ने भारतीय विज्ञान संस्थान की शुरुआत करने की प्रेरणा दी और उन्होंने विवेकानंद से ये तक पूछ लिया कि क्या वे इसके अध्यक्ष बनेंगे।

1898 में टाटा के पत्र में अन्य बातों के अलावा लिखा गया था :

मुझे इस समय भारत में तपस्वी भावना के विकास पर आपके विचार और उस कर्तव्य की याद आ रही है कि इसके उपयोगी रास्तों को नष्ट करने की बजाए नई दिशा देने की आवश्यकता है। इन विचारों को मैं भारत के लिए विज्ञान अनुसंधान संस्थान की अपनी योजना के संबंध में याद कर रहा हूँ, जिसके बारे में निस्संदेह रूप से आपने सुना या पढ़ा होगा। मुझे लगता है कि इस तपस्वी भावना का इससे अच्छा उपयोग नहीं किया जा सकता कि इस भावना से ओत-प्रोत व्यक्तियों के लिए मठों या आवासीय सभागारों का निर्माण कराया जाए, जहाँ वे सामान्य सुविधाओं के साथ रहें, और अपना जीवन, प्राकृतिक और मानवतावादी विज्ञान के विकास में समर्पित कर दें। मेरा मत है कि इस प्रकार की तपस्या के पक्ष में इस धर्मयुद्ध का नेतृत्व यदि एक सक्षम नेतृत्व में हो, तो इससे तप, विज्ञान और हमारे देश का नाम रोशन होगा : और मुझे नहीं लगता कि इस तरह के अभियान का नेतृत्व विवेकानंद से ज़्यादा अच्छी तरह कोई और कर सकता है। क्या आप हमारी प्राचीन परंपराओं को जीवन में शामिल करने के इस अभियान से जुड़ना चाहेंगे?

ऐसा कोई दस्तावेज़ नहीं है जिससे पता चल सके कि विवेकानंद ने क्या जवाब दिया लेकिन यह संस्थान जब शुरू हुआ, तब उस संन्यासी ने इस पर खुशी जताई,

आधुनिक मनुष्य के रोज़ाना कई गुना बढ़ते धूर्त उपकरणों के सामने चीज़ों के करने के प्राचीन तरीक़े अपने दम पर नहीं टिक सकते हैं। जो अपने दिमाग़ का इस्तेमाल किए बिना, कम से कम ऊर्जा को ख़र्च कर किसी भी हालत में प्रकृति से अधिक से अधिक लेने का प्रयास करेगा, उसे हानि होगी और वह समाप्ति की कगार पर पहुँच जाएगा। वह बच नहीं सकेगा। प्रकृति रक्षक भी है और भक्षक भी, आदर्श सेवक भी है और बहुत दुष्ट मालिक भी। श्री टाटा की योजना भारतीयों को उस प्रकृति का ज्ञान देकर रास्ता दिखाती है कि इस ज्ञान से, उनमें उससे अधिक शक्ति आएगी और वे अस्तित्व के संघर्ष में सफल होंगे... हम फिर से कहते हैं : पूरे देश की भलाई के लिए आधुनिक भारत में इससे अधिक दमदार विचार अभी तक सामने नहीं आया है। इस कारण, पूरे देश को वर्ग और संप्रदाय के हितों को भूलकर, इसमें शामिल होना चाहिए और इसे सफल बनाना चाहिए।

ऐसा लगा कि टाटा घराने को आधुनिकता के प्रति संकल्प को लेकर संन्यासी की शिक्षा को याद कर लेना चाहिए।

आभार

पेंगुइन रैंडम हाउस में मेरी संपादक मिली ऐश्वर्या ने अपनी दृढ़ता दिखाई और मेरी प्रिय एजेंट प्रिया दोरास्वामी ने आश्वासन दिए। इस पुस्तक के संपादन का शानदार कार्य करने वाली शतरूपा घोषाल को बहुत-बहुत धन्यवाद।

रामकृष्ण मिशन मेरे जीवन का मार्गदर्शक पुंज रहा है। इस संस्थान ने मुझे जो दिया है, उसके लिए धन्यवाद दे पाना मेरे लिए कभी संभव नहीं हो सकेगा। मैं हमेशा उनके परिवार का सदस्य रहा हूँ।

हज़ारों प्रयोगों को करने के लिए आधार देने वाले डी.एन. मुखर्जी और वृंदा वासुदेवन हैं जो *फ़ॉर्च्यून इंडिया* में मेरा एक और परिवार है।

मैं हरि किरण वदलमानी और इंडिक बुक क्लब का आभारी हूँ जिन्होंने इस पुस्तक के शोध के लिए सुविधा उपलब्ध कराई।

अनुवादक के बारे में

महेन्द्र नारायण सिंह यादव ने महाराजा कॉलेज, छतरपुर (म.प्र.) से स्नातक और भारतीय जन संचार संस्थान (नई दिल्ली) से पत्रकारिता में स्नातकोत्तर डिप्लोमा, तथा गुरु जंभेश्वर विश्वविद्यालय से पत्रकारिता एवं जनसंचार में स्नातकोत्तर की उपाधि प्राप्त की है। वे विगत 20 वर्षों से रेडियो, टेलीविज़न पत्रकारिता तथा अनुवाद और संपादन-कार्य से जुड़े हैं। उन्होंने चिल्ड्रंस बुक ट्रस्ट के हिंदी संपादक के रूप में भी कार्य किया है। वर्तमान में वे दिल्ली में समाचार चैनल 'समय मध्यप्रदेश छत्तीसगढ़' में पत्रकारिता कर रहे हैं।

उन्होंने अब तक क़रीब 20 पुस्तकों का अंग्रेज़ी से हिंदी अनुवाद किया है, जिनमें पूर्व राष्ट्रपति डॉ. ए.पी.जे. अब्दुल कलाम की *खुशहाल व समृद्ध विश्व* और *भारत भाग्य विधाता*, नेपोलियन हिल की *मनचाही सफलता कैसे पाएँ*, तथा 'मेट्रोमैन' ई. श्रीधरन और भरत वाकलु द्वारा संपादित *सशक्त मूल्यों का तेजस्वी भारत* शामिल हैं।